基金项目：

国家社会科学基金项目"朝鲜时代《近思录》著述整理与研究"（项目编号：19CTQ012）。

周 欣 著

周敦颐理学思想与文献研究

上海三联书店

总　序

　　《周敦颐理学研究丛书》的选题范围定位为周敦颐及儒家理学研究。

　　周敦颐的理学思想，主要体现在《太极图说》和《通书》两部著作中，可以视为一个比较核心的系列。其中《通书》初名《易通》，全称当作《易通书》，通论《易经》六十四卦，而合并为四十章，又糅合《中庸》之“诚”，形成一种《易》《庸》之学。而《太极图说》的主体应当是《太极图》，其《说》匹配其《图》，体例上属于上古图文之学，与《河图》《洛书》同一渊源。但《太极图》流传至今，受到雕版的限制，图形多有差异，宋本《太极图》的图形大约有两种类型，各有错讹，均不完备。而对于《太极图》的授受以及“无极”概念是否成立，南宋已有朱子与陆子的激烈辩论。自朱子、张栻以下历元、明、清、民国，对《太极图说》的注解极多，已构成一个专题系列。《太极图说》言“无极而太极”“太极本无极”，就其独到价值而言，应当称为“无极图说”，“太极”是《易传》原有概念，“无极”才是周敦颐的独创，“无极”与“太极”的形上思辨应当是中古时期中国哲学的最大问题。

　　周敦颐的相关文献，有《濂溪集》《濂溪志》《濂洛关闽书》《近思录》《性理大全》等，并各自构成一个专题系列。《濂溪集》以及《周子书》分在集部和子部，理学部分则大致相同，宋、明、清时期多有编纂刊刻，近年已有影印集成。《濂溪志》是志书体的周敦颐专志，包括周敦颐的理学著作以及以濂溪祠、濂溪书院为中心的诰命、碑记和纪咏，明、清两代刊刻亦夥。《濂洛关闽书》及《宋四子抄释》是周敦颐、二程、张载、朱子著作选编的合集，而得名则受朱子所编《伊洛渊源录》的影响，这类文献也已构成了一个专题系列。《近思录》出于朱子与吕祖谦之手，卷一收录《太极图说》全文，此书传播极广，学子几于人手一册，而《太极图说》亦借以传播推广。《性理大全》为明儒奉敕官修，清代又有御纂《性理精义》，卷一均首录《太极图说》全文。朱子门人陈淳纂《性理字义》，蔡渊、黄榦弟子熊刚大纂《性理群书》，"性理"之名由是而起，明、清两代由于科举的推动，"性理"类读本层出不穷，推动了理学思想的社会普及，近年性理文献也有影印出版。此外，元儒、清儒都编有《濂洛风雅》，汇集理学家的诗作，可以视为理学诗的合集。周子后裔又汇编纪咏诗文为《濂溪遗芳集》，而在各种《周氏家谱》中也往往收录周敦颐的主要著作，可以视为《濂溪集》的别本。

《宋史·道学传》《宋元学案·濂溪学案》等书阐释了周敦颐在中国儒学史上的地位。周敦颐的思想学说经过朱子等人的阐发，再经史馆官修《宋史》的肯定，确定为理学的开山人物，居于濂洛关闽之首，"周程张朱"遂成为理学的正脉。而两宋理学与晚周时期的"孔曾思孟"同条共贯，与老庄道家之类同时并流，诸子十家均以唐虞三代"姚姒子姬"为总源。"姚姒子姬"是中国学术传统的经学、王官学形态，"孔曾思孟"是中国学术传统的诸子儒家形态，"周程张朱"是中国学术传统的理学、道学形态。"姚姒子姬"是中国学术传统的开端，"孔曾思孟"是中国学术传统的上古中兴，"周程张朱"是中国学术传统的中古中兴。中国学术传统上下绵历四五千年，屡踬屡起而不绝，其大纲谱系称为"道统",其详见于《伊洛渊源录》《道命录》《道南录》各书。

东亚各国,同文同伦。近数百年以来,理学在古代韩国、日本、琉球、越南的影响极大,古代韩国有《圣学十图》,以周敦颐《太极图》为"第一太极图",又有《太极问辩》、《太极书撰集辩诬录》,古代日本有各种《太极图述》《太极图说钞》《太极图说解》《太极图说谚解》《太极图说十论》以及多种《太极图》《通书》和《近思录》讲义。理学在时间上有纵向的展开,在空间上又有横向的展开。

理学、道学,义蕴弘深。"理学"又称"道学",又称"性理学"。推崇"理"而不推崇"欲",故名"理学"。推崇"道"而不推崇"物",故名"道学"。《书经》《道经》《论语》《荀子》四种文献俱载尧舜禹三圣心传"人心惟危,道心惟微;惟精惟一,允执厥中"十六字,前两句揭示"人心""道心"的难题,后两句指出"精一""执中"的对策,花开两朵,各表一枝,一面开出后世"道学"的源流,一面开出后世"心学"的源流。秦汉以后,汉学、宋学、理学、道学、心学,乃至实学、考据学,无一不在"道心""人心"的总纲上延展表现。

理学、道学自有其历史使命与当下意义。宋儒认为"人欲横流"是社会文明的大敌,"人于天理昏者,是只为嗜欲乱着他"。理学的精神宗旨萃集于《四书》,而其悲悯蒿目全在《乐记》一篇,所谓"夫物之感人无穷,而人之好恶无节,则是物至而人化〔于〕物也。人化〔于〕物也者,灭天理而穷人欲者也",恰似预言今日人欲横流之困局。

周敦颐(1017—1073),字茂叔,号濂溪,谥元,学者尊称濂溪先生、周濂溪、周元公、周子。北宋中期真宗、仁宗、英宗、神宗时期在世,曾任湖南郴县知县、桂阳知县及郴州知军,故有"三仕郴阳"之说。又在郴州授学二程兄弟,传《太极图》。为此,湘南学院于2022年6月成立周敦颐研究院,12月周敦颐纪念馆建成开放，2023 年获批湖南省社科研究基地，今年又有组织出版《周敦颐理学研究丛书》之举。

周敦颐的理学著作言简意赅，《太极图说》249 字，《通书》2832 字，其他如《爱莲说》119 字，《拙赋》65 字。学者阐发其哲学思想，或揭示其存世文献，不甚容易，非在义理上不厌其精、反复研磨，在文献上尽量扩充、不遗一言不可。

以"周敦颐理学"为主题的学术丛书是海内首次编纂出版。本丛书在已出著作的铨衡厘正方面，未出著作的选题推荐方面，均望得到学界同仁的关注和支持。

张京华

2024 年 3 月写于湘南学院

目录

第一编　濂溪思想本位

周敦颐思想学说的旨趣

周敦颐（1017—1073）是出生在湖南、第一个对中国传统文化产生重大影响的湖湘学人。他上承孔孟学统和儒家传统的《易》《庸》之学，下启宋明理学的整体发展，开创湖湘学术的新形态，是宋以后中国思想发展的"活水源头"，与孔孟、程朱具有同等的重要地位，因之被誉为"道学宗主""理学开山"。二十四部正史之一的《宋史·道学传》是这样评价的："孔子没，曾子独得其传，传之子思，以及孟子，孟子没而无传。两汉而下，儒者之论大道，察焉而弗精，语焉而弗详，异端邪说起而乘之，几至大坏。千有余载，至宋中叶，周敦颐出于舂陵，乃得圣贤不传之学，作《太极图说》《通书》，推明阴阳五行之理，命于天而性于人者，了若指掌。"①

以周敦颐为开端的理学思想代表着"千年湘学"的"学术高度"。曾国藩《湖南文征序》说："逮乎宋世，周子复生于斯，作《太极图说》《通书》，为后世言义理者所祖。两贤者，皆前无师承，创立高文。上与《诗经》《周易》同

---

① （元）脱脱等：《宋史》卷四百二十七，中华书局 1977 年版，第 12709—12710 页。

风，下而百代逸才举莫能越其范围。"叶德辉《叶吏部答友人书》更云："湘学肇于鬻熊，成于三闾。宋则濂溪为道学之宗，明则船山抱高蹈之节。"戴德诚《湖南宜善于守旧》说："三闾以孤愤沉湘，元公以伊尹为志，遂开湘学仁侠之大宗。"黄光焘《湖南学派论略》说："楚骚起辞赋之宗风，濂学导性理之先路。"吴博夫《湖南民性》中记载："湖南文化，周之末，即有灵均出于其间，《离骚》诸篇，上追《诗雅》。及宋之世，又有茂叔，作《太极图说》《通书》，为赵宋理学开山之祖。两氏所作，炳炳烨烨，褒然为后世所宗。"李肖聃《湘学略》说："《通书》启圣，《太极》象天。卓尔元公，实牖宋贤。述《濂溪学略》第一。"周敦颐理学是湖湘思想文化的重要资源，代表着湖湘学术的思想高度。经由南宋湖湘学派的灿烂、岳麓理学的辉煌、明末船山学的崛起、清代经世理学的沉淀，直到民国时期理学的复兴，湖湘理学的长河，承"濂溪一脉"而来，历时积累，确立了湖南作为"理学之邦"的历史传统。

正如《四库总目提要·宋四子抄释》所云："宋五子中，惟周子著书最少，而诸儒辩论，则惟周子之书最多。"[1]由周敦颐开启的理学思想，不仅是中国古代儒家学术思想在数千年历史中的中兴节点，是中古时期民族文化复兴的重要样式和成功典范。

一、《太极图说》的形上哲学

周敦颐作为宋明理学的开创者，其最大的贡献在于为传统儒学建立了一个宇宙论体系，"盖尝窃谓先生（周敦颐）之言，其高极乎无极太极之妙，而其实不离乎日用之间；其幽探乎阴阳五行之赜，而其实不离乎仁义礼智刚柔善恶

---

[1] 吕柟：《周子钞释三卷》，载于永瑢等《四库全书总目提要》卷十八《子部·儒家类三》，商务印书馆1931年版，第59页。

之际。其体用之一源，显微之无间，秦汉以下，诚未有臻斯理者。"① 他以"无极—太极—阴阳五行—万物化生—立人极"的思维路径，从宇宙生成本源推衍到人伦心性的终极道理，开天道性命相贯通之先河，转变了宋明以后儒学的学术方向。

《太极图说》作为宋代思想发端的核心话题，分为"图"和"说"两部分，"图"分为五层，表明宇宙的生成，"说"解释图的义理，仅有 249 字。

（宋刻本《太极图》）

"图"分五圈：第一个圈"无极而太极"，诠释天地之道。"无极而生太极"，其实就是《道德经》"道生一"的意义，"太极"作为形而上的本原，不仅是天地未分化的混沌状态，而且是人心未动时的绝对寂静，从这个思想框架过滤而来的有动静、阴阳。那么，"无极"又是什么？为何要在"太极"之上安置一个虚位的"无极"？"无极"是宇宙尚未出现的寂然无为状态，"无极"没有行为的痕迹与形状的累赘，虽然玄虚抽象，但无形无象，切断了寻极穷源的可能。

第二个圈，阴静阳动。太极动而生阳，动极而静，静而生阴。阴阳是理解宇宙、自然、社会的一把钥匙。阴阳对立而统一，各自以对方的存在作为自己存在的依据。阴阳相互环抱，互为首尾，你中有我，我中有你。阴阳一刚一柔，一主动一受动，相互运动和相互作用，由此推动着宇宙的发展变化。"分阴分阳，两仪立焉。阳变阴合，而生水火木金土"，在这种阴阳平衡的稳定结果中，又会不断变化，打破原有的态势，在变化之中形成新的结构，即"动而

---

① 《元公周先生濂溪集》，岳麓书社 2006 年版，第 201 页。

生阳,静而生阴"。因此,在《太极图》中的每一个圈就等于是一个简化的宇宙图示,演化着宇宙万物变化的原理,这一原理就是"互为其根"。

第三个圈,水火木金土。阴阳上升、下降形成天地,阴阳变化又产生水火木金土,即五行。"行"即是"道",五行就是"天道"运行的五个阶段。金是西方之行,木是东方之行,火是南方之行,水是北方之行。木火金水,亦即东南西北,亦即春夏秋冬。由水到木,由木到火,由火到金,由金返回水,土则居中不动,由此构成春夏秋冬,四时顺布。万物不仅基于阴阳,而且基于五行,意味着宇宙万物的运动性、多样性、复杂性。

第四个圈,"坤道成女,乾道成男"。宇宙万物均可以区分为阴阳两类。《周易·系辞传》有"乾道成男,坤道成女。乾知大始,坤化成物",阴阳彼此双方相互依赖而存在。男女平等,各司其职,各得其分。坤道乾道对应着阴静阳动。坤和阴虽然是受动的。但却排序在乾和阳之前,因为坤和阴更加接近宇宙万物的本原,所以周敦颐说"主静"。

第五个圈,"万物",表达着最大范围的关怀。虽然事物都是单一存在的,但是万物一体,万物平等,万物无不相互关联;万物都有生命,万物都体现"道"。在图像上,这一层代表宇宙万物的实存,是最具有感性的表象层面,应当有充盈饱满之象。太极、阴阳、五行、万物在《太极图》中分别用圆形图示表现出来,构成为解释宇宙万物的基本框架。

"图"表明宇宙的生成,"说"则解释图的义理。其中,"说"又分为两部分,前半部论宇宙万物的化生过程,后半部聚焦于内在的伦理道德上,确立起"太极""天"与"心""性"的一整套观念。然而,这套形而上学观念的确立,不是采用注疏训诂的形式,而是从经典文献中寻找价值依据,以《周易》为学术依托和思想资源,对其进行融会贯通与发挥利用。一方面,通过《周易·系辞传》"易有太极,是生两仪,两仪生四象,四象生八卦"为理论构架,将"太极"确定为新儒学思想体系的根本枢纽，衍生出"太极动而生阳""阳变阴合而生水火木金土""万物生生，而变化无穷焉"，以诠释宇宙的终极道理，实现"天道伦理化"。另一方面，又将"人道"纳入宇宙论体系的"天道"之中，"惟人也，得其秀而最灵。形既生矣，神发知矣，五性感动而善恶分，万事出矣，圣人定之以中正仁义而主静，立人极焉"，把"中正仁义"伦理道德提升为至高无上、超越一切的本原，将人道中的"主静"与天道中的"无极"相对应，实现了由"天"转向"人"，把"人"本性中的"善"，与"天"相贯通。表面上看来，"无极""主静"是道家概念中的本原状态与修身原则，但在实质上，惟有"圣人"能"与天地合德、与日月合明，与四时合序，与鬼神合变化之吉凶"，因此，圣人具有"中正仁义"的道德品质，这表明《太极图说》是以"圣人""中正仁义"的儒家立场为圭臬，与佛家的禅定、道家的虚静有所不同。而这种转介的儒学叙事，融入自己创造性的阐释与理解，也为儒家的人生哲学在永恒的宇宙中获得了一种终极价值。最后，再以"立天之道""立地之道"和"立人之道"，打通人伦与天经、地义，"原始反终"，将"太极"作为宇宙自然结构的原则和道德伦理的人性本原，确立起人与其他生命个体的价值关系，并提升至与"天地参"的超道德本位。

然而，周敦颐所建立的形上哲学体系，在后世儒者看来也有一些没有解决的重要问题，例如，首句"无极而太极"，在宋代就有三种不同版本：朱熹注本作"无极而太极"，九江故家本为"无极而生太极"，国史《濂溪传》作"自无极而为太极"。上述三种表述，反映了诸儒对周敦颐学说的不同理解。但众所周知，儒家经典中只有"太极"而没有"无极"的概念。周敦颐取道教中的"无极"纳入儒学思想体系，提出"无极"概念，以表示穷极寻源的追问。同时，又借"太极"作为宇宙万物生成的最初本原，以《易》贯群经来明圣人之道。由于朱熹为建立理学体系，利用《太极图说》作为重要的思想资料基础，从"无极""太极"的理解来校正其他版本，解"无极而太极"为"无形而有理"，激烈批评"无极而生太极""自无极而为太极"等表述，认为"无极"是先于"太极"的宇宙本原，其是"无所依据，而重以病夫先生（周敦颐）"[1]"浅见之士犹或妄有讥议"[2]，要求将九江家藏本、洪迈《国史》校正为"无极而太极"，删掉"生""自""为"等词。实际上，在这命名变化的背后蕴含了深刻的意味：首先，它包含了宋明诸儒对周敦颐学术思想中佛、道倾向的质疑。其次，它是对北宋儒学思想研究和方法的重新检讨，表达了朱熹对周敦颐学术思想的改造，"无极太极"之辩亦成为朱熹与陆九渊思想异同的一大学术公案。再次，它有一个出自朱熹自身立场的叙述，尽管朱熹的解说难以得到宋明诸儒的肯定，但此后《太极图说》均围绕"理""气""性"等问题展开。

周敦颐通过"天道伦理化"与"伦理天道化"的双向建构，以《老子》来诠释《周易》，开启具有宋学特征"以图为说""以图解经"的"图示"学术现象，改变了传统经学的诠释方式和理论视域，其将"太极"奠基在新的终极依据上，一方面使儒家伦理从内（心性）到外（天道）获得了形上依据，重建道德本原的思想秩序，确立起生命的价值与秩序。另一方面，使佛道理论进入儒家学说，而新的儒家学说有效地超越和涵盖了佛道思想，完成了以儒学为核心的思想综合，同时也有效地取代和抵制了佛道理论。这种理路，不但为理学的发展提供了形而上学基础，而且给后世儒者诠释"天道性命"之学提供了更多的文化资源，促成理学萌生的重要线索。随着《太极图说》进入朱熹与吕祖谦同编的《近思录》，特将《太极图说》开篇，首设"道体"一目，指出："后出晚进于义理之本原，虽未容骤语。苟茫然不识其梗概，则亦何所底止？列之篇

---

[1] 梁绍辉：《周敦颐评传》，南京大学出版社1994年版，第211页。
[2] 《元公周先生濂溪集》，岳麓书社2006年版，第141页。

端，特使之知其名义，有所向望而已。"① 由此，《太极图说》思想产生了更大影响，亦成为诸儒议论性理学说的开端。在宋明理学三系中，程朱理学家继承发扬周敦颐的本体论思想，以表面辟佛而暗中借鉴佛教思想的方式开辟了宋代儒家的新思路。陆王心学继承发扬周敦颐的境界论思想，明代罗钦顺、王夫之在适时修正的基础上对周敦颐的思想有所发挥。清代黄宗炎、毛奇龄、朱彝尊等人为代表的清初诸儒，以考据学的方法考察《太极图》的来源及其与佛道思想的关联，开启了清代学术治经返古的时代风气。东亚诸国把《太极图说》作为学术和思想的最高典范，开创性理学说，筑造起宋明以后东亚汉文化圈探讨理学问题的思想基因。

二、《通书》的儒学思想体系

对于《太极图说》与《通书》的关系，朱熹认为："盖先生之学之奥，其可以象告者，莫备于太极之一图。若《通书》之言，盖皆所以发明其蕴，而诚、动静、性理命等章为尤著。程氏之书，亦皆祖述其意。"② 如果说，《太极图说》是通过《易》图演绎宇宙万物化生的过程，那么《通书》则是"发明其蕴"，阐释《易》《庸》的义理以建立宋代儒学思想体系。

《通书》共分40章，祁宽在为《通书》所作跋文中指出"此书字不满三千，道德、性命、礼乐、刑政，悉举其要，而又名之以通，其示人至矣"。通过一系列抽象概念建立性与天道、志与学及礼乐刑政等新《易》学体系，为后世的理学家所反复讨论和发挥。

1. 性命之源。何为天地之本？《易传》曰："大哉乾元，万物资始。"由乾

---

① 陈荣捷：《近思录详注详评》，华东师范大学出版社2007年版，第329页。
② 《元公周先生濂溪集》，岳麓书社2006年版，第74页。

元天道衍生出纯粹至善的德性，周敦颐结合《周易》与《中庸》，以"诚"作为纯粹至善的德性的本原。周敦颐在《通书》开篇《诚上第一》中即写道："诚者，圣人之本。'大哉乾元，万物资始'，诚之源也。'乾道变化，各正性命'，诚斯立焉。纯粹，至善者也。故曰：'一阴一阳之谓道，继之者善也，成之者性也。'元亨，诚之通；利贞，诚之复。大哉易也，性命之源乎！"一是将"诚"作为万物资以产生的宇宙本体，继承《中庸》"诚者，天之道也；诚之者，人之道也"思想。二是把"诚"看作人伦道德本源，是继天之善，又是成人之性者。因此，"诚"既是天道本体，又是伦理价值之源；既概括了宇宙自然的特点，又强调继天道之善而成性。"诚之源"以《周易》"大哉乾元，万物资始"为基础，"诚斯立"则基于《周易》"乾道变化，各正性命"，推动《易》《庸》之学的融合创新。

同样，"诚"还是"圣人之本"。"寂然不动者，诚也；感而遂通者，神也；动而未形，有无之间者，几也。诚精故明，神应故妙，几微故幽。诚、神、几，曰圣人。"（《圣第四》）把"寂然不动"解释成无所欲求的精神境界，是人"性"合乎天性的本然状态，"感而遂通"则是内心之"诚"与外在世界感通。这样，"诚"作为追问的终极目标，是一门"性命之源"的学问，与《太极图说》中的"太极"为同一范畴，连接着外在天地自然与内在心灵人性的枢纽。这种"内在超越"的思路，在《通书》中还有多处体现。"诚心，复其不善之动而已矣。不善之动，妄也；妄复，则无妄矣；无妄，则诚矣。"（《家人睽复无妄第三十二》）"动而正曰道。用而和曰德。匪仁，匪义，匪礼，匪智，匪信，悉邪矣。邪动，辱也；甚焉，害也。故君子慎动。"（《慎动第五》）"妄"与"无妄"本为《周易》的两卦，"慎动"出自《周易·系辞传上》"吉凶悔吝者，生乎动者也"，均是从卦象诠释宇宙万物的法则。周敦颐以此作为人的善恶动机，强调人的道德修养，反求诸己，表达了对儒家内省工夫的终极关怀。"寂然不动者，诚也；感而遂通者，神也；动而未动、有无之间者，几也。诚精故明，神应故妙，几微故幽。诚、神、几，曰圣人。"（《圣第四》）这里涉及三个概念，"寂然不动"出自《礼记·乐记》，是圣人没有欲求的境界，"感而遂通"是与外在感通的状态，"几"是主观思虑尚未萌发的阶段，周敦颐将原本是乾道运行的观念变化用来说明圣人之道与追求目标，这种巧妙的连接，既演绎了《周易》中"寂然不动""感而遂通""几""无妄""慎动"等概念，又围绕《中庸》《孟子》中的"诚""圣人"加以阐发，在对经传文本的选择与偏重中，复述传统儒家从"正心诚意"到"治国平天下"的过程，从而将《中庸》《孟子》中的伦理道德与《周易》中的安身立命相互会通，呈现出北宋儒学诠释思想的转向。

这里应当还有《通书》与《太极图说》的相统一。朱熹有一段很耐人寻味的话："盖先生之学之奥，其可以象告者，莫备于太极之一图。若《通书》之言，盖皆所以发明其蕴，而《诚》《动静》《性理命》等章为尤著。程氏之书，亦皆祖述其意。"《通书》与《太极图说》相互配合，第一，"诚"是"纯粹至善"，与"太极"相通，是天地万物终极真理的确认。诚如《宋史》所述，"自宋儒周敦颐《太极图说》行世，儒者之言五行，原于理而究于诚。"第二，《太极图说》曾说"五行，一阴阳也；阴阳，一太极也；太极，本无极也"，由太极而产生两仪，阴阳二气相互作用和变化，而产生出水、火、木、金、土为代表的万物，万物生生，而变化无穷。反过来看，万物统一于五行，五行统一于阴阳二气，阴阳统一于太极，即由五而二，由二而一。这种对太极、阴阳与五行的关系进行阐述，《通书》有类似的表述："二气五行，化生万物。五殊二实，二本则一。是万为一，一实万分。万一各正，大小有定"（《性理命二十二》）。第三，"圣人定之以中正仁义而主静，立人极焉。"要达到人心未动时的绝对寂静，就要回到《通书》中"寂然不动，诚也"的心灵境界，从而把

"无欲故静"解释为人性合乎天理的本然状态，而不是佛教的"空阔虚寂"的澄明境界。可以说，如果《太极图说》是通过《易》图演绎宇宙万物化生的过程，那么《通书》则是"发明其蕴"，阐释《易》《庸》的义理以建立宋代儒学思想体系，最终落实《太极图说》的伦理政治之方，由此体现出独特的价值。

2. 志与学。周敦颐不仅对天人合一的宇宙哲学提出了自己的见解，而且建构了儒学话语体系——提出了学以成人、学以成圣的价值理念。《通书·志学第十》："圣希天，贤希圣，士希贤。伊尹、颜渊，大贤也。伊尹耻其君不为尧、舜，一夫不得其所，若挞于市，颜渊不迁怒，不贰过，三月不违仁。志伊尹之所志，学颜子之所学。过则圣，及则贤，不及则亦不失于令名。""圣人"具有《周易》哲学中能参悟天地并能达到天人合一境界的理想人格，而"孔颜之乐"则是《论语》中人伦社会的理想境界，都是个人获得安身立命的终极依据。周敦颐按照境界的高低，将人分为士人、贤人、圣人三等，提出了希贤崇圣之阶梯。一方面将"圣希天，贤希圣，士希贤"与《太极图说》中的"中正仁义""主静"并重，读书人追求贤人的境界，贤人追求圣人的境界，圣人追求天理的境界，将个人的伦理道德提升至"与天地参而四时同"的地位，实现"人"对"天"的回归。另一方面，将颜渊与伊尹并提，伊尹代表致君泽民的典范，颜渊则是圣贤境界的典范，从"外王"与"内圣"两个层面，强调"圣人在上，以仁育万物，以义正万民""君子以道充为贵，身安为富""道德高厚，教化无穷"，阐发儒家的价值理想，实现精神层面的超越。

圣人的境界通过什么来达到？"'圣可学乎？'曰：'可'。曰：'有要乎？'曰：'有'。请问焉曰：'一为要。一者无欲也。无欲则静虚、动直。静虚则明，明则通；动直则公，公则溥。明通公溥，庶矣乎！'"（《通书·圣学第二十》）"一"就是纯一、专一。周敦颐接着说，"一者，无欲也"，也就是说"一为要"是指一种没有欲望、心灵净化的精神状态。因而，"一"的关键在"无欲"，做到"无欲"才能成就圣贤。

这种精神层面的超越，深深影响着二程学术导向。程颐早年作有《颜子所好何学论》："凡学之道，正其心，养其性而已。中正而诚，则圣矣。君子之学，必先明诸心，知所养，然后力行以求至，所谓自明而诚也。故学必尽其心。尽其心，则知其性，知其性，反而诚之，圣人也。"程颐批评当时儒家学者致力治经术、为文章，忽视对道德心性之学的探讨，指出通过"反身而诚"的心性修养，由内在体验来凸显伦理道德的价值。这说明，二程在周敦颐处学习，得到很多重要的教导，对精神境界的"孔颜之乐"以及对"道"的身体力行有较深的领悟，这也是《通书》中"圣希天，贤希圣，士希贤"的现实佐证，深刻彰显儒家"学以为己"的价值理念。

3. 礼乐刑政。谁来治理国家、社会？周敦颐的答案是圣人，并提出了较多治国理政的参考："圣人之道，至公而已矣。或曰：'何谓也？'曰：'天地至公而已矣。'"（《公第三十七》）在《礼记》中有"大道之行也，天下为公"，圣人因没有过分的欲求，所以能"治公"。在周敦颐看来，人可以有欲求，但不能有逾越本分的欲求，有了逾越本分的欲求即有了私欲，是失其至公。失其至公，就不再有"明"了。"治天下有本，身之谓也；治天下有则，家之谓也。本必端。端本，诚心而已矣。则必善。善则，和亲而已矣。家难而天下易，家亲而天下疏也……是治天下观于家，治家观身而已矣。身端，心诚之谓也。诚心，复其不善之动而已矣。"（《家人睽复无妄三十二》）如果说修身要以"诚"为本，那么治家要以"和"为标准，治天下始于修身齐家。这正是《大学》中所说的："欲明明德于天下，先治其国。欲治其国者，先齐其家，亦以难以亲疏为先后。"《治第十二》中指出："十室之邑，人人提耳而教且不及，况天下之广，兆民之众哉！曰：'纯其心而已矣。'……纯者，不杂之谓；心，谓人君之心……仁、义、礼、智四者，动静、言貌、视听无违之谓纯。心纯则贤才辅。

贤才辅则天下治。纯心要矣，用贤急焉。"只有"心纯"才能贤才辅，朱熹说："君取人以身，臣道合而从也。"人君之心纯而不杂是治理天下的根本条件，也是为官为政的基本要求，只有从上至下"纯其心"才能做到"天下治"。怎样才能达到"纯其心"呢？"古者圣王制礼法，修教化，三纲正，九畴叙，百姓太和，万物咸若。乃作乐，以宣八风之气，以平天下之情。故乐声淡而不伤，和而不淫。入其耳，感其心，莫不淡且和焉。淡则欲心平，和则躁心释。"（《乐上第十七》）礼乐的最终目的是为社会和谐太平服务的，圣人制定礼法、修教化，三纲得正，九畴得叙，百姓太和。而乐的作用正平人心，实现心灵的平静。因此，通过清新淡雅的古乐来平和人们的心灵，调整人心于几微之处，达到"宣化"的效果。

周敦颐的著作看似零散，但在零散中呈现了宋明理学的完整构架。《宋元学案·濂溪学案》评价说："濂溪为后世儒者鼻祖，《通书》一编，将《中庸》道理又翻新谱，直是勺水不漏。第一篇言诚，言圣人分上事。句句言天之道也，却句句指圣人身上家当。继善成性，即是元亨利贞，本非天人之别。"明儒曹端在《通书总论》中说："《通书》文虽高简，而体实渊悫，且其所论，不出乎修己治人之事，未尝剧谈无极之先、文字之外也。"在思想史上，由章句训诂之学到儒释道三教合一，再到儒学复兴，在这个发展过程中，周敦颐开启了宋代儒学，他的思想预示着宋后学术发展的趋向。

三、诗文书信中的廉洁视角

从周敦颐的诗文书写看，任永州通判期间所作《任所寄乡关故旧》《与仲章侄手帖》《拙赋》《爱莲说》等都是独特的例子，也可以作为廉洁文化的典型。

周敦颐于治平三年（1066）为官家乡，给侄子仲章写下了这封手帖。不久，道州州学教授邹勇将这封家书刻之于郡学稽古阁，认为其"辞气温厉，读之如见其人"。淳熙三年（1176），张栻又将之刻石于桂林学宫，"得心画而宝藏之，慕仰涵咏，不胜拳拳"，层层传递着这封别开生面的手帖。

从这封手帖的内容来看，这是一封饱含深情的问候书信：

> 仲章：夏热，计新妇、男女安健。我此中与叔母、季老、通老、韩姐、善善以下并安。近递中得先公加赠官诰，赠谏议大夫，家门幸事！汝备酒果香茶诣坟前，告闻先公谏议也。未相见，千万好将息！不具。叔付仲章，六月十四日。

> 诸处书，立使周一父子送去。叔母、韩姐传语：汝与新妇、侄女、侄儿：各计安好，将息将息！百一、百二附兄嫂起居之问。善善与新妇安安！汝切不得来！汝切不得来！周三翁夫妻安否？周一父子看守坟茔小心否？周幼二安否？如何也？

全篇二百余字，却包含六封书信的内容：

第一封："夏热，计新妇、男女安健。我此中与叔母、季老、通老、韩姐、善善以下并安。近递中得先公加赠官，诰赠谏议大夫，家门幸事！汝备酒果香茶诣坟前，告闻先公谏议也。未相见，千万好将息！"这一封信，是叔叔周敦颐六月十四日给仲章的问候。张栻在手帖的跋文中写道："（周辅成）生二子，长曰砺，砺之子仲章，第二帖所寄是也，次即先生。"因此，此手帖在于告诉侄子好消息，祖父周辅成加赠"谏议大夫"，这是朝廷赋予的"家门幸事"。

第二封："叔母、韩姐传语汝与新妇、侄女、侄儿：各计安好，将息将息！"周敦颐代夫人蒲氏等致问候。叔母指蒲氏，韩姐似为周敦颐长女。"汝与新妇、侄儿、侄女"是侄子周仲章一家四口。

第三封："百一、百二附兄嫂起居之问。"周敦颐代替二子周寿、周焘致问候。周寿，字元翁，小字季老，行第百一。周焘，字次元，小字通老，行第百二。

第四封："善善与新妇：安安!"周敦颐代善善致问候。善善似为周敦颐次女。

第五封："汝切不得来! 不得来!"周敦颐嘱咐仲章，不要来官场找他。

第六封："周三翁夫妻安否? 周一父子看守坟茔小心否? 周幼二安否? 如何也?"周一父子指"以洒扫其父郎中之墓"的周兴家人。

这六封书札环环相扣，榫卯相合，体现出周敦颐的家族关系特别复杂，不仅有自己的家属子女周寿、周焘、韩姐、善善等人，还有侄子周仲章及媳妇，叔伯哥哥、叔伯侄子等亲属。他代叔母、兄嫂等给家乡父老各写了一封家书，"各计安好，将息将息!""安安!"家人平安，可以说是道出了周敦颐为官家乡的寄意遥深。在字面上，周敦颐给每一位亲友都留下文字，一笔一画，那是对亲友的深深思念。自天圣九年（1031），"偕母仙居县太君自营道濂溪入京师"，前后算来已有整整 35 年。此次归乡近家，不禁百感交集：心中有一种抑制不住的怀想，"来春归乡，即拜侍"，报告平安，这是"矩"。

按理说，回到家乡为官，乡愁挚切，心中应当有一种按捺不住的喜悦，但是"未相见，千万好将息!""汝切不得来! 汝切不得来!"确实有些让人觉得匪夷所思。这是否意味着周敦颐是一个不近情理、不食人间烟火的人呢? 还是其中另有隐情? 俗话说"清官难断家务事"，面对复杂的亲属关系中，亲友奔走相告，周敦颐显然有些无计可施。《付二十六叔》《又书与三十一叔》，一封封家书问候，一句句嘘寒问暖，家族亲友似乎依旧是乞求的多而理解的少。迫于无奈，又给家乡父老捎上《任所寄乡关故旧》一诗，自称"老子生来骨性寒"，"官清赢得梦魂安"，他的情绪，已经极度烦郁，烦郁到以"老子"的身份，把积压心头已久的情愫如同洪水一般直接奔涌泄出，以此警诫家乡父老要安于本分，不要寻津觅迹求得私情。

尽管周敦颐未持科名而显扬入仕，但在政治上颇有才干，"通判永州"可以说是记忆中最为深刻的一段经历。南宋度正在《年表》中有记载："是岁虔州民家失火，焚千余间，朝廷行遣差替。时先生季点外县，不自辨明，韩魏公、曾鲁公皆知之，遂对移通判永州。"贬谪与归乡，往往是羁束与自由的转折点，但对周敦颐来说，官位与方位的落差，并没能动摇内心深处的那条水平线，世事磨炼，心绪舒卷，早已习惯不慕名利，不贪图富贵。即便是回到家乡，一如既往，在平淡之中获得自由，故谓"为道春陵只一般"。由此，"汝切不得来！不得来！"其实也给出了答案：保持廉洁自律的标准，就是其为官行政的精神指引，这就是"道"。"不得来！"的背后不过是对人情势利的痛恨，对家乡父老的关爱诲引。看上去平凡，却以传达心绪的问候，成就了不可撼动的精神品格。

因此，在宋代士人学子中，对周敦颐的个人品行多有评价：

春陵周茂叔，人品甚高，胸中洒落，如光风霁月。好读书，雅意林壑，初不为人窘束世故，权舆世籍，不卑小官，职思其忧。论法常欲与民决讼，得情而不喜。其为小吏，在江湖郡县，盖十五年，所至辄可传。（黄庭坚《濂溪词并序》）

春陵周茂叔，志清而材醇，行敏而学博，读《易》《春秋》探其原，其文简洁有制，其政抚而不柔。与人交，平居若泛爱，及其判忠谏，拯忧患，虽贲育之力，莫亢其勇。（吕陶《送周茂叔殿丞序》）

竹箭生来元有节，冰壶此外更无清。（何平仲《赠周茂叔》）

濂溪在当时，人见其政事精绝，则以为宦业过人。见其有山林之志，则以为襟袖洒落，有仙风道气，无有知其学者。惟程太中独知之。这老子所见如此，宜其生两程子也。

作为地方官员，"不卑小官"，操守慎严，"政事精绝"，"抚而不柔"，同时，在公务之余，喜欢游玩山水，远离社会的烦恼与名利，有超越世俗的志向，是一位"有山林之志"超然物外的人物。而这种"胸中洒落""志清而材醇""冰壶""山林之志"的生活志趣与程颐、朱熹希望改革社会有很大不同。他既不像陶渊明辞官归隐，隐逸其面貌，也不同牡丹外露其富贵，而是以"莲"作为心灵追求与精神守望。虽然以恩荫出仕而被提拔为提点刑狱，但始终没有放弃官僚生涯，"从30岁至52岁，整整22个年头，一直在州、县两级地方官的岗位上徘徊"，尽心尽责，作出了不少成绩。

在教导二程中，"志伊尹之所志，学颜子之所学"，以圣贤之学为己任，指向致君泽民的经世之学的思想——任职时，服官施政以行道，诸如分宁判案、邵州新迁学宫、治理端州砚台等等，以修己治人为功夫，将复活尧舜之道为期许，做一番事业，施展政治抱负，实现内圣外王的目标。闲暇之余，另寻新境，与士人游历山水，酬唱题咏，忘怀名利，过着无忧无虑的神仙生活，由此展现兼具行政官的风范与隐逸者的风貌。黄庭坚称赞："茂叔短于取名而惠于求志，薄于徼福而厚于得民，菲于奉身而燕及茕嫠，陋于希世而尚友千古。"有着强烈的社会关怀意识。程颢说道："某自再见茂叔后，吟风弄月以归。有'吾与点也'之意。"说明周敦颐《爱莲说》与孔子"吾与点也"之叹有着相通的情节，在"仕"与"隐"之间，凸显着儒家为学、修己、治人的"有为"价值理念。同样，这种价值理念在《拙赋》《养心亭说》均有体现："巧者言，拙者默；巧者劳，拙者逸；巧者贼，拙者德；巧者凶，拙者吉。呜呼！天下拙，刑政彻。上安下顺，风清弊绝。""予谓养心不止于寡焉而存耳，盖寡焉以至于无，无则诚立明通。"君子只有以拙为安，以退为进，才能"上安下顺，风清弊绝"。因此说，周敦颐的书信诗文作品的特点不在书写自己的孤立自傲，而在于由此透视出洒落自得的思想性格。

总体来看，北宋初期"从儒学本身来看，一方面，汉唐以来章句训诂之学的治学方法造成了儒学的日益僵化衰颓；另一方面，儒学心性论的薄弱又使儒学的缺陷日益突出。而从儒学外部看，则有佛道之学日益严重的挑战"。① 当时异端之学极其活跃，儒家学说需要一种道德本源与价值基石来支持。周敦颐以对自然万物的态度提升至宇宙意识，将天地之仁与自然生命融合为一体，以此追寻天道与人性的源头，确立了宋明理学史的三个基点：一是根据时代的需要，对儒学经典资源进行挖掘，以《周易》《中庸》《论语》等文献为中心，出入经学与子学的性理诠释，扩展取材范围，正如唐君毅先生所说："宋学之初起，乃是以经学开其先。在经学之中，则先是《春秋》与《易》之见重。"② 以《周易》《中庸》等经子文献为核心，发展义理诠释模式，引经据典，层层衍生，回归孔孟学统，促成了理学文献的转型。二是吸收、融摄佛道之学，在内在资源方面重新检讨，把"无极"与"太极""主静"与"无欲""诚"以及阴阳五行等思想资源进行熔铸改造，这种最初以融合意图出现的新学术风气，引进了佛道资源，最终却是与佛道抗衡的思想体系，成为宋代佛道思想中开凿缝隙以复兴儒学的契机。三是重新诠释中国圣哲先贤的思想，传承圣贤遗绪，"嗣往圣，开来哲"，从"天道伦理"转至"仁义道德"，走向"天道性命"，探讨以义理阐释为主体的叙事脉络，章句训诂逐渐被义理诠释所取代，重新诠释与讨论儒家较为薄弱的"性与天道"，解决了儒家安身立命的人文价值信仰问

---

① 朱汉民、肖永明：《宋代〈四书〉学与理学》，中华书局 2009 年版，第 58 页。
② 唐君毅：《中国哲学原论·原教篇》，载于《唐君毅全集》，台湾学生书局 1984 年版，第12 页。

题，构成宋代书写儒学史的开端，从根本上影响了宋明理学发展的路径。这三重叙事方式，不仅对儒学作出创造性的发展，有力地回击了"儒学的日益僵化衰颓"问题，而且诠释和确立起自己的传统，重建宋代文明中心，即开创了新儒学的思想体系。特别是近年来，习近平总书记在文化传承发展座谈会上提出"第二个结合"，其中理论基础的关键是我们的历史积淀和阐释儒家文化。在新的环境下，我们可以借鉴周敦颐思想资源的诠释理路，重新阐释中华优秀传统文化而重获新义，使其发挥出新的思想动力。

《爱莲说》的文人视野与典范生成

江昱在《潇湘听雨录》中有一则记载："濂溪在庐山下，周子始名之，谓在道州者妄也。李穆堂宗伯极辩之。《爱莲说》，郑东里太守之侨谓意义浅俗，气体卑弱，绝非《通书》《太极》文字，有辩甚晰。今湖南州县往往有爱莲池、亭，且有载入志乘，云昔周子爱莲于此者，可笑之甚。"[1]江昱援引宝庆府知府郑之侨《〈爱莲说〉辨》中的观点，从文学地理的角度说明《爱莲说》非周敦颐之所作，湖南州县所记载的爱莲池、爱莲亭也并非真实，开始让人怀疑《爱莲说》的真实性，在当时引起了较大的反响。那么，何以《爱莲说》会生发出非周敦颐所作的联想？这是《爱莲说》的新文献？反映出怎样的思想学术时代趋向？

《四库全书总目周元公集》很快回应了这一说法，以江昱此说没有列出有力的证据说明《爱莲说》的来源否定了此事："集中《爱莲说》一篇，江昱《潇湘听雨录》力攻其出于依托。然昱说亦别无显证。"[2]其实，周敦颐《爱莲说》"予独爱莲之出淤泥而不染"，用言简意赅的语言，开启北宋以来文学义理

---

① 江昱：《潇湘听雨录》（卷一），齐鲁书社 1995 年版，第 7—8 页。
② 《四库全书总目·周元公集》，载于周敦颐：《周敦颐集》，中华书局 1990 年版，第 129 页。

的经典，是跨越时空、历代传诵的名篇，也是现代人教版第七册《初中语文》教材，稳居文学经典的地位。

一、关于《爱莲说》的几种不同记述

《爱莲说》作为文学经典中的名篇，是语文教学中常谈的话题。全文寥寥119字，以抒情写志，列举了牡丹、菊、莲三种花卉，象征三种人生境界，菊花象征隐逸，牡丹象征富贵，莲花象征儒家入世有为。从文本内容上看，在三种取向中突出"予独爱莲"的一面，以"出淤泥而不染""中通外直""香远益清"在思维方式上，开启了宋代对"莲"品格的思考与重视。

综合现代学者的论述来看，《爱莲说》虽短小精炼，但却涉及佛道影响还是儒学渊源的关键，因此历来多有争论。从现有的研究看，基于"莲花"的意象，不少学者提出《爱莲说》的佛道渊源，其中较为重要的是孙昌武等人的研究，"与周敦颐的文章关系最为密切的，则是《维摩诘经》使用的比喻。"[1] 诸如《佛道品》中，"高原陆地不生莲花，卑湿淤泥乃生此花……烦恼泥中，乃有众生起佛法耳。"[2] 以佛教经典比附"莲"的意象，作为周敦颐受到佛道思想影响的明证。对此论持肯定的意见的学者较多，例如傅江洪《试谈〈爱莲说〉与佛经的联系》："佛教主张解脱过程是从此岸到彼岸，从凡夫到圣人，从尘世到净界，从众恶到尽善的过程，这一点正和莲花从臭泥中生出无比鲜美的花叶一样。"[3] 以及《〈爱莲说〉与佛老思想》《一篇会通儒佛思想之至文——周敦颐〈爱莲说〉读后》等等，举出很多佛道关联的论述，并且还对佛教的宗派有不

---

[1] 孙昌武：《关于〈爱莲说〉》，《古典文学知识》1995 年第 5 期。
[2] 鸠摩罗什：《佛道品》（第八），载于《维摩诘所说经》（卷中），嘉兴藏本。
[3] 傅江洪：《试谈〈爱莲说〉与佛经的联系》，《语文学刊》1998 年第 1 期。

同的看法。原因很简单，因为周敦颐雅好山水，作有较多行记，诸如《东林寺留题》《华严岩题名》等，容易与佛道的人生观产生共鸣。随之而来的还有周敦颐学术来自陈抟等问题，《宋史·朱震传》中有"穆修以太极图传周敦颐，敦颐传程颢程颐"[①]，晁公武《郡斋读书志》记载"胡武平、周茂叔同师润州鹤林寺僧寿涯。其后武平传其学于家，茂叔则授二程"。甚至朱熹在《太极图通书后序》中也提道："熹又尝读朱内翰震《进易说表》，谓此图之传，自陈抟、种放、穆修而来。"[②] 多种说法相互对照，昭示了周敦颐思想学说的多元背景。而在弟子程颢、程颐的言语中，"周茂叔穷禅客""周茂叔谓一部《法华经》，只消一个艮卦可"[③]，这样直接的表达，确实让人觉得匪夷所思。此外，在《太极图说》《通书》中有不少"无极""无欲""主静"等佛道话语的阐发。这些周敦颐思想倾向的辩论，是宋明理学史上的重要问题，而围绕《爱莲说》的思想文化背景，也一直受到历代学者的重视。

近来学者颇为关注《爱莲说》的多重意蕴，文学方面王友胜教授等人将《爱莲说》作为精神品质的主题："(《爱莲说》) 全文写莲只是手段，借莲明理、抒怀，倡扬君子人格才是最终目的。"[④] 对《爱莲说》的考量主要从象喻、义理、精神等多种不同途径入手。张京华教授《周敦颐在廉洁文化中的独特价值》是最近关于《爱莲说》问题的一篇力作，对廉洁文化有较深的研究，"《爱莲说》的主题是表明儒家的立场，表明读书人的选择。总体上说，儒家是一种积极的人文学说，一种入世的政治学说，主张坚韧、精进、不已、有为。所以儒家学理最精微之处并不是动静，而是审时"[⑤]，具有很强的说服力。如果说对"爱

---

① 脱脱.《宋史·朱震传》，中华书局 1974 年版，第 12907 页。
② 《元公周先生濂溪集》，岳麓书社 2006 年版，第 73 页。
③ 《元公周先生濂溪集》，岳麓书社 2006 年版，第 113 页。
④ 王友胜：《宋诗视域下的周敦颐人格精神及其范式意义》，载于《新宋学》2021 年版，第 34—48 页。
⑤ 张京华：《周敦颐在廉洁文化中的独特价值》，《船山学刊》2023 年第 2 期。

莲"意象上呈有争议，那么对周敦颐精神特质所体现的廉洁文化，则较少有异议，一个核心的理由是"钱不满百""官清赢得梦魂安"等故事保持名节，践履君子人格，清贫耿直，洁身自好，成为儒家理想人格的寄托。虽然措辞不同，但都指向了"可远观而不可亵玩焉"的洁身自好理念。

对比这两种看法，既有考莲花的渊源与佛道僧人的交往史实，也有从为人、为官行迹中精细梳理道学士人的精神气象，正好体现了《爱莲说》于传统思想与文学的独特之处。周敦颐《爱莲说》究竟是源于佛道？还是有着独特的精神特质？这尽管是一个反复讨论的话题，但在渊源的追溯上，一般认为《爱莲说》本是周敦颐邀朋寻幽访古的悠然体道，按照度正《濂溪先生周元公年表》的记载："嘉祐八年（1063），周敦颐在虔州通判任上，巡行属县，到达零都。邀约虔州同僚钱拓（钱建侯）、零都知县沈希颜（沈幾圣），同游罗岩，五月十五日，作《爱莲说》刻石，并题名云：'舂陵周惇实撰，四明沈希颜书，太原王搏篆额，嘉祐八年五月十五日，江东钱拓上石。'"①也就是说，度正于嘉定十四年（1221）年前后，亲眼目睹了《爱莲说》文字的。确实，从刊刻的背景看，《爱莲说》并不见于濂溪原始的自述中，度正等人对此文的介绍仍有未尽之处，度正只说到"到达零都"邀朋同游，反映朋友之间的"撰""书""篆额""上石"等读书人的风雅意趣，并没有说此行的目的；只说到"舂陵周惇实撰"，并没有交代具体的理由，这固然给《爱莲说》的解读提供了多元空间。

二、历代文人学者对《爱莲说》的阐扬

事实上，《爱莲说》的题咏源头最早可以追溯到朱熹调任南康知军重修爱

---

① 度正：《濂溪先生周元公年表》，载于《元公周先生濂溪集》，岳麓书社2006年版，第231页。

莲池、建立爱莲堂，由于朱子思想的巨大影响，一时之间吸引了众多文人学者的跟随。以《爱莲说》作为思想的经典，生成了不少文本阐释，甚至还引发了一些颇为激烈的讨论。

朱熹《书濂溪先生爱莲说后》作为一个重要起点，常常被反复提起："右《爱莲说》一篇，濂溪先生之所作也。先生尝以'爱莲'名其居之堂，而为是说以刻焉。熹得窃闻而伏读之有年矣。属来守南康，郡实先生故治，然寇乱之余，访其遗迹，虽壁记文书一无在者……会先生曾孙直卿来自九江，以此说之墨本为赠。乃复寓其名于后圃临池之馆，而刻其说置壁间，庶几先生之心之德来者有以考焉。"① 在周直卿来访的语境中，尽管并没有对《爱莲说》作进一步的说明与阐释，只是复述以"爱莲"为"先生之心之德"，并将之"立祠于学"，拓展为对周敦颐德行推崇的时代文化背景。但在《爱莲》一诗中，思想义理的表达特别明显："闻道移根玉井旁，开花十丈是寻常。月明露冷无人见，独为先生引兴长。"② 出于对道学的架构，朱子以"闻道移根"为开头，径直取自韩愈《古意》"太华峰头玉井莲，花开十丈藕如船"，概写莲之不同凡俗，并以"月明露冷"暗喻儒学重振时代的投影，对"爱莲"的诠释注入了理学家所习用的道德境界的话语。因此，被视为理解周敦颐精神品质的渊薮，也作为《爱莲说》传播发展的关键推进。

受朱子"爱莲"的影响，对"爱莲"的兴趣书写如同接力赛。宋代学者的阐释按照自己的关注重心和问题意识重新阐发《爱莲说》，大致可以分为三种不同途径：第一种近于朱子"爱莲"的影响。刘克庄《后村词笺注·风流子白莲》尝云："松桂各参天，石桥下，新种一池莲。似仙子御风，来从姑射；地灵献宝，产向蓝田。曾入先生虚白屋，不喜傅朱铅。记茂叔溪头，深衣听讲；

---

① 朱熹：《书濂溪先生爱莲说后》，载于《元公周先生濂溪集》，岳麓书社 2006 年版。
② 朱熹：《爱莲诗》，载于《周子全书》，明万历二十四年张国玺刻本。

远公社里，素衲安禅。"① 刘克庄虽然是以"词"的形式书写"白莲"，但背后的主旨在"记茂叔溪头，深衣听讲"，取材于朱子《事状》中"庐山之麓，有溪焉，发源于莲花峰下，洁清绀寒，下合于溢江。先生濯缨而乐之，因寓以濂溪之号，而筑书堂于其上"②，其实是在朱子纪事基础上的再创作。而从文脉传承来说，周敦颐与朱熹思想一脉相承，由推崇朱子而活化"爱莲"，这成为了南宋一个饶有意味的话题，例如黄震《读本朝诸儒理学书》中对莲花的道德教化即是一个典型例证。"《爱莲说》又所以使人知天下至富至贵、可爱可求者，无加于道德而芥视轩冕、尘视珠玉者也。"③ 将《爱莲说》的意义归结在道德的传播中，作为君子人格的特殊标志。罗大经在《鹤林玉露》中说得更明白："周、程有爱莲观草、弄月吟风、傍花随柳之乐。学道而至于乐，方能真有所得。"④ 坚持一贯支持程朱理学的立场，借助于"爱莲"作为道德义理典范的主流，使得文学艺术方面的意义在不断略去。

第二种是比拟"爱莲"，谢枋得在《与菊圃陈尚书札》中说："某幼诵元公《爱莲说》，至晋人爱菊则疑何也？"⑤ 幼诵《爱莲说》不仅反映南宋文人对周敦颐作品的熟稔程度，也从一个侧面说明诵读《爱莲说》已成为文人儒士的风雅标志。南宋袁甫《白鹿书院君子堂记》中云："濂溪先生妙达阴阳动静之理，谓乾坤化生万物，万物生生而变化无穷。呜呼，易道深矣！先生之学该贯天地万物而独爱一莲，何哉？莲亦太极也。中通外直，亭亭净植，太极之妙具于是矣。"⑥ 随着"太极"思想占据道学主导地位，截取"化生万物"来比拟莲花的生长，"莲亦太极"二者牵合在一起，成为《爱莲说》与思想著作关联的新起

① 刘克庄：《后村先生大全集》，卷189，四部丛刊景旧钞本。
② 朱熹：《事状》《伊洛渊源录》，卷1，四库全书本。
③ 胡次焱：《问爱莲说》《梅岩文集》，卷6，四库全书本。
④ 罗大经：《鹤林玉露》，卷2，四库全书本。
⑤ 谢枋得：《叠山集》，卷5，四部丛刊续编景明本。
⑥ 解缙：《白鹿书院君子堂记》《永乐大典》卷7235，嘉靖副本。

点。但是，这并不意味着南宋学者对《爱莲说》的解读仅仅依附于朱子，史绳组《学斋占毕·周子爱莲说如屈原橘颂》："濂溪周子作《爱莲说》，谓莲为花之君子，亦以自况，与屈原（《橘颂》）千古合辙。不宁惟是，而二篇之文皆不满二百字，咏菊咏莲，皆能尽物之性，格物之妙，无复余蕴。盖心诚之所发，万物皆备于我之所著形，是可敬也，读者宜精体之。"① "爱莲"与屈原《橘颂》作比附，其实也并不冷僻，"咏莲"与"颂橘"皆是"格物之妙"，成为"格物致知"论影响下极其敏锐的观察。

第三种主要为仿拟作品。与"爱莲"作为理想的道德人格不同，陈宓曾在嘉定十二年作《续爱莲说》，将"莲"的实际功用相比较，可以说是一种"现代型"的接续。"周子为《爱莲说》尽矣，某又推广之。开以子，阖以午，喜阳而恶阴，一也。暑不能浊，雨不能濡，寄迹泥途之中，超然造化之表，二也。一年种之，百年不绝，亶出天工，不假人力，三也。华实既称，根叶能香，四也。材为时用，无一可弃，五也。一花一叶，对待不弧，六也。备此六美，百卉岂可同时语哉！意者，化工三春之余，收拾余巧，一施之大夏，不然何其奇也。咏叹不足，作《续爱莲说》，嘉定己卯五月十日也。"② 作者舍弃了在文化层面比较三种花卉的价值选择，而是用连属排比的方式说明莲花造化、功用等方面的特性，从而演绎对莲花实际功用方面的书写，这是一个很有趣的现象。采取如此取向，意味着从"爱莲"历史性的论证转变到实用性的价值，这也暗喻了义理和事功的结合。而无独有偶，《全宋文》中胡次焱《问爱莲说》一例："君子者，有华，有实，有德义，有功业相称。水陆草木之花，其华而不实者何可胜数。姑以《爱莲》一说论之。牡丹，花之富贵者也，而堪叹'牡

---

① 史绳祖：《学斋占笔》（卷2），《周子爱莲说如屈原橘颂》，四库全书本，第476页。
② 陈宓：《续爱莲说》，载于曾枣庄、刘琳：《全宋文》（305册），上海辞书出版社，安徽教育出版社2006年版。

丹如斗大'之句，于实竟何有哉！菊，花之隐逸者也，而'残菊飘零满地金'之句，于实竟何有哉！"涉及莲花"有华，有实，有德义"的品性，两种《续爱莲说》可以说是不谋而合。"愚则谓此正造物者所以大莲之成就而敛其华，将食其实者也。"①实际上，截取莲花功用横断面来比拟莲的实用关系，虽然不是标新立异，但实是有感莲的精髓而发，也是对"爱莲"文化资源的创造性使用。

元代是"爱莲"创新的时代，将《爱莲说》作为廉洁廉政的坐标，开创了一个新的思路。侯克中《御史台盆池莲花》，以"爱莲"与御史相互联系："本固实甘君子德，中通外直圣人心。好将千载濂溪说，勒作西台御史箴。"将"莲花"与御史箴言等同，"爱莲"作为御史治理的参考标准，给人的印象颇为深刻，这一思路中，"君子德"为核心的文人精神成为廉洁文化关注的要点。另一方面，环绕《爱莲说》作为文人悠游涵泳的诗意空间，元末文人杨维祯《梦梅华（花）处诗序》专以花喻君子人格，展现出别样的意味："予闻世之爱花木者弗一也，盖鲜闻梦之也。自古上而爱莲者，廉（濂）溪也。次而爱菊者，靖节也。又次而爱梅者，和靖也。斯三子之所爱，各得其趣，非爱之于梦也。取乎莲，悟性理之妙，出天然之趣，徘徊宇宙，如光风霁月，淤泥而不染。取乎菊，托节操之风，乐悠然之趣，优游丘壑，如春云秋水，潇洒而不混。取乎梅，矫高洁之名，得自然之趣，啸傲山水，如孤鸧老鹄，超迥而不凡者也。"②"爱莲""爱菊""爱梅"与周敦颐、陶渊明、林逋并列对应，找出很多资料来证明"各得其趣"。从而将周敦颐思想与人格的结合，"徘徊宇宙"与"光风霁月"相互交织，鲜明体现出"性理之妙"的独特之处。无可例外，欧

---

① 胡次焱：《问爱莲说》，载于曾枣庄、刘琳：《全宋文》（305 册），上海辞书出版社，安徽教育出版社 2006 年版，第 137—139 页。
② 杨维祯：《杨维祯全集校笺》，上海古籍出版社 2019 年版，第 3573 页。

阳玄在《道州路重修濂溪书院记》有类似表达："莲有君子之道四焉：出淤泥而不染，一也；濯清涟而不妖，二也；中通外直、不蔓不枝，三也；香远益清、亭亭净植，可远观而不可亵玩，四也。比德于君子也。"[①] 将莲花的四种品性比拟为君子的德性，在无形中透露出"爱莲"的深衷感受，深刻体现出以理学为中心的接受情况。特别值得一提，吴澄《题曹农卿双头莲图》留下了爱莲的足迹："花中君子濂溪独，分作河南二鄂华。天为有儿双秀发，送将此瑞到公家。"[②] 赓续濂溪开启二程学术的典故题赠友人，在文人题咏中传承着爱莲的道德隐喻。

"爱莲"作为文人群体最受尊崇的话题，在明代枝蔓甚多。苏致中《莲花赋》："产荷蕖兮露瑞，驾群卉兮陈征，不蔓不枝兮胚胎濂溪之派，难污难染兮牵连玉井之根，红锦烂兮花芳，翠盖偃兮叶萋……是皆由圣人在位而化育之功要，亦兆此地人才登科第而出者，自是为盛也。"[③] 以莲花代表圣贤化育之地，探寻了爱莲的深层次文化背景。赵宽《瑞莲亭赋》："周子没兮人文荒，光风霁月空寒塘。恐年岁之将暮，思采撷而为裳。"[④] 他们关注的，与程朱理学家的阐释并无二致。但另一方面，对"爱莲"的解读又并不如此简单，陈献章等心学学者也对这一意象也特别关注，以《茂叔爱莲》作为"爱莲"思想转型的重要环节："不枝不蔓体本真，外直中通用乃神。我即莲花花即我，如公方是爱花人。"[⑤] 陈献章不屑于朱子的理解，对"爱莲"中"不枝不蔓""外直中通"重新作了诠释，以"我即莲花""花即我"为诗篇的重心，开启心学转向的诠释。正德年间王阳明反复临摹《爱莲说》，并跋有此文："此濂溪周子爱莲说也。悠然意远，不着点尘。明窗读之，宛然霁月光风，照人眉宇。""光风霁月"是黄庭

---

① 欧阳玄：《道州路里重修濂溪书院记》，《圭斋文集》卷5。
② 康熙御定：《历代题画诗下》，北京古籍出版社，第359—360页。
③④　王力建：《中国历代咏荷诗文集成》，齐鲁书社2011年版，第757页。
⑤　陈献章：《茂叔爱莲》，载于《白沙子》(卷6)，四部丛刊三编景明嘉靖刻本。

坚以来的典型概述，王守仁"明窗读之"，这是对周敦颐精神气质的参悟与涵养。特别是在《再过濂溪祠用前韵》中，对朱子阐释的异议表现得特别明显："曾向图书识面真，半生长自愧儒巾。斯文久已无先觉，圣世今应有逸民。一自支离乖学术，竟将雕刻费精神。瞻依多少高山意，水漫莲池长绿蘋。"[①]"水漫莲池"就是周敦颐《爱莲说》的象喻，从客观上说，王阳明对《爱莲说》有着很深的倾慕之意，但在微观上，借"一自支离乖学术"之譬来自明心迹，有意识地挑明对程朱格物致知的转向。"圣世今应有逸民"，时已过往迁化，"绿蘋"生长，无意之中揭示了心学的渊源背景，昭示着与朱子学离心的取向。很显然，这是在借《爱莲说》的理解突出理学与心学的分歧。在这一分歧中，朱子以为周敦颐道德风范的阐发，其着眼点是文本传播的属性；而王守仁则以"斯文久已无先觉"，着重点指向精神建构的属性，二人对《爱莲说》的看法似同而实异。更有甚者，明代吴宽《为周郎中公瑞题观莲图》："玉井莲开花十丈，此事诗家徒自诳。何处池头有此花？分明蜀锦裁成障。"[②]由观莲联想到朱熹《爱莲》，借题发挥，攻评朱熹"开花十丈"为"自诳"，其中针锋相对之势甚为明显，深刻地呈现出受心学影响的研究取向与学术变化。

遥承《太极图说》的哲学诠释理路，清代过拱《蔡氏古文评注补正全集》有透辟的分析："濂溪先生写《爱莲》，而寓意在莲之外：曰'不染'者，贫贱不移也；'不妖'者，富贵不淫也；'中通'者，静虚也；'外直'者，达顺也；'不蔓不枝'者，主一也；'香远益清'者，永终誉也；'远观（而）不可亵玩'者，可大受不可小知也。学者读此，可为明德洗心之助。"[③]以义理思想阐释《爱莲说》的意义，将"中通""外直""不蔓不枝"与"静虚""达顺""主

---

① 王守仁：《王阳明全集》，上海古籍出版社 2014 年版，第 794 页。
② 吴宽：《为周郎中公瑞题观莲图》，《家藏集》（卷 16），四部丛刊景明正德本。
③ 过拱：《蔡氏古文评注补正全集》（卷 8），商务印书馆 1934 年版，第 7 页。

一"作比附，对借鉴和运用爱莲的思想智慧有着极大的兴趣，这种做法使周敦颐著述圆融贯通，包含着宋汉之际理学演变的阐释。

作为精神文化的产物，"爱莲"也有区域文化因素的影响。郑之侨在《濂溪书院劝学编》中存有《爱莲说辨》一文，深挖搜索，将"辨"作为议论的中心，特别提出以"周子'无欲'二字，直是学人一粒种子"，高度肯定周敦颐的思想学说，从内容上说，其讨论主要涉及爱莲名池、太极阴阳动静、吟风弄月等的讨论。其中，论及《爱莲说》渊源与定位，有两处"辨"特别值得注意：其一，将《爱莲说》与儒家日用伦常之道关联，委婉曲折地攻击《爱莲说》的文字，一个重要原因是"《爱莲说》也，其意浅，而气弱而浮，其义纤巧讥讽，而非道德之腴。学者诚由周子之书静参而细较之，类与不类，必有能辨之者"。①《爱莲说》"意浅""气弱""纤巧"，义无所征，不符合道体体认的宏大气象。初看上去，这是从道德与实践的关系评判"爱莲"是否达到了"理"的境界。所以，引《太极图说》《通书》相互论证，"中通外直，不蔓不枝者，包括之而无遗蕴，即云富贵利达念头打得干净，方为立脚之稳。""亭亭净植，亦属学人克己之功"②，这是典型的湖湘理学的观点，"立脚之稳""克己之功"，探寻道德本源其实是为了突出有体有用之学。其二，《爱莲说》佛道倾向的关注，"误认以寂心灭性为禅机之隐逸，将率天下后世而入于捕风捉影之为，斯亦为人心学术之一大坏也。"③出于担心周敦颐"无欲"的理念与"寂心灭性"混为一谈而走向佛教虚无之说，不仅会否定《爱莲说》与佛道思想的关联，更是会否定周敦颐思想精神的根本价值。尽管这种"辨"不符合《爱莲说》的发展理路，但对《爱莲说》辩论的背后，其实有着本土文化关怀的影响，却从另一个侧面体现了湖湘学者深浸于经世致用之学的思维模式。

---

①②③ 郑之侨：《爱莲说辨》，载于《濂溪书院兴学编》清刻《郑氏丛刻》本。

至民国时期，《爱莲说》仍然如火如荼地展开，一方面，《爱莲说》入选《国文教科书》《古文评注读本》，指出"其中所谓不染，即贫贱不移之意；所谓不妖，即富贵不淫之意；中通外直，即静处达顺之意；不蔓不枝，即主一无适之意"①用《爱莲说》陶冶学生人格品性，不断走向经典化道路。另一方面又作有大量仿编文章，赞同对各种思想智慧的追求，例如《爱国说》《爱钱说》《爱蚊说》《恶蚊说》等，这一思路从不同的观察视角出发，似乎走向了一种无序化的发展道路。

不难理解，历经文人学者的多次阐释，《爱莲说》的文本内容较之周敦颐作为个人思想意趣的表达，已经有了很大的差异，但不论是追寻"爱莲"的精神特点，还是周敦颐思想意象的接续，其实都有自己的问题意识，这些各自不同角度的阐释既有着时代风貌的更新，也有纵向的文学史流变，使隐含的多种"爱莲"可能性得以释放。

三、《爱莲说》思想文化的价值建构

《爱莲说》近千年的问题探讨，被塑造为一个与时偕行的儒家义理精神的范本。其中涉及的几个要素，提示着《爱莲说》需要研究的问题，并关联到现代学术的关键要点。特别是随着当下传统儒学复兴，爱莲廉洁教育正是党纪学习教育、主题教育的生长点。

1."出淤泥而不染"是内圣人格的现实宣言。从字面意义来看，"出淤泥而不染"固然指不为外物所染，保持自身纯洁。但《爱莲说》通篇不言性理，多言莲花之性情，这正是从功名利禄之外求得内心安宁的可贵之处。不能不

① 锡山、过商侯：《古文评注读本》(卷五)，上海世界书局 1935 年版，第 64 页。

说，《爱莲说》作为周敦颐为官之暇的表达，不是徒然吟赏山水的篇什，而是传统廉洁文化的自我表达。从历史大背景入手，"爱莲"精神品质的确立，并非没有思想资源的支撑。周敦颐思想著作《太极图说》《通书》之间是有内在张力的，朱熹曾有过研究，指出应当关注周敦颐文本之间的关联。而在《通书》中有一篇"志伊尹之所志，学颜子之所学"，可以相互对证。伊尹与颜子的互相结合，颜子是学习圣贤的典范，这是一个典型的例证。《论语·雍也》中说"贤哉，回也！一箪食，一瓢饮，在陋巷，人不堪其忧，回也不改其乐"。以快乐学习、体悟道学作为人生的目标。"伊尹耻其君不为尧舜，一夫不得其所，若挞于市"（《圣学第二十》）。伊尹怀抱着儒家积极有为的价值理念，这是直承儒家积极入世的主流。设若《爱莲说》与《太极图说》《通书》并无关涉，"莲之爱，同予者何人"又该从何处说起？其实，这也正是朱子所说的周敦颐文集"实相表里，大抵堆一理、二气、五行之分合，以纪纲道体之精微，决道义、文辞、利禄之取舍。"虽然这是朱熹从理学建构的角度解读周敦颐著作，但不可否认的是进一步阐释了《太极图说》等著作互相贯通的关系，特别是在北宋各种思想的碰撞融合中，这种贯通意识的启示正是宋代理学形成的基础。

《通书》以"希圣希天"作为思想的重点与归宿，"'圣可学乎？'曰'可'。"（《志学第十》）"圣希天，贤希圣，士希贤"（《圣学第二十》）。无论是"圣可学乎"的坚定回答，还是希贤、希圣、希天的为学路径，进一步说就是回向尧舜之治，都深刻地体现了儒家的内圣外王之道，这也是周敦颐为学为人的关键所在。正是看到这一点，《宋元学案》补充道："伊尹之志，虽在行道，然自负为天民之先觉，志从学来。颜子之学，固欲明道，然究心四代之礼乐，学以志裕。元公生平之窠寐惟此。"[①] 以"伊尹""颜子"为追寻的目标，就是直承孔孟

---

① 黄宗羲：《宋元学案》，商务印书馆 1934 年版，第 100 页。

积极入世的根本精神。但是如此一来，为何会有佛道的争论呢？《通书·圣学第二十》的回答是："无欲则静虚、动直，静虚则明，明则通；动直则公，公则溥。""圣可学乎" [①] 后面其实包括"可学"和"无欲"两个方面，虽然佛道也强调"无欲"的功夫，但实际上，以"无欲"作为实现"主静"的功夫，就是在践履超越物质欲望的生命大"道"。正如《太极图说》云"圣人定之以中正仁义而主静，立人极焉"。《养心亭说》亦云"盖寡焉以至于无，无则诚立明通"，于"主静"中自注"无欲故静" [②]，没有私欲既能达到内心空虚而宁静。从表面上看，周敦颐提出的"主静""无欲"有一些佛道思想的痕迹，在一定程度上构成了与儒学的矛盾，但是主静的最终目标奠定在"立人极"为终极依据的基础之上，这又有着区别于佛道所说的"空阔虚寂"的地方。何子举在《周敦颐墓室记》有类似的表达："先生之学，静虚洞直，明通公溥，以无欲为圣人之门者也。" [③] 周敦颐以"无欲"的两段式发展，正在于彰显儒家"圣人之道"的根本价值。分析表明，周敦颐调和"主静"与"仁义"之间的缝隙，恰恰是其思想的突出之处，确立起"立人极"的终极目标。正因为如此，"出淤泥而不染"的价值依据不仅仅是个人的修养，而是与太极阴阳化生相关的天道原则，同样，"无欲""主静"作为实现"无极""立人极"的功夫也不是局限于自我，而是"立天之道""立地之道""立人之道"的终极依托。尽管朱熹从理学建构的角度有着弥合周敦颐思想缝隙的倾向，但把周敦颐反复强调的"无极""立人极"的复述放在整体时代背景下来看，还是有着哲学旨趣的思想高度。

2. "中通外直"是内心中正的精神素养。《爱莲说》即便没有具体指明，

---

① 《元公周先生濂溪集》，岳麓书社 2006 年版。
② 周敦颐：《养心亭说》，载于《元公周先生濂溪集》，岳麓书社 2006 年版，第 99 页。
③ 《周敦颐墓室记》，载于《周敦颐集》，中华书局 1990 年版，第 87 页。

但在《通书》也有多处关于"中"的说明:《道第六》:"圣人之道,仁义中正而已矣。"《师第七》:"惟中也者,和也,中节也,天下之达道也,圣人之事也。""故圣人立教,俾人自易其恶,自至其中而止矣。"① 中正即是指合于中道,无过而不及,最终指向的是"圣人之道"。周敦颐其实是把"中"作为检验的标准,这是对传统儒学的延续。在《易经》中有"黄中通理,正位居体,畅于四肢,发于事业"称赞君子美德,这是儒学阐释的一个渊源。"中通外直,不蔓不枝"指向的是内在心性的探寻。特别是,在"中"的叙述中,还包括一个子议题,即重新分疏性情等范畴:"刚善,为义,为直,为断,为严毅,为干固;恶,为猛,为隘,为强梁。柔善,为慈,为顺,为巽。恶,为懦弱,为无断,为邪佞。"② 以刚善、柔善、刚恶、柔恶、中为"五性"的概念,其中有正有偏。《太极图说》有"圣人定之以中正仁义"。应该说,这是借助"中"讨论性情,通过修身养性追求清正廉明的人生,回到"立人极"的最高准则。尽管佛道也讲心性修养,但在这个多元文化交集中,并不能简单地以《爱莲说》的佛道因素来否定周敦颐的入道精神。钱锺书在《谈艺录》作过澄清:"(宋代道学家)严儒释之坊,于取譬之薄物细故,亦复煞费弥缝也。"③ 朱子等理学家在传承周敦颐思想精神时抑佛归儒,纠正《太极图说》《爱莲说》创作中的一些片面倾向,这是在强调理学说教的功能。另一方面,在湖湘经世致用的影响下,郑之侨、江昱等人辩论《爱莲说》的写作背景:"揣摩郑之侨所以要作这样一大篇文章极力否认《爱莲说》为周敦颐所作,主要是怕人把《爱莲说》与寂心灭性的'禅机'濂溪起来。其实,《爱莲说》反映的是否佛家思想,或者是否与佛家思想有关,可以就其内容作具体的分析探讨,不必一定要否定周敦颐作《爱莲说》的

---

① ② 周敦颐:《通书》《元公周先生濂溪集》,岳麓书社 2006 年版。
③ 周振甫、冀勤:《钱钟书〈谈艺录〉读本》,上海教育出版社 1992 年版。

事实。"①《爱莲说辨》将主观推测提升为主题，在这一讨论中后来学者有意无意突出"莲花"的象喻，而忽略了"中通外直""圣人定之以中正仁义"的本质，无疑降低了《爱莲说》的思想色彩。

3. "可远观而不可亵玩焉"是不为物累的高洁志趣。如果说，从三种花卉产生的时空背景看，"牡丹"娇艳夺目，雍容华贵，为"花之富贵者也"。其中唐代长安的文化盛事是赏牡丹，《全唐诗》提及"牡丹"的诗有200多首，代表着唐代繁盛时期的时代背景。而魏晋时期时局动荡，政权走马灯似地频繁更换，陶渊明发出"采菊东篱下，悠然见南山"的感叹，代表的是以菊花傲霜独立，不与丛花争艳的价值取向。周敦颐生活在北宋，以一种对照的方式鲜明地凸显三种花卉的不同品性，背后正是社会的多面性的反映：作为远离政治文化中心的地方官员，周敦颐勤勤恳恳做好分内之职，任分宁主簿"遇事刚果"，举南安军司理参军"据理力争"，移郴县令"首修县学"，永州《拙赋》言志、邵州迁建州学作《邵州迁学释菜文》等等，救世行道积极有为，都印证着"为治精密严恕，务尽道理"的志士形象。问题是，既然是担当有为的地方官员，又如何存有大量游历山水的记载？蒲宗孟在《（周敦颐）墓碣铭》中说，"生平襟怀飘洒，有高趣，常似仙翁隐者自许。"②以山林之志、吟风弄月为本真，诸如《同友人游罗岩》《题大林寺》《喜同费长官游》《宿大林寺》等，都是游山玩水的诗篇。对于周敦颐的思想倾向，钱穆先生曾给出了特别好的解释："理学者，所以学为人。为人之道，端在平常日用之间。而平常日用，则必以胸怀洒落、情意恬淡为能事。惟其能此，始可体道悟真，日臻精微。而要其极，亦必以日常人生之洒落恬淡为归宿。"③周敦颐并非远离尘世的山林之士，相反，从

---

① 梁绍辉：《周敦颐评传》，南京大学出版社2011年版，第93—94页。
② 蒲宗孟：《先生墓碣铭》，载于《元公周先生濂溪集》，岳麓书社2006年版，第99页。
③ 钱穆：《理学六家诗钞》，载于《钱宾四先生全集》（第46册），台北联经出版事业公司1998年版，第3—4页。

体察自然造化之理中寻找内在的精神力量。《爱莲说》作为优游山水的志向阐发，"香远益清，亭亭净植"后面一层"可远观而不可亵玩焉"，将读书求道的经历与自己的生命体验相联系，是有着感悟生命本真和人生理想意趣的。虽然以长于地方治理著称，但人生的根本意义不在于官场的得失成败，而在于像莲花一样入世有为，因此他的为官生涯中不仅有洒落自得的一面，同时也具有济时行道的一面。正是将这些片段拼接起来，赋予为儒学精神理念的象征，这才是《爱莲说》等文学作品的意义所在。清儒张伯行极力称赞："周子心契太极，其胸中精莹明彻，不疑所行，实有一得夫仲尼、颜子之乐。是以洒洒落落，如光风霁月，清旷高远之象。若有一毫私吝心，何处得此也耶！"在儒家的人文关怀与道义担当中寻求"胸中精莹明彻"，这种以精神气象为基底的精神资源，就是"圣贤气象"精神人格的体现，这恰恰就是《爱莲说》等文学作品作为古代廉洁文化符号的价值内涵。

从这个意义上说，《爱莲说》就像一面镜子，以独特的精神风格开启了对精神气象的思考，透视出周敦颐作为儒家士人的清正廉俭的君子操守和高洁向上的精神品性。同时，也为后来学者指明了廉洁文化的方向，例如胡次焱在《后山园赋》中说，"清洁则读濂溪《爱莲说》"，何绍基感叹："吾乡濂溪大儒出，《爱莲说》许君子姿。"其实他们在阐释"爱莲"的时候，就已经在思考如何宣传和运用其中的精神价值和人生智慧。

第二编　理学道统架构

蒲宗孟《墓碣铭》及其与周敦颐交游考释

周敦颐曾在江西、湖南、四川等地任职，愉悦自然山水，与朋友相互唱和，留下了诸多足迹。为他书写《墓碣铭》的蒲宗孟，即是因其人品与学问所吸引，成为朋友，联姻为亲家。据《墓碣铭》载："嘉祐己亥，泛蜀江，道合阳，与周君语，三日三夜。退而叹曰：'世有斯人欤？真吾妹之敌也！'明年以吾妹归之。"蒲宗孟，"字传正，阆州新井人。第进士，调夔州观察推官。治平中，水灾地震，宗孟上书，斥大臣及官禁、宦寺，熙宁元年，改著作佐郎。神宗见其名，曰：'是尝言水灾地震者邪！'召试学士院，以为馆阁校勘、检正中书户房兼修条例，进集贤校理"（《宋史·列传八十七》）。蒲宗孟与周敦颐晚年交往甚契，来往不辍，表现出极大的兴趣。

一、蒲宗孟与周敦颐《墓碣铭》

蒲宗孟对周敦颐很尊重，认为其在学术上确有建树，并在其去世时，撰写《墓碣铭》，叙述周敦颐一生的仕宦生涯，对其官品、德行大加赞述，提供了颇有意味的视角：一是，"仕而必行其志，为政必有能名"，认为在为政、为学上坚持其所倡导的"志伊尹之志，学颜子之学"，以一箪一瓢之志好学进取，志于求道。二是，其学说基本立场为儒家的尧舜之道。"先时以书抵孟宗曰：'上方兴起数百年无有难能之事，将图太平天下，微才小智，苟有所长者，莫不皆获自尽，吾独不能补助万分，又不得窃须臾之生，以见尧舜礼乐之盛。'"① 以"图太平天下"为理想，希望以神宗为中心的政治改革能够复兴尧舜礼乐之道。三是，周敦颐是一个有山林之志的人物。"生平襟怀飘洒，有高趣，常以仙翁隐者自许。尤乐佳山水，遇适意处，终日徜徉其间……乘兴结客，与高僧道人跨松萝，蹑云岭，放肆于山巅水涯，弹琴吟诗，经月不返。"② 指出周敦颐以"仙翁隐者"自称，远离官场的种种纷扰喧嚣，在山林幽静之地洗心涤虑，置身自然之中，颐养性情，抱持着道家式的人生哲学。

然而，有意思的是，南宋朱熹等人在肯定周敦颐在中国思想史中的地位的同时，却将有山林之志、与佛道的关系等记载圈划在理学之外。朱熹甚至在《答汪尚书》的第六封信时指出"载蒲宗孟《墓碣铭》全文，为害又甚"。认为蒲说存在较大谬误。《（南康本）太极图通书后序》亦指出："如蒲碣自言初见先生于合州，相语三日夜，退而叹曰：世乃有斯人耶！而孔文仲亦有祭文，序先生洪州时事曰'公时甚少，玉色金声，从容和毅，一府皆倾'之语。蒲碣又称其孤风远操，寓怀于尘埃之外，常有高栖遐遁意。亦足以证其前所谓'以奇自见'等语之谬。"在朱熹看来，与蒲宗孟"相语三日夜"，不符合事实，所赞颂的"孤风远操""高栖遐遁"，也存在着很大偏差，"以奇自见"。更为重要的是，蒲宗孟积极支持王安石新法，是有意阿附新党而编造了周敦颐与王安石新法的关系，《宋元学案》就有非常尖锐的批评："宗孟能知先生，而茫茫不能

---

① 蒲宗孟：《先生墓碣铭》，载于《元公周先生濂溪集》（卷八），岳麓书社 2006 年版，第 137 页。
② 同上。

知先生之道，何以阿附新法，何耶？"这种看法，也被后世文本所延续，以致"然这个（《墓碣铭》）文献却没有收录在张伯行《周濂溪先生全集》、董榕《进呈本周子全集》、徐必达《周张全书》等通行本中。至于四库本《周元公集》，则把《墓碣铭》的散文部分几乎全部删除，只附上铭文，以'先生墓铭'为题收录在其中，可以说是作了一种篡改"①。那么，朱熹为什么要否定蒲宗孟的说法？其中暗藏了关于周敦颐生平的哪些重要信息？这是出于偶然？还是寓有某种深意？

联系到周蒲二人的亲属关系，周敦颐家人找人书写《墓碣铭》，以颂扬为主要目的，不可能不择人选，率尔成文，且妻兄执笔为墓碣，本来是一件很平常的事，无疑希望通过《墓碣铭》能够真实地记录周敦颐的生平事迹，关注心灵的实在信息，诸如"襟怀飘洒""与高僧道人跨松萝，蹑云岭"均是精神生活的描述，并非偶然疏忽、刻意虚构。但揆以情势，对于这样的心灵刻画与"人生图像"，朱熹的删改却与程朱理学的兴盛不无关系。

出于标榜儒家正统学说的需要，朱熹辟佛道、排异端。特别是熙宁年间，理学正处于创建过程中，并没有产生太大影响，当时定于一尊的是王安石新学，王学凭着政治权力和科举导向占有绝对优势，并以《三经新义》统一学术，成为科举取士的典范。在理学与宋代政治的互动中，朱熹等人为捍卫理学的正统性、学统的纯洁性，追溯学术渊源，极力反对："新法之行，诸公实共谋之，虽明道先生不以为不是。盖那时也是合变时节。"（《朱子语类》）因此，朱子不仅毫不客气地排除其有异见之人，而且极力反对王安石的支持者。"王学的影响甚巨，在反面上自然是对北宋五子，尤其是二程洛学发展的抑制。"②

---

① 吾妻重二：《论周惇颐——人脉、政治、思想》，载于吴震：《宋代新儒学的精神世界——以朱子学为中心》，华东师范大学出版社2009年版，第340页。

② 何俊：《南宋儒学建构》，上海人民出版社2004年版，第4页。

由不同政见所致，以程颐为首的洛党之间，纷争不断，理学处于边缘地位。为争夺正统的问题，程朱理学家围绕王安石变法与否展开激烈讨论，胡安国曾上疏指出："盖从于新学者，耳目见闻，既已习熟，安于其说，不肯遽变。而传河洛之学者，又多失其本真，妄自尊大，无以屈服士人之心。故众论汹汹，深加诋诮。"（《胡文定公乞封爵邵张二程先生列于从祀》）在胡安国看来，王氏之学"失其本真，妄自尊大"，只有振兴邵、张、二程学统，才是复兴儒学的根本出路。蒲宗孟作为新法的积极支持者，曾参与"熙宁变法"，也曾指诉司马光之说为"邪说"，颇让士人所不喜。

另一方面，则出于学术建构的需要。正如真德秀所说："濂洛诸先生出，虽非有意为文，而片言只辞，贯综至理，若《太极》《西铭》等作，直与六经相出入。"① 周敦颐著《太极图说》《通书》，开启了以义理阐释《易》《庸》之学的学术形态，并在经传文本的选择中，确立了以性理学说为主的学术思想体系。但遗憾的是，这种学术风气远未为人所注意，至南宋绍兴年间，才被湖湘学派所推尊。受张栻等人的影响，朱熹极力表彰周敦颐："（《通书》）比《语》《孟》较分晓精深，结构得密。"（《朱子语类·卷九四》）直接将《通书》与《论语》《孟子》相比较，使得对周敦颐的评价逐步朝着"孔孟"儒家正统方向转化。

然而，周敦颐是否为新法的支持者？我们不得而知。但是，北宋墓志的书写，有着明显的格套："有些熙丰时代之人的墓志铭中，作者往往用一种赞赏的语气描绘传主平心以待新法。这反映了墓志书写中的双重现实：一方面，如果墓志铭作者是反对新法之人，则说明他们接受了新法推行的现实，且看到了新法的合理性。另一方面，这种叙述反映了传主、作者所在的熙丰时代之实景，即对多数人而言新法是一种日常事务，必须执行，不涉及信仰、意识形态

---

① 真德秀：《跋彭忠肃文集》，载于《西山先生真文忠公文集》（卷36），四部丛刊初编本。

的争论。"① 由于学术旨趣不同，门户之见极深，面对王安石新法，蒲宗孟采用了赞赏的态度，无疑会遭到朱熹等人的否定。从另一个角度看，朱熹否定王学的同时，对周敦颐的事迹及学术进行了"重塑"，其中的重要标准是：个人生活的描述并不是十分重要，确立儒家的正统地位才是毋庸置疑的。

受朱熹的影响，南宋后质疑的声音日渐高涨，程朱弟子执守师说，何子举《先生墓室记》指出："抑某反复左丞蒲公宗孟铭先生墓，不能不扼腕于仲尼日月也……嗟乎，有是言哉！先生之学，静虚动直，明通公溥，以无欲为入圣之门者也。穷达常变，漠无系累，浮云行藏，昼夜生死，其所造诣，夫岂执世俗、恋荣偷生之见者所可窥其藩？言焉不择，左丞尚得为知先生者？然则先生之道，岂固信于来世，而独不知于姻亲者哉？按左丞，党金陵者也。方金陵倡新法，毒天下，熏心宠荣者，无虑皆和附一辞，所其其不然，惟特士醇儒未可以气力夺。"饶鲁在《金陵记闻注辩》也表达了同样的观点："称赞新政，蒲之佞也，抵书于己之云，何足凭信……其矫先生之言以谀新政也。""志伊尹之志，则非隐者；学颜子之学，则非仙翁。况《通书》所说，修己治人之道，非一未闻有长生久视之说，高栖遐遁之意也……此岂仙翁隐者之言耶？蒲碣以此称述先生，其见陋矣。《事状》削之，不亦宜乎。"② 饶鲁等人的讨论，一面指出了周敦颐之学上承孔孟，"静虚动直，明通公溥，以无欲为入圣之门者也"，以尧舜之道为主导。一面又批评蒲宗孟为王学党翼，"按左丞，党金陵者也。方金陵倡新法，毒天下，熏心宠荣者"。标榜周敦颐立身行事遵循儒学哲学的价值理念，直接否定了"仙翁隐者"的内心生活形态。

显然，这种"被用"和"被骂"并存的情形，固然出于党派之见而有强烈的不满，即与蒲宗孟所支持的政治思想有很大的关联。朱熹以及尊朱理学家对

---

① 方诚峰：《北宋晚期的政治体制与政治文化》，北京大学出版社 2016 年版，第 6 页。

② 饶鲁：《金陵记闻注辩》，载于《元公周先生濂溪集》(卷八)，岳麓书社 2006 年版。

《墓碣铭》的删略，显示了程朱学者的学术导向，亦是朱熹清理道学发展的一个例证。就此而言，周敦颐的尴尬身份折射出程朱理学家在整理濂溪文本时的顾虑。

二、《寄茂叔虞曹十诗》诗文举隅

蒲宗孟所说也并非毫无根据，据《濂溪先生周元公年表》考："（度正）来怀安，又得蒲传正《清风集》"，嘉定九年（1216）度正知怀安军期间，访得蒲宗孟《清风集》，存有蒲宗孟写给周敦颐的诗文十首，收录在蒲宗孟《清风集》中，题标为《乙巳岁除日收周茂叔虞曹武昌惠书，知已赴官零陵，丙午正月内成十诗奉寄》，其梗概即与《墓碣铭》所表达观点基本相同，强化意涵，点出了周敦颐有佛道兴趣，极大地丰富了其交往的逸闻轶事。

从诗文的写作背景来看，"治平二年乙巳。十一月合禴天地于圆丘，先生迁比部员外郎。先生在武昌，尝以诗一轴寄蒲作丞，除夕方达。次年正月，左丞成十诗答之。"当时周敦颐赴永州通判，路过武昌，一轴新诗寄给姻亲蒲宗孟，以说明当时境况。"是岁虔州民家失火，焚千余间，朝廷行遣差替。时先生季点外县，不自辨明，韩魏公、曾鲁公皆知之，遂对移通判永州。"原因是，虔州失火，导致周敦颐贬官永州，身心极度疲惫，无法展现自己的意志，由此引发写作动机，将自己对潇湘的期望，借诗文的方式书写出来。而蒲宗孟以十首诗文答之，正是对周敦颐愤懑心情的安抚，希望他在政治领域之外，开拓生命理想。

例如，第一首诗文写道："岁除三十日，收得武昌书。一纸方寄远，数篇来起予。潇湘流水阔，巫峡暮云疏。不得相从去，春风正月初。"由于文献不足征，周敦颐书信的具体内容遽难判断，但从蒲宗孟诗文中可以发现一些新的线索。为此，度正在《年表》中也有考证："或曰，观《大林诗》并《李才元诗》及《蒲诗》有云：'溢浦方营业，濂溪旋结庐。'疑先生往来庐山，定居九江，在此一二年间。"周诰《年谱》写道："自虔赴永，道经江州。三月十四日，同宋复古游庐山大林寺，至山巅，有诗纪焉。"① 从"武昌""江州"等地名来看，周敦颐舍近求远，由赣州北上九江，再转道武昌启程赴永州，并游览了大林寺，给李才元、蒲宗孟寄去了诗文，路上复杂的心情意绪可想而知。蒲宗孟的回信，如"潇湘""巫峡""不得相从去"等词，均是对永州人文意境的描述，由此推断，周蒲二人不仅仅源于他们具有姻亲关系，更重要的在于他们有着共同的兴趣爱好，栖心物外，喜欢自然山水，注重体味与自然生命融合一体的人生境界。

又如第三首"喜静心长在，耽诗性最欢"与第四首"才被南康责，谁知睿泽宽。还为半刺史，不失古虞官"。字里行间，免不了透露出周敦颐对隐居生活的期许，对恢复事业的盼望：一方面，积极地做好一名地方官员，以实践着儒家士大夫的社会价值取向，立足于现实近况，服官施政以行道。对移永州后，尽管心情郁闷，但并没有因为政治上的打击而走向独善其身，相反，他更充满对政治的理性思考，"志伊尹之志，学颜子之学"，以孔颜之乐为人生的价值主导，像伊尹一样处于畎亩而致力尧舜之道，实现生命的理想。倘非如此，他又为何要寄信于蒲宗孟表达自己的心声？可见其不问时政，并不是远离政治，一个典型的明证就是：周敦颐到永州后的第三年，即作有《拙赋》，表达自己的为官态度："巧者言，拙者默；巧者劳，拙者逸；巧者贼，拙者德；巧者凶，拙者吉。"提出以"拙"为官的标准，只有"拙"，才能"上安下顺，风清弊绝"。另一方面，闲暇之余，又有隐逸自乐的情趣，从心性中体会自然之乐。除了《墓碣铭》中所说，周敦颐选择的山林游历，并不局限于名山大川，而是极尽搜访

① 周诰：《濂溪志》（卷三），道光十九年，爱莲堂刻本。

之能事，出入于佛道寺观，在其诗文中，有许多这样的记载：《喜同费长官游》中的"寻山寻水侣尤难，爱利爱名心少闲"。《万安香城寺别虔守赵公》中的"公暇频陪尘外游，朝天仍得送行舟"，《行县至零都，邀余杭钱建侯拓四明沈几圣希颜同游罗岩》中的"闻有山岩即去寻，亦跻云外入松阴。虽然未是洞中境，且异人间名利心"等等，借对山水景观的描述，含蓄表达了对超世俗的仙境的向往。可以说，在周敦颐的为官生涯中，一直隐含着"仕"与"隐"的矛盾取向：虽有出入佛道的倾向，又不忘却儒者的精神理念，以个人的形式，表达了对政治的选择；而他的隐居，也并非冷眼旁观，只不过他争的内容，并非世俗意义上的个人功名，他把山水景物直接连接主体内心的世界，这也是周敦颐在公务闲暇之余喜欢游山玩水、超俗脱尘的表现。蒲宗孟第七首诗文说得更明白："山水平生好，尝来说退居"，这正是北宋士人包括周敦颐在内的士人心目中的理想境界：以儒学为立身处世的凭借，内心则有高远的寄托，即与孔子"饭疏食饮水，曲肱而枕之，乐亦在其中矣。不义而富且贵，于我如浮云"（《论语·述而》）的价值取向一脉相承，注重内在生命的意义。

　　不可否认，周敦颐诗文中涉及"山林之志"的内容甚多，如果将这些诗文与《墓碣铭》相联系，可以"还原"《墓碣铭》中的诸多史实。因此，明代整理《濂溪志》时，将"喜静心长在""尝来说退居"等生活"实录"全部删除，仅存三首诗文，清代更是沿袭了这一缺憾，这固然有《濂溪志》编撰者的疏略，但也与明清时期"话语权"紧密相关。

三、周敦颐与蒲宗孟九龙岩题刻

　　近于九龙岩发现蒲宗孟摩崖石刻一则，泐已难辨，是研究北宋文人交往的一篇重要石刻文献，可作有益的补充：

南隆蒲宗孟自零陵按邵阳，约京兆朱初平、高邮乔执中游九龙岩。二君皆以事不来，而属官陈瑄相远一舍，畏暑疾暍，迟迟于后且未至。回视石间，见王璩、邹庸、黄辙、黄寔题名，又怅四人者已先去。余终日徘徊，独行危坐，无朋侪相与同一时之乐，盛夏大热，虽岩中潇洒可爱，然意有不足者，遇此胜处，殆亦不能放怀自适矣。熙宁八年六月二十七日。

该石刻为记事碑，记叙较为简单。从文意来看，主要叙述蒲宗孟在朱初平、乔执中"以事不来"的情况下，独自游览九龙岩，并观赏王璩、邹庸、黄辙、黄寔等前人题名。但从"余终日徘徊独行危坐，无朋侪相与同一时之乐"可以看出，蒲宗孟内心的苦闷。按字面意义理解，固然出于"无朋侪相与同一时之乐"，然则从"殆亦不能放怀自适矣"，揣其言外之意，蒲宗孟此行，主要原因在于追寻故人。

蒲宗孟来到九龙岩，恰为姻亲周敦颐去世后的第三年，缘于周蒲之间的深厚情谊，九龙岩之行，显然是一次认真的寻访之旅。据石刻文献记载，九龙岩于两宋时期，为邵永古道的必经之地，最初为佛道圣地，《（道光）永州府志》："九龙岩，岩中物象毕具，出泉寒冽。岩前有池，洞门高敞，循磴而下，有隙仅可容身蛇行，可深入。相传昔有樵者遇黄衣九士，谓曰：'吾九龙居此久矣。'语讫不见。唐宋名贤游此者众。"九龙岩独特的自然景观吸引了众多文人墨客前来题咏刻石；另一方面，九龙岩的开辟也与洞主喜公有很大关系。北宋时该地建有寺庙，庙主名喜公，"开山者浮图曰元喜也，治平始赐寺额，曰'寿圣院'，改洪陵也。"《留云庵金石审》考证："案喜公名已见于仁宗时，题名此诗度刻仁英二朝之际。"也即是说，九龙岩开创前曾有"黄衣九士"居之，北宋时又发展成以"喜公"为首的佛教据点。

周敦颐曾二次前往，并留有记事碑：一是从永州"往权邵守"，路过九龙岩，题名"治平四年（1067）五月七日，自永倅往权邵守，同家属游，春陵周敦颐记"。从"同家属游"可见，与之同行的还有蒲宗孟的妹妹，即周敦颐的第二任妻子蒲氏，"盖行次促迫，留题不似诸岩之严谨也"（《金石审》）。二是"熙宁元年（1068）五月五日，新广南东路转运判官朝奉郎尚书驾部员外郎前通判永州军州事上骑都尉赐绯鱼袋周敦颐上石"。根据度正《年谱》所记："会清献公在中书，擢授广南东路转运判官。有启谢正献公云：'在薄官有四方之游，于高贤无一日之雅。'"① 熙宁元年经赵抃荐举，周敦颐从"权发遣邵州事"至"广南东路转运判官"，再次经过九龙岩，并为上石，且题记时间为"五月五日"，恰为濂溪生日，陶醉山水，以佛道资源为内心生活，自不待言。

从周敦颐为之"上石"的蒋忱《九龙岩记》来看，"零陵山水之著人耳目者尤多，若浯溪、朝阳洞、法华寺、石门最为卓然者。则元次山、柳子厚尝见于文字，有澹山岩者又殊绝。而二子且不到，晚有李西台诗焉，此其著人耳目，盖有所谓三子文章所及而得耀于今为奇观。好事者又借以大其说，独兹岩之不得其传，可不重惜欤！"周敦颐崇尚自然山水，淡泊佛道因素，先后在澹山岩、朝阳岩、华严岩、含晖洞等地留下诸多题刻，这正是元结、柳宗元所谓的在水石中阐发人文意境。

蒲宗孟除作有"题记"外，其所刻还有四首诗文：

> 虚岩苍壁古苔斑，潇洒清深六月寒。三伏流金无处避，暮天将去更盘桓。
>
> 老僧栖息乱云颠，凿石开山四十年。投得岩成身老大，更无筋力到岩前。

---

① 度正：《濂溪先生周元公年表》，载于《元公周先生濂溪集》（卷八），岳麓书社 2006 年版。

　　人言道士隐深山，九炼丹成去不还。乳溜滴成华盖座，犹疑真相在岩间。

　　欲寻微径到山前，闻有蛟龙洞底眠。岁旱密云终不雨，可能无意救荒年。

　　这四首诗文的主题为纪咏九龙岩的自然与人文景观，第一首"潇洒清深六月寒"概述九龙岩独特的自然环境，与蒋忱《九龙岩记》"夏日烈而岩风自清，冬雪满空而岩水不冰"相呼应。第二首"老僧栖息乱云颠，凿石开山四十年"与第三首"人言道士隐深山，九炼丹成去不还"，由此不难推断，九龙岩既是元喜等僧徒所选择的隐居之地，也是道教发展的一个据点，间接说明了周敦颐与佛道僧人有交往。据《金石补正》考证："察访蒲公，即宗孟也。知州事李侯不书其名，疑即李士燮也。诗云：凿石开山四十年，则此岩开于景祐间，与蒋忱记合。"第四首"岁旱密云终不雨，可能无意救荒年"，则说明蒲宗孟早年水灾地震的仕途，积累了丰富的经验阅历。对于这种生活情趣的援引，也透露出蒲宗孟追随周敦颐的原因，即在于娱目悦心于自然，远离官场的功名利禄，沉迷"山水之乐"。

　　搜罗诸家考校题跋，蒲宗孟来九龙岩的身份是"以集贤校理奉命查访荆湖两路"，因"奉使查访"，在永州境内多有记录。他与"京兆朱初平、高邮乔执中"二人的交游不仅见于此，《（道光）永州府志》也有题名："在零陵县东山之西，熙宁间蒲宗孟奉使荆南，与朱思平、乔执中、彭次云、李士燮暨官属来游题名。"《八琼室金石补正》考证："右蒲宗孟诗，李知州刻诸石。《省府志·职官》：神宗朝知永州者，有李士燮、李杰，俱在熙宁以后，知道州者，并无李姓其人，惟《永志·东安表》：熙宁时有立逸名，八年任，或即此刻之。李知州，误为东安令欤？"《湖南金石志》《八琼室金石补正》的考证，既落实了刻石者的身份，也扩展了与蒲宗孟交往人物的身份，这是很有意义的发现。其考证中提到的李士燮，"字和甫，宜春人，初名梁登，庆历六年第，为人刚正不阿"，在永州群玉山、火星岩等地有题名，惜其均被毁坏。《（道光）永州府志》："都官郎中知零陵郡事李士燮和叔、职方员外郎通判事柳应辰明明，十二月十一日腊，同游火星岩，次游朝阳岩。"这说明，诸如李士燮、柳应辰等北宋文人"朋友圈"，对山林之志情有独钟，宗教性淡薄，喜欢在公务之余出游寻觅当地溪岩之胜，在精神上追求清静娴雅，悠然体道，与自然融为一体；在文学上自有一种幽趣，与道俱往，妙悟生命的哲理，透露出当时文人集体的心灵动向，也使得"濂洛风雅"的诗文范式得以确立。

总体上看，南宋时期有关文人之间的交往题刻及阐释，凝聚成视周敦颐为佛道人物这一思想观念，这一观念正是当时社会文化环境使然。随着朱熹"道学"的发展，学术标准的转向，文人执着于义理讲学，重道废诗，题诗作跋渐渐少有人问津，这也导致蒲宗孟《墓碣铭》产生了诸多批评，从而否定佛道、山林之志等因素，形成了一个耐人寻味的反差，由此也反衬出南宋社会的时代特征。

湖湘学派对周敦颐的推尊考论

周敦颐在历史上享有"理学鼻祖""道学宗主"的称誉,南宋嘉定十三年(1220)获赐谥曰"元";淳祐元年(1241)理宗下诏从祀于庙庭,封"汝南伯";元朝延祐六年(1319)封"道国公",历朝入祀孔庙。然而,周敦颐"道学宗主"地位并非一开始就为世人所公认,而是历经风波才得以最终确立。在这一过程中,张栻等湖湘学派学人的推尊,周敦颐所生之乡国及平生游宦之州县学请祠、立祠等一系列活动,对推重周敦颐的声誉并最终确立其历史地位起到了巨大推动作用。

一、胡安国舂陵寻访濂溪遗事

最早关注周敦颐思想和地位的是湖湘学派创始人胡安国。据南宋绍兴二十九年(1159)胡铨作《道州先生祠记》记载:

> 舂陵太守直阁向公,抵书某曰:"绍兴之初,予尝莅兹土。壬子春,

坐诸司诬铄,罢寓丰城僧舍。是秋,文定胡公自给事中免归,亦馆焉,得朝夕请益。一日谓予:濂溪先生,舂陵人也,有遗事乎?对以未闻。后读河南语录,见程氏渊源,自濂溪出,乃知先生学极高明,因传《通书》诚说,味于其所不味。兹幸复假守视事。三日,谒先圣毕,语儒官生徒:先生天下后世标望,诚说具在,后学独不知尊仰,是大漏典,请建祠讲堂后三元阁上。皆应曰:诺。夏四月辛卯,绘事傫工,阖郡乡化翕然,子其记之。"……公往岁司风宪湖湘,戢吏字名,民至今思之。以不屈权势,落落二十年,而所养益刚大。今复观像濂溪,务实去伪,岂徒角空言而已,其必由先生之书以明《易》,以合乎《曲礼》之诚,以严屏摄合乎《檀弓》之诚,使民送死无憾合乎《特牲》之诚,使民婚姻以礼合乎《月令》之诚,使民器不苦窳合乎《学记》之诚,使民风移俗易合乎《乐记》之诚,使民礼经无伪合乎《祭统》之诚,使民祭思敬合乎《中庸》之诚,使民养思孝合乎《大学》之诚,使吾政术无颇,斯无所不用其实矣。(《元公周先生濂溪集》卷十)

由上可知,湖湘学派创始人胡安国于1132年"自给事中免归"道州时,对舂陵太守向子忞提出建濂溪祠。后来,向子忞通过阅读《河南语录》,乃"见程氏渊源,自濂溪出",于是在三元阁上建祠,并请胡安国弟子胡铨作祠记。胡铨在这篇祠记中指出:周敦颐当时在学术界影响甚微,"后学独不知尊仰"。从褒扬内容上看,周敦颐是深受湖湘民众拥戴的官吏,强调其对湖湘地域文化的贡献在于为政。从学术思想来说,胡铨对《通书》中以"诚"为核心的哲学理念作了系统论述,指出周敦颐是《易》学的饱读之士,但尚未提及其备受争议的《太极图说》。从学术授受关系而言,胡安国的弟子向子忞指出"程氏渊源,自濂溪出",并在道州立濂溪祠,说明周敦颐作为二程学说的渊源已经得到了湖湘学派的肯定。

二程虽不推尊周敦颐，但"周程授受"在二程门人中是得到肯定的。绍兴十四年（1144），程门后学祁宽作《通书后跋》指出："始出于程门侯师圣，传之荆门高元举、朱子发，宽初得于高，后得于朱，又后得和靖尹先生所藏，亦云得之程氏，今之传者是也……此书字不满三千，道德性命，礼乐行政，实举其要而，又名之以通，其示人至矣。"（《元公周先生濂溪集》卷四）该文作于"绍兴甲子春正月"（1144），也就是说，绍兴中期就已校正、刊刻过《通书》，周敦颐的著作是通过程门传承下来的，说明程门后学对周敦颐的推崇。侯师圣即侯仲良，二程的高弟，也曾从游于周敦颐，所以他完全赞成二程师事周敦颐的说法。胡安国自述："吾（胡安国）于谢（良佐）、游（酢）、杨（时）三公，义兼师友，实尊信之。若论其传授，却自有来历。据龟山所见在《中庸》，自明道先生所授。吾所闻在《春秋》，自伊川先生所发。"（《宋元学案》二十五）胡安国是二程的私淑弟子，与程门弟子"义兼师友"，"南渡昌明洛学之功，文定几侔于龟山"（《宋元学案》三十四），其思想"自得于《遗书》者为多"；至于"周程授受"，胡安国是极力赞同的。

令人疑惑的是，绍兴七年（1137），胡安国上疏解禁程学，并没有提到周敦颐：

孔、孟之道不传久矣，自颐兄弟始发明之，然后知其可学而至。今使学者师孔、孟，而禁不得从颐学，是入室而不由户。本朝自嘉祐以来，西都有邵雍、程颢及其弟颐，关中有张载，皆以道德名世，公卿大夫所钦慕而师尊之。会王安石、蔡京等曲加排抑，故其道不行。望下礼官讨论故事，加之封爵，载在祀典，比于荀、扬、韩氏，仍诏馆阁裒其遗书，校正颁行，使邪说者不得作。（《宋史》卷四三五《胡安国传》）

绍圣元年（1094），王安石配享神宗庙庭，极大地抑制了二程学说的发展。胡安国上疏中褒扬二程学术思想与品行，要求为二程、邵雍、张载四人封爵，以羽翼六经，却未加上周敦颐。究其原因有三：其一，（胡安国）"只是要充分抬高这个讲高调道理的学风，而不太注意追溯学术渊源和讨论政治贡献"①。其二，周敦颐在学术界的影响较小，其学不为人所知，未达到与二程相提并论的地位，"周程授受"也没有得到二程及门人的普遍认可，对于周敦颐是否传《太极图》于二程，以及谢良佐门人朱震于绍兴四年（1134）所述《太极图》的源流、《太极图说》的佛道特征等问题，争议较大。其三，当时思想界的主要话语是二程洛学，伊川在《明道先生行状》《明道先生门人朋友叙述序》及《明道先生墓表》中反复强调"孟子之后，传圣人之道者，一人（程颢）而已"，"先生（程颢）生千四百年之后，得不传之学于遗经，志将以斯到觉斯民"，已经明确把道学作为一种学术形态，而学术界对周敦颐的评价还主要在德行方面。尽管胡安国上疏不以推尊周敦颐为主旨，但以"二程"之名复兴道学，无疑对此后周敦颐地位及学问的提升有着深刻影响。

绍兴二十七年（1157）郭份作《道州进士提名记》：

> 异时濂溪先生周茂叔，以德行道义为儒者师范，伊洛之学盖其出焉。所著《通书》十余篇传于世，皆深造自得，渊源宏远，醇乎孟氏而陵轹况雄也。苟嗣有以濂溪之所存者，充乎其内，则声明之发，昭若日星，又何科目足云乎！……绍兴二十七年十一月初吉，郡教授庐陵郭份记。（度侍郎云：濂溪先生虽不从事科举，然记春陵登第者，推本先生以为师范，可谓知所尊矣，故录之）（《元公周先生濂溪集》卷十）

---

① 葛兆光：《思想史研究课堂讲录续编》，生活·读书·新知三联书店 2012 年版，第 59—60 页。

"度侍郎"即度正（1166—1235，字周卿），绍熙元年（1190）进士，历任国子监丞、礼部侍郎等职。早年师从朱熹问学，搜寻濂溪遗事，作有《周敦颐年谱》。这篇祠记以小字标注"濂溪先生虽不从事科举，然记春陵登第者，推本先生以为师范，可谓知所尊矣，故录之"，说明这篇学记为度正所补录。受北宋兴学运动的影响，当时各地州县广立学校，祭祀先圣先师。郭份为道州州学教授，借《道州进士提名记》以表彰周敦颐，一方面尊贤尚德，使士子有学习、追寻的榜样，进而达到见贤思齐的目的，另一方面对其学术造诣仅列举了《通书》，认为是"深造自得"，并指出"伊洛之学盖其出焉"，肯定周敦颐与二程的学术传承关系。

二、胡宏对周敦颐学术思想的评价

由于地缘关系，胡宏最早对周敦颐作地域性文化诠释："是以我宋受命，贤哲仍生，春陵有周子敦颐，洛阳有邵子雍，大程子颢，小程子颐，而秦中有横渠张先生。"（《五峰集》卷三）首列周敦颐为"北宋五子"之首，强化了周邵程张的地域性学术文化诠释，开张扬濂、洛、关等地方学术传统的先河。

"绍兴末以前，胡宏是搜求、整理《通书》最为得力的人，他是胡安国之子，克承家学，又曾师事杨时、侯仲良、朱震。"[①] 胡宏认为最能体现周敦颐学术成就的是《通书》，这是周敦颐传授给二程的真正衣钵。据考证，胡宏家传有周敦颐的《通书》（《太极图》附于《通书》后，当时学者习惯以《通书》概称周敦颐的著作），后来朱熹据以校订周敦颐著作的底本，就是胡宏所传的"长沙本"。此外，胡宏还为《通书》作序，确立周敦颐在宋代儒学开创中的地位：

---

① 杨柱才：《道学宗主——周敦颐哲学研究》，人民出版社2004年版，第7页。

今周子启程氏兄弟以不传之妙，一回万古之光明，如日丽天，将为百世之利泽；如水行地，其功盖在孔孟之间矣。人见其书之约也，而不知其道之大也；见其文之质也，而不知其义之精也。见其言之淡也，而不知其味之长也……《通书》之言，包括至大，而圣门之事业无穷矣。故此一卷书，皆发端以示人者，宜其度越诸子，直与《易》《书》《诗》《春秋》《语》《孟》同流行乎天下。(《元公周先生濂溪集》卷四)

胡宏不仅是最早刊行《通书》者，而且首次对周敦颐哲学思想进行评价，并提出"宜其度越诸子"，应与其他经书一样流行于天下，对周敦颐的评价朝着"孔孟"学统方向转化。

绍兴二十三年（1153）胡宏作邵州州学记，据张栻淳熙元年（1174）作《邵州增辟旧学记》记载："学故有二记，其一治平五年湖北转运使孔侯延之之文，盖为周先生作也。其一绍兴二十三年武夷胡子宏之文。文虽不详学之兴废，而开示学者为仁之方，则甚明，皆足以传后。"治平五年，周敦颐"来邵摄郡事"时，迁址扩建了邵州州学，祭新迁先圣庙，作《释菜祝文》和《告颜子文》。当时孔延之作有记文，极力称赞此举。胡宏学记虽已早佚，但"开示学者为仁之方"，提高了周敦颐在宋代儒学中的地位。

此外，胡宏父子还寻访过濂溪遗迹。位于永州市东安县芦洪市镇的九龙岩有北宋至清的名人题记，其中包括胡宏父子的珍贵题刻："武夷胡寅、宁、宏，侍家府自邵之舂陵过此，门人江陵吴郏、湘潭黎明从。绍兴元年（1131）十二月初六日。"家府即胡安国。此碑刻是胡安国父子留下的唯一摩崖石刻，其寻访九龙岩的主要原因是周敦颐曾二次前往九龙岩，并留有记事碑：一为在"往权邵守"时路过九龙岩，有题名"治平四年（1067）五月七日，自永倅往权邵守，同家属游，舂陵周敦颐记"。二为神宗熙宁元年（1068）"五月五日在永州，适零陵进士廉州判官蒋忱撰《九龙岩记》，零陵主簿张处厚书，尉韩蒙亨篆额，先生（周敦颐）上石，署衔即称新广南东路转运判官。"胡宏父子唯一题刻不题别处而题在永州九龙岩，可知其对周敦颐这位湖湘士人的推崇。但是，"大概当时道学之禁甚严，所以胡宏的记文中没有特别论及濂溪，但胡宏为邵州州学作记，应当和胡安国寻访濂溪遗事一样，是起于对濂溪的敬意使然"①。对于当时的学术状况，胡宏曾在《程子雅言前序》中说道：

> 及颜氏子死，夫子没，曾氏子嗣焉。曾氏子死，孔子之孙继之，于其没也，孟氏实得其传。孟氏既没，百家雄张，著书立言，千章万句，与六经并驾争衡……或曰：然则斯文遂绝矣乎？大宋之兴，经学倡明，卓然致力于士林者：王氏也，苏氏也，欧阳氏也。王氏盛行，士子所信属之王氏乎？曰：王氏支离。支离者，不得其全也。曰：欧阳氏之文典以重，且韩氏之嗣矣，属之欧阳氏乎？曰：欧阳氏浅于经。浅于经者，不得其精也。曰：苏氏俊迈超世，名高天下，属之苏氏乎？曰：苏氏纵横。纵横者，不得其雅也。然则属之谁乎？曰：程氏兄弟。明道先生，伊川先生也。（《五峰集》卷三）

胡宏借助"或问"的问难，抨击王安石、苏轼、欧阳修的学术，极力阐发二程之学的意蕴，借此说明伊洛之学在孔孟儒学中的正统地位。从学派创建的角度而言，"周敦颐的地位和受关注的程度是和南宋前期程氏学主要是伊川学的命运相联系的"②。胡宏极力推尊周敦颐，其主要原因是强调湖湘地域的"身份认同"，祭祀地方名儒乡贤，"以乡人祀其乡先生"，从而确立自身学术传统。

---

①② 陈来：《略论宋代道学话语的形成》，《石家庄学院学报》2009 年第 2 期。

三、张栻建构"湖湘学统"与周敦颐的学术地位

张栻是湖湘学派集大成者，与朱熹、吕祖谦合称"东南三贤"。他毕生致力理学思想研究，淳熙元年冬（1174）知静江府，扩建桂林学府，作有《静江府学记》；手书《论语·问政章》，刻于子弹岩，以示从政为民；作《韶音洞记》，阐发理学思想。淳熙五年（1177）张栻在桂林西郊隐山北牖洞口刻有"招隐"二字，并自题序跋："淳熙戊戌岁六月丙戌，廖重能置酒，约詹体仁、张敬夫，登千山观，泛舟西湖。荷花虽未盛开，水光清净，自足销暑。视北牖洞之前有胜地，体仁欲为小亭，名以'招隐'。敬夫北归有日，不及观斯亭之经始，独预书'招隐'二字以饴之。"张栻到任桂林后，政绩显著，留下了大量题刻墨迹，引发历代文人学者效仿热潮。

张栻于淳熙五年作有《道州重建先生祠记》：

> 宋有天下，明圣相继，承平日久，元气骨会，至昭陵之世盛矣。宗师巨儒，磊落相望。于是时，濂溪先生实出于舂陵焉。先生姓周，字茂叔。晚筑庐山之下，以濂名其溪，故世称为濂溪先生。舂陵之人言曰：濂溪吾乡之里名也，先生世家其间，及寓于他邦，而不忘其所自生，故亦以是名溪，而世或未之知耳。惟先生仕不大显于时，其泽不得究施。然世之学者，考论师友渊源，以孔孟之遗意，复明于千载之下，实自先生发其端。由是推之，则先生之泽，其何有穷哉！（《元公周先生濂溪集》卷十）

一方面，张栻认为"吾儒之学"受到了佛、道异端的理论挑战，破坏了儒家伦理的理论基础与实践，而周敦颐的学术贡献在于"以孔孟之遗意，复明于千载之下"，回归了圣学的传统；另一方面，指出周敦颐"实出于舂陵"的湖

湘地域背景，通过"为乡贤及先贤立祠"来扩大和深化"祭师"的传统，强调他在湖湘学统中的学术地位。

事实上，早在绍兴二十八年（1158），张栻应零陵太守陈辉之请作《永州州学先生祠记》，曰：

> 零陵守福唐陈公辉，下车之明年，令信民悦，乃思有以发扬前贤遗范，贻诏多士。他日偕通判州事赣上曾公迪诣郡学，顾谓诸生曰：永虽小郡，而前辈巨公名德，往往辱居之。如本朝范忠宣公、范内翰公、邹侍郎公，皆既建祠于学宫矣。惟濂溪周先生，嘉祐中尝倅此州，而独未有以表出之，岂所以为重道崇德示教之意乎？于是教授庐陵刘安世，率诸生造府，请就郡学殿宇之东厢辟先生祠，前通判武冈弋阳方畴以书走九江，求先生像于先生诸孙，得之。（《元公周先生濂溪集》卷十一）

绍兴二十八年，张栻26岁，侍亲辗转永州，幼闻庭训，学习伊洛之学。时任太守陈辉"发扬前贤遗范"，与曾迪在周敦颐做官的地方设郡学立先贤祠，刘安世"率诸生造府"，方畴求得周敦颐的画像立于祠堂中。弋阳方畴是胡宏的弟子，与胡铨批评秦桧，力主抗金，以直道忤权臣。"（绍兴二十四年，十一月）以通判武冈军方畴通书胡铨及他罪，除名，永州编管"（《宋史》卷三一《高宗本纪（八）》）。同年，胡安国弟子曾几作有《永州倅厅拙堂记》。据度正《濂溪先生周元公年表》："先生在永三年，尝作《拙赋》。既去，永人思之，为立祠，题曰'康功'。"（《元公周先生濂溪集》卷十二）这充分说明了周敦颐尽心尽责，其为官政绩受到时人的高度称赞。曾几受曾迪之邀作《永州倅厅拙堂记》，既赞美了周敦颐"短于取名而惠于求志，薄于徼福而厚于得民"的人品，又对周程学术源流关系持肯定态度："二程先生一世师表，而问学渊源实自濂溪出，工于道乃如是。"(《元公周先生濂溪集》卷十一）由此而言，以周敦颐为二程之师或二程之所自出，在湖湘地域是视作确然不移的事实。

特别要指出的是，张栻在静江府上任之初即立有周敦颐、程颢、程颐三先生祠，用以推动桂林地方教育的发展与人才培养。《静江府学三先生祠记》云：

> 淳熙二年，静江守臣张栻，即学宫明伦堂之旁、立三先生祠，濂溪周先生在东序，明道程先生、伊川程先生在西序。绘像既严，以六月壬子率官寮与学之士俯伏而告成……是则师道虽在天下，而学者亦莫知其立也。桂之为州，僻处岭外，山拔而水清。士之秀美者，夫岂乏人。惟见闻之未广，而勉厉之无从。故栻之区区，首以立师道为急，继自今瞻三先生之在祠也，其各起敬起慕。求其书而读之，味其言，考其行，讲论紬绎，心存而身履。循之以进于孔孟之门墙，将见人才之作兴，与漓江为无穷矣，此栻之所望也。且独不见濂溪先生之言乎："师道立则善人多，善人多则朝廷正而天下治。"嗟乎！栻之所望，又岂特于此邦之士云哉！敢记而刻诸石。后十日，承务郎直秘阁权发遣静江军府主管学事、广南西路兵马都钤辖、兼主管本路经略安抚司公事、赐紫金鱼袋张栻记。(《元公周先生濂溪集》卷十二）

从张栻作《静江府学三先生祠记》来看，立三先生祠的目的，在于周敦颐开启了二程学术，是重道崇德、树立师德的典范，正如周敦颐所言"师道立则善人多，善人多则朝廷正而天下治"。而在《永州州学先生祠记》中，张栻则对二程评价较高，"惟二程先生唱明道学，论仁义忠信之实，著天理时中之妙，述帝王治化之源，以续孟氏千载不传之道"(《元公周先生濂溪集》卷十一），虽承认"论其发端，实自先生（周敦颐）"，但二程思想是自己体会到的，"非师友可传"，对周敦颐的学问理解并不深刻，仅认为他是地方乡贤，希望通过立祠表彰其德行功业，从而发挥教化功能。由是观之，张栻对周敦颐的评价，是一个不断演进、变化的过程。

那么，从绍兴二十八年作《永州州学先生祠记》到淳熙二年作《静江府学三先生祠记》，再到淳熙五年作《道州重建先生祠记》，为什么会存在这样的变化呢？这一方面是受胡宏的影响。胡宏是南宋初期最重要的思想家，"绍兴诸儒，所造莫出五峰之上"（《宋元学案》卷四十二）。张栻"始时闻五峰胡先生之名，见其话言而心服之，时时以书质疑求益。辛巳之岁，方获拜之于文定书堂。先生顾其愚而诲之，所以长善救失，盖有在言语之外者"（《南轩集·南轩先生文集》卷二十六）。在张栻师事胡宏以前，已闻得胡宏的名声，已有从学之念，"时时以书质疑求益"，"先生一见，知其大器，即以所闻孔门论仁亲切之指告之"（《朱子全书·晦庵先生朱文公文集》卷八十九）。至绍兴三十一年（1161），张栻拜胡宏为师，学习"孔门论仁亲切之指"，由二程上探濂溪，开始关注周敦颐的学问。也就是说，在湖湘学派之前，人们对周敦颐的关注主要在德行道义方面，至胡宏强调《通书》的学术价值后，对周敦颐的评价逐步转为学术思想的探讨，这一转变也深刻地影响着张栻。另一方面是建立湖湘学统的需要。"晦翁、南轩始确然以为二程子所自出，自是后世宗之，而疑者亦踵相接焉。"（《宋元学案》卷十一）明确指出周敦颐为二程学术源头是张栻、朱熹等人，他们为扩张学派，重新建构了一个学术传承谱系。

胡宏去世后，乾道四年（1168）张栻整理了胡宏的《知言》：

析太极精微之蕴，穷皇王制作之端，综事物于一源，贯古今于一息，指人欲之偏以见天理之全，即形而下者而发无声无臭之妙，使学者验端倪之不远，而造高深之无极，体用该备，可举而行……又说今之异端直自以为见识心见性，其说诱张雄诞，又非当时之比，故高明之士往往乐闻而喜趋之，一溺其间，则丧其本心，万事隳弛，毫厘之差，霄壤之谬，其祸盖有不可胜言者。先生于此又乌得而忘言哉？（《南轩集·南轩先生文集》卷十四）

张栻继承了胡宏所开创的湖湘学统，以《胡子知言序》概括了胡宏的理学思想，得到了湖湘学派内部及学术界的广泛认可，使他迅速得到湖湘学派的领导地位。张栻认为，在"道学衰微"的历史条件下，佛、道异端盛行，如何从根本上对抗泛滥猖獗的佛教与道教？周敦颐"推本太极""独得微旨于残篇断简之中"（《元公周先生濂溪集》卷十二），为儒家伦理建立了宇宙论哲学基础，是湖湘学的重要思想渊源。基于学术思想的建构，张栻不仅以孔孟为根柢，围绕二程学术体系，并继承胡宏思想，确立了以周敦颐为思想渊源的"湖湘学统"，而且整理并诠释《太极图说》，以"太极"作为儒学本体的基础，衍生出太极动静、性之未发已发、主静和敬的关系，将周敦颐纳入了湖湘历史谱系之中，并推上"道学宗主"的地位："侍坐正夏堂，论濂溪为道学宗主，乃在道州，可谓此邦盛事。对曰：濂溪不由师授，真所谓自得。曰：濂溪始学陈希夷，后来自有所见，其学问如此，而举世不知。为南安狱掾日，惟程太中始知之。可见无分毫矜夸，此方是朴实底头下工夫底人。"（《元公周先生濂溪集》卷六）张栻指出周敦颐"自有所得"，这既是对胡宏"或曰传《太极图》于穆修也，传《先天图》于种放，放传于陈抟，此殆其学之一师欤"（《元公周先生濂溪集》卷四）的修正，也在一定程度上回应了当时周敦颐学说传之于佛道的说法。

从学术思想发展的角度而言，周敦颐在理学史上的地位，最早是得到湖湘学派的推尊，进而影响到朱熹。陈荣捷先生说："朱子太极之论，李侗启其端，长沙之行有以鼓动之，引致其注释《太极图说》……历史线索显然，不容否认。"①隆兴元年（1163），张栻和朱熹初次见面。次年，张栻的父亲张浚去世，朱熹"九月廿日至豫章，及魏公之舟而哭之。云亡之叹，岂特吾人共之，海内有识之所同也。自豫章送之丰城，舟中与钦夫得三日之款。其名质甚敏，学问甚正，若充养不置，何可量也！"（《朱子全书·晦庵先生朱文公续集》卷五）张栻向朱熹介绍了胡宏的学说，并赠送《知言》。朱熹在《中和旧说序》中说道："余早从延平李先生学，受《中庸》之书，求喜怒哀乐未发之旨，未达而先生没。余切自悼其不敏，若穷人之无归。闻张钦夫得衡山胡氏学，则往从而问焉。钦夫告余以所闻，余亦未之省也，退而沉思，殆忘寝食。"（《朱子全书·晦庵先生朱文公文集》卷七十五）可见，朱熹从张栻处受益颇多。自朱张会晤始，朱熹先后四次厘定、校勘周敦颐的著作，其首次校订的底本即为胡宏传程门尹焞本，并将《太极图说》放在《通书》前，极力推尊"无极而太极"，引发了诸儒论辩，遂使对周敦颐思想的关注由《通书》转向了《太极图说》。

四、对周敦颐学术地位的质疑

自胡安国寻访濂溪遗事，胡宏确定周敦颐在思想史中的地位，张栻、朱熹进一步宣传，把周敦颐及其学术地位推上了一个新的高峰。

乾道元年（1165），南安军学教授郭见义建濂溪祠，并作《南安三先生祠堂记》：

> 三先生祠者，濂溪周子、河南二程子之祠也。始濂溪以孤微之学，晦迹于僻陋之域，官卑与寡，未为时知。当昭陵末祀，调南安郡掾，会程

---

① 陈荣捷：《朱熹》，生活·读书·新知三联书店 2012 年版，第 33 页。

公珦摄倅事，识之于稠人之中。乃命二子谒见受学，步趋驰骋，周旋出入。阅时未几，遂尽发圣道之秘……濂溪生千载绝学之后，首倡大义，而其学未广。天诱其衷，得明道、伊川于穷荒寂寞之滨，立不教，坐不议，无言心成，而后圣人之道绝而有继，晦而复明。（《元公周先生濂溪集》卷十一）

南安县学立祠祭祀周敦颐、二程，说明当时士人对周敦颐与二程关系的普遍肯定，并形成了推尊周程理学的学术思潮。正如陈来先生所说："依据朝廷发布的祀典而建祠立祀，这是'依于礼'；对有功德者，在其家乡、在其居住过的地方、在其做官的地方建祠立祀，这是'当于义'，这是建祠立祀的一般原则。但在淳熙间，对周敦颐的祠祀已经大大超越这种范围，各地'学宫'争相立祠，而其目的是致其尊奉之意，使士子每月瞻望而有所兴起。"[①]

乾道二年（1166），林栗作有《江州州学先生祠堂记》：

始予读河南程氏兄弟语录，闻周茂叔先生道学之懿。其后阅苏端明、黄太史所作濂溪诗，而想见其为人。及来九江，前武学博士朱熹元晦，自建宁之崇安以书至，曰濂溪先生，二程之师也，身没而道显，岁久而名尊，今营道、零陵、南安、邵阳，皆已俎豆泮宫，江独未举，顾非阙与？予闻之瞿然。适会先生之曾孙直卿来访，敬请其像与其遗文……亟鍪诸板，而绘事于学宫，使此邦之人，知所矜式。既成，将揭其号，乃按其文字，考其所谓濂者，其音切义训，与廉节之廉异矣。廉之训，曰清也，俭也，有检俭之义。又如堂之有廉，箭之有廉，截然介辨之义也。濂与廉，

---

① 陈来：《宋明儒家的"祠祀"观念与书院、会讲之发展》，载于饶宗颐：《华学》，紫禁城出版社 1998 年版，第 106 页。

同其音，似廉不类。(《元公周先生濂溪集》卷十)

林栗与朱熹的学术差别较大，林栗在江州立濂溪祠，且"今营道、零陵、南安、邵阳，皆已俎豆泮宫"，表明当时为濂溪立祠已经成为风气。林栗在这篇祠记指出周敦颐将学问传给二程，"二程之师也"，肯定了"周程授受"，并从音韵训诂、黄庭坚《濂溪词并序》和苏轼《茂叔先生濂溪诗呈次元仁弟》、陈仲子事迹等旁征博引论证"濂溪"与"廉"无关，并由此质疑周敦颐的学术思想。事实上，把"廉"与"濂溪"联系始于黄庭坚和苏轼，他们应周敦颐儿子周寿、周焘请求而作诗词，对周敦颐的品行给予评价："先生本全德，廉退乃一隅""人品甚高，胸中洒落，如光风霁月"(《元公周先生濂溪集》卷七)等等，并未提及他在学术方面的造诣。而周敦颐取"濂溪"，则是"因溪流以寓故乡之名""示不忘父母之邦之意"。

林栗出于对程朱理学的反感，仿王安石《字说》之法，对"濂"字加以解释。《字说》是王安石退休后编纂的私撰之书，该书的特点在于从政治角度解释文字。这种王学色彩的解释在当时影响极大，"一时学者，无敢不传习，主司纯用以取士"。(《宋史》卷三二七《王安石传》)朱熹对林栗以"廉"释"濂溪"感到非常愤慨："近林黄中九江寄其所撰祠堂记文，极论'濂'字偏旁，以为害道，尤可骇叹。"(《朱子全书·晦庵先生朱文公文集》卷三十)淳熙六年(1179)，又作《濂溪说》，再次回应林栗之说：

熹旧记先生行实，采用黄太史诗序中语，若以濂之为字，为出于先生所自制，以名庐阜之溪者。其后累年，乃得何君所记，然后知濂溪云者，实先生故里之本号，而非一时媲合之强名也。欲加是正，则其传已久，惧反以异词致惑，故特附何君语于遗事中，以著其实。后又得张敬夫所刻先生墨帖后记、先生家谱，载濂溪隐居在营道县营乐乡石塘桥西。而舂陵胡良辅为敬夫言，濂实溪之旧名，父老相传。先生晚居庐阜，因名其溪，以示不忘本之意。(《元公周先生濂溪集》卷八)

朱熹以张栻长期生活在湖南，所作《道州重建先生祠记》指出"濂溪吾乡之里名也"，对"濂溪"进行考证，指出周敦颐以"濂溪"为字号，是以故里为依据，"自制"之说有失本意，并附何弃仲、邹旉原文佐证"濂溪"与"廉"没有必然联系。尽管没有引起学术界的关注，但是朱熹对周敦颐学术地位的论证与推动，遂使濂溪祭祀逐步普及化与程式化，出现了"元公之祠遍天下"(《元公周先生濂溪集》卷十二)的情形。换言之，张栻、朱熹等人为周敦颐立祠，宗旨在追寻儒学价值，以濂溪祠来推广理学思想，为宋明理学的迅速发展提供了契机。据统计，全国与周敦颐名号相关的书院、祠堂有一百多所。宝祐五年(1257)敕南安军以"周程书院"改赐"道源书院"。景定四年，御书"道源书院"四大字赐南安军。景定四年(1263)二月，御赐"道州濂溪书院"额。由周敦颐开启的理学，成为宋以后占统治地位的主流学术思想，标志着宋明理学学术地位的崛起。

周敦颐道学宗主地位的确立

在理学发展史上，周敦颐是公认的宋明理学的"开山鼻祖"，他不仅开启了天道性命相贯通之先河，而且还教导二程朝着"性命之学"的方向发展，因此被后世尊称为"道学宗主"。不过，二程虽受周敦颐的启发，但并不传他的学问。事实上，周敦颐在北宋时期声名并不显赫，其著作既没有得到广泛传布，其思想亦未能产生较大的社会影响。那么，他的"开山"之功何在？其"道学宗主"的地位与朱熹等人的推崇有没有必然的联系？这些疑问恐怕都有深入探讨的必要。

众所周知，朱熹以毕生精力沉潜于周子之学，钩玄索隐，不遗余力，一方面他通过校正《太极图说》《通书》等文本，扩大其学术影响力；另一方面，积极推行民间祭祀周敦颐的活动，并亲自撰写了《江州重建濂溪先生书堂记》《袁州州学三先生祠记》《隆兴府学濂溪先生祠记》《徽州婺源县学三先生祠记》《韶州州学濂溪先生祠记》《邵州州学濂溪先生祠记》等祠记，力图使濂溪祭祀普及化和程式化。

一、周敦颐最初受到关注

祠堂是供奉祖先神主，进行祭祀的场所。这个名称最早出现于汉代，当时的祠堂均建于墓所，故又称为"墓祠"。由墓祠进而家庙，也有一个漫长的演变过程。到了北宋时期，祠堂已经是一种具有完整宗法意义的建筑样式，既有祭祀功能，又有教化功能，所以一经出现，就引起了上层知识分子的注意。此后，尤其是南宋朱熹《家礼》的大力倡导和祠堂之制的最终确立，上行下效，民间纷纷修建祠堂以祭祀圣贤和祖先，逐渐形成了一个建设小高潮。因此，在朱熹、张栻文集中就出现了大量的祠记，包括濂溪祠记。通过梳理这些与周敦颐有关的祠记，我们其实可以看出南宋理学家对周敦颐存在一个认识和接受的过程，他的"道学宗主"的地位并非一蹴而就。

绍兴二十八年（1158）张栻作《永州州学周先生祠堂记》：

> 惟二程先生倡明道学，论仁义忠信之实，著天理时中之妙，述帝王治化之原，以续孟氏千载不传之道，其所以自得者，虽非师友可传，而论其发端，实自先生，岂不懿乎！（《永州州学周先生祠堂记》，《张南轩先生文集》卷四）

该文认为二程倡明道学，他们是继孔孟以来接续千年道统的人物，而周敦颐仅仅是作为二程的启蒙老师而已。"懿"字偏重于对周敦颐的道德评价，并未涉及他的学问，这反映了周敦颐当时在学术界影响甚微。绍兴二十九年（1159），胡铨作《道州先生祠记》，其中提道：

> 舂陵太守直阁向公，抵书某曰：绍兴之初，予尝莅兹土。壬子春，坐诸司诬铄，罢寓丰城僧舍。是秋，文定胡公自给事中免归，亦馆焉，得

朝夕请益。一日谓予：濂溪先生，春陵人也，有遗事乎？对以未闻。后读河南语录，见程氏渊源，自濂溪出，乃知先生学极高明，因传《通书》诚说，味于其所不味。兹幸复假守视事。三日，谒先圣毕，语儒官生徒：先生天下后世标望，诚说具在，后学独不知尊仰，是大漏典，请建祠讲堂后三元阁上。（《道州先生祠记》，《元公周先生濂溪集》卷十）

这篇祠记是胡铨应胡安国弟子向子忞所请而作，向子忞时任道州太守，但对周敦颐却知之甚少，后来通过阅读《河南语录》，乃"见程氏渊源自濂溪出"，才开始关注周敦颐的学问。

乾道四、五两年间，朱熹与汪应辰、吕祖谦、张栻屡有书札往复。乾道五年（1169）朱熹在《与汪尚书》中说：

大抵近世诸公知濂溪甚浅。如吕氏童蒙训记其尝著通书，而曰用意高远。夫通书、太极之说，所以明天理之根源、究万物之终始。岂用意而为之？又何高下远近之可道哉？近林黄中九江寄其所撰祠堂记文，极论"濂"字偏旁，以为害道，尤可骇叹。……此道之衰，未有甚于今日，奈何奈何！（《与汪尚书》，《朱子全书·晦庵先生朱文公文集》卷三十）

当时学术界不能理解周敦颐之学，吕祖谦等只识《通书》等用意高远，但没有认识到周敦颐之学明确了天理的根源、万物的终始；林栗仿王安石《字说》之法，以为"濂"字害道[①]；当时的《通书》版本附录中所载蒲宗孟的碣

---

① 据宋本《元公周先生濂溪集》记载：乾道二年二月二十六日，林栗作《江州州学先生祠堂记》，"考其所谓濂者，其音切义训，与廉洁之廉异矣。廉之训，曰清也，俭也，有检俭之义……濂与廉，同其音，似廉不类。"（《江州州学先生祠堂记》，《元公周先生濂溪集》卷十）

铭并没有反映周敦颐的精神实质①。那么，朱熹在此要说明什么问题？为何要推崇周敦颐？换句话说，周敦颐思想中到底有什么东西在吸引着朱熹。实际上，关于周敦颐的评价与认知，朱熹早已从老师李侗那了解到，但并没有引起重视②。直到乾道三年至五年（1167—1169），朱熹与张栻等湖湘学者会晤时讨论未发、已发问题时，才开始深入研究周敦颐。朱、张二人为建立太极理论的需要，通过对"太极"概念进行改造，将其引入二程已有的理气理论进行论述，确立了宇宙本体思想体系。这也是朱熹从"中和旧说"到"中和新说"的转型过程，而这一切均得益于对周敦颐的吸收与改造。为此，朱熹于乾道六年（1170）厘定、校勘、阐释了周敦颐的《太极图说》《通书》，并对周敦颐与二程之间的学术传承关系进行了梳理，而且引入了一个更大的道统问题。

二、朱熹道统说与周敦颐地位的提升

朱熹应用"道统"一词，最早见于《知南康榜文》。淳熙六年（1179），朱熹知南康军，立濂溪祠于军学，主祀周敦颐，以二程配祀，开祭祀先贤的创举。有《知南康榜文》，又牒云："濂溪先生虞部周公心传道统，为世先觉。熙宁中，曾知本军。未委军学曾与不曾建立祠庙？"（《知南康榜文·又牒》，《朱子全书·晦庵先生朱文公文集》卷九十八）很显然，"道统"的建立与推尊周

---

① 《周子太极通书后序》云："故潘清逸志先生之墓，叙所著书，特以作太极图为称首，然则此图当为书首不疑也。然先生既手以授二程，本因附书后。传者见其如此，遂误以图为书之卒章，不复厘正，使先生立象尽意之微旨暗而不明。"（《周子太极通书后序》，《朱子全书·晦庵先生朱文公文集》卷七十五）当时《太极图》附于《通书》后，学者习惯以《通书》概称周敦颐的著作，朱熹据潘志厘定了周敦颐著作，并置《太极图》于《通书》篇端。

② 《周子通书后记》云："熹自早岁即幸得其遗编（《通书》）而伏读之，初益茫然不知其所谓，而甚或不能以句。壮岁获游延平先生之门，然后始得闻其说之一二。"（《周子通书后记》，《朱子全书·晦庵先生朱文公文集》卷八十一）从"茫然不知其所谓"可知，朱熹问学李侗时对周敦颐著作有大致的了解。

敦颐有着重要关系。

朱熹在祠记及在其中所思考"道统"观念中，第一步指出周敦颐的学说"不繇师传，默契道体"。淳熙四年朱熹作《江州重建濂溪先生书堂记》，从弘扬道统的角度对周敦颐进行定位：

> 道之在天下者未尝亡，惟其托于人者或绝或续，故其行于世者有明有晦，是皆天命之所为，非人智力之所能及也……若濂溪先生者，其天之所畀，而得乎斯道之传者与？不然，何其绝之久而续之易，晦之甚而明之亟也？盖自周衰，孟轲氏没，而此道之属，更秦及汉，历晋、隋、唐，以至于我有宋。圣祖受命，五星聚奎，实开文明之运，然后气之漓者淳、判者合，清明之禀，得以全付乎人。而先生出焉，不繇师传，默契道体，建图著书，根极领要，当时见而知之有二程者，遂扩大而推明之。(《江州重建濂溪先生书堂记》，《朱子全书·晦庵先生朱文公文集》卷七十八)

面对儒学日益衰败，朱熹历数上古圣人与周敦颐的贡献，在此基础上，指出周敦颐的思想"不繇师传"，其学得传于天。因此，其著作《太极图说》和《通书》蕴涵着圣人之道的纲要，"默契道体"，使得孔孟相传之道得以复明于当世。

第二步强调"周程授受"，多次明确指出周敦颐传《太极图》于二程：

> 先生之学，自程氏得其传，以行于世。(《隆兴府学濂溪先生祠记》，《朱子全书·晦庵先生朱文公文集》卷七十八)

> 诸君独不观诸濂溪之图与其书乎？虽其简古渊深，未易究测，然其大指，不过语诸学者讲学致思，以穷天地万物之理……而程氏传之。(《徽州

婺源县学三先生祠记》,《朱子全书·晦庵先生朱文公文集》卷七十九）

　　窃独惟念先生之学，实得孔孟不传之绪，以授河南二程先生而道以大明。（《邵州州学濂溪先生祠记》,《朱子全书·晦庵先生朱文公文集》卷八十）

从师友渊源上看，周敦颐开启了二程之学，进一步弘扬了道统，其传道之功为孔孟以来所仅有。然南宋以来，程颐多次讲明"予兄弟倡明道学"，认为程颢接续了圣人之道，完全把周敦颐排除在外。朱熹虽承认二程担负道统，却屡言周敦颐承"斯道之传"，并以之授二程。这是为什么？根据陈荣捷先生的研究，"道统之绪，在基本上乃为哲学性之统系而非历史性或经籍上之系列"，"道统之观念，乃起自新儒学发展之哲学性内在需要"①。也就是说，朱熹"道统"的提出，并非为了反映某种历史真实，主要是借助对道统内涵的阐述及道统传承谱系人物的选择来设定儒学思想发展脉络的演变。朱熹将周敦颐插入孟子与二程之间，列于道统谱系之中，原因即在于周敦颐的思想理论体系为儒家伦理道德寻求宇宙论和本体论提供了根据，弥补了二程与孟子之间的缺隙，为整个宋明理学哲学系统的泉源，"在此一哲学性意义上，二程实乃自周子继其已绝之绪。"②

　　第三步指出周敦颐的理论范式是克制佛、老泛滥的有效的理论架构。淳熙五年（1178）朱熹应张栻之请作《袁州州学三先生祠记》指出：

　　盖自邹孟氏没而圣人之道不传，世俗所谓儒者之学，内则局于章句文词之习，外则杂于老子释氏之言。而其所以修己治人者，遂一出于私智人

---

①② 陈荣捷：《朱熹集新儒学之大成》，载于《朱学论集》，华东师范大学出版社2007年版，第17页。

为之凿，浅陋乖离，莫适主统，使其君之德不得比于三代之隆、民之俗不得跻于三代之盛，若是者，盖已千有余年于今矣。濂溪周公先生奋乎百世之下，乃始深探圣贤之奥，疏观造化之原，而独心得之。立象著书，阐发幽秘，词义虽约，而天人性命之微，修己治人之要，莫不毕举。（《袁州州学三先生祠记》，《朱子全书·晦庵先生朱文公文集》卷七十八）

自孔孟没后，汉唐诸儒求儒家经典于训诂章句之间，士大夫从政则又出于功利之末，汉唐以来道学不明，佛老异端蜂拥而起。周敦颐"深探圣贤之奥，疏观造化之原"，把《老子》的"无极"、《易传》的"太极"、《中庸》的"诚"以及阴阳五行等思想资源进行熔铸改造，在融合了佛道的矛盾运动中对儒家传统文化的结构进行新的调整。尽管周敦颐从思想层面上援用了佛道文化，但在朱熹看来，更直接的问题是能否诠释和确立起自己的传统，即担起道统传承的责任。淳熙十年（1183）作《韶州州学濂溪先生祠记》更是明确指出周敦颐在道统传承中的重要地位：

宋兴，九嶷之下、舂陵之墟，有濂溪先生者作，然后天理明而道学之传复续。盖有以阐夫太极、阴阳、五行之奥，而天下之为中正仁义者，得以知其所自来。言圣学之有要，而下学者知胜私复礼之可以驯致于上达；明天下之有本，而言治者知诚心端身之可以举而措之于天下，其所以上接洙泗千岁之统，下启河洛百世之传者，脉络分明而规模宏远矣。（《韶州州学濂溪先生祠记》，《朱子全书·晦庵先生朱文公文集》卷七十九）

韶州州学的濂溪祠初建于乾道六年，而且当时已配祠二程。乾道六年，朱熹作《太极图说解》，完成了对周敦颐思想的清理，认为周敦颐最大的理论贡献就是"阐夫太极阴阳五行之奥，而天下之为中正仁义者，得以知其所自来"，这是直承孔孟并推进道统的关键：

> 盖有以阐夫太极阴阳五行之奥，而天下之为中正仁义者，得以知其所自来，言圣学之有要而下学者，知胜私复礼之可以驯致于上达，明天下之有本。而言治者，知诚心端身之可以举而措之于天下。（《韶州州学濂溪先生祠记》，《朱子全书·晦庵先生朱文公文集》卷七十九）

周敦颐以"无极—太极—阴阳五行—万物化生"的思维路径，从宇宙论的角度论述人生社会道德心性，开天道性命相贯通之先河，创立"天人合一"的理论框架，在这个思想体系中，"儒家的哲学清晰地被表达为三个连贯着的理论：一是价值体系的形上依据，二是伦理实践的切实路径，三是功利成就的根本方法。朱熹的全部思想性诠释、讲学与论辩，形散与神聚，完全是环绕着此三个理论来展开的。"① 而这也正是使孔孟之学复明于世，重建儒学思想体系的理论构架。

另须指出，朱熹对《爱莲说》《拙赋》完全没有评价，只有《书濂溪先生爱莲说后》提及《爱莲说》，该文为"（淳熙六年）周直卿自九江来访，以周敦颐爱莲说墨本及拙赋刻本见示，为作跋"②，其中写道："熹得窃闻而伏读之有年矣"。（《书濂溪先生爱莲说后》，《朱子全书·晦庵先生朱文公文集》卷八十一）由此可知，朱熹对《爱莲说》早有了解，但出于对道统观建立的考虑，对脍炙人口的《爱莲说》未留下任何具体的评论，甚至指出《拙赋》"天下拙，刑政彻，其言似庄老"（《朱子全书·朱子语类》卷九十四）。显然，朱熹为振兴衰微

---

① 何俊：《南宋儒学建构》，上海人民出版社 2004 年版，第 126、1133 页。
② 束景南：《朱熹年谱长编》，华东师范大学出版社 2001 年版，第 635 页。

的儒学，试图树立儒学道统谱系以抗衡佛道传授系统，一直在不断地努力。

三、林栗等对周敦颐《太极图说》的质疑

自朱熹为《太极图说》和《通书》作注释以后，历代学者围绕朱熹的注释引发的争议不断，由此也将周敦颐哲学思想和著述带到了理学家全面讨论的中心，尤其是朱熹和陆九渊兄弟之间的激烈辩论，《太极图说》获得了重大的影响力，形成了"尊崇朱熹者必推崇《太极图说》，而反对朱熹者也必须从《太极图说》寻找缺口，进而推翻朱熹的整个思想体系"[①] 的局面。

绍熙癸丑（1193）《邵州州学濂溪先生祠记》，朱熹借作记的机会，总结陆九渊的质疑，对《国史·濂溪传》[②] 中"自无极而为太极"进行辩论：

> 熹发函三复，为之喟然而叹曰：甚矣，道之难明而易晦也……先生之精，立图以示；先生之蕴，因图以发；而其所谓"无极而太极"云者，又一图之纲领，所以明夫道之未始有物，而实为万物之根柢也。夫岂以为太极之上，复有所谓无极者哉！近世读书不足以识此，而或妄议之，既以为先生病。史氏之传先生者，乃增其语曰："自无极而为太极"，则又无所依据而重以病夫先生。故熹尝欲援故相苏公请刊国史"草头木脚"之比，

---

① 周建刚：《周敦颐研究著作述要》，湖南大学出版社 2009 年版，第 76 页。

② 《记濂溪传》云："戊申（1188）六月，在玉山邂逅洪景卢内翰，借得所修国史，中有濂溪、程、张等传，尽载太极图说。盖濂溪于是始得立传，作史者于此为有功矣。然此说本语首句但云'无极而太极'，今传记载乃云'自无极而为太极'，不知其何所据而增此'自'、'为'二字也。夫以本文之意，亲切浑全，明白如此，而浅见之士犹或妄有讥议。若增此字，其为前贤之累，启后学之疑，益以甚矣。谓当请而改之，而或者以为不可。"（《记濂溪传》，《朱子全书·晦庵先生朱文公文集》卷七十一）洪迈记《太极图说》首句为"自无极而为太极"，朱熹提出"请而改之"，并坚持"以为不可"。

以正其失，而恨其力有所不逮也。(《邵州州学濂溪先生祠记》，《朱子全书·晦庵先生朱文公文集》卷八十)

早在鹅湖之会上，陆九韶因感"《太极图说》与《通书》不类"，就已否定《太极图说》为周敦颐所作。朱熹把《通书》中的"'诚'诠释为真实无妄"① 与《中庸》相联系，历来争议较少。但对于《太极图说》，朱熹强调："周子留下《太极图说》，若无《通书》，却教人如何晓得？故《太极图说》得《通书》而始明。《通书》一部，皆是解《太极图说》。"淳熙十四年（1187）朱熹与陆九渊又爆发激烈论辩。论辩主要围绕周敦颐《太极图说》首句"无极而太极"展开。陆九渊训"极"为"中"，认为"太极"即理，不必再以"无极"来形容，"无极而太极"之说，犹如床上叠床，屋下架屋，纯属多余，并以"无极"为道家概念，指出《太极图说》非周敦颐所作。朱熹则训"极"为"至极"，把理之总汇称为"太极"，认为"不言无极，则太极同于一物，而不足为万物之根。"周敦颐"无极而太极"说出了人们所不敢言说的道理，得千圣以来不传之秘，并将"无极而太极"理解为"无形而有理"，使《太极图说》的思想与《通书》相贯通，从而把周敦颐作为开启理学思潮的人物。不可否认，这种解释存在着很大争议，但是，朱熹厘清周敦颐引入"无极"所产生的许多问题，赋予它们重要的意义，成为其思想理论体系建构的理论依据与精神内核。然则淳熙十五年（1188），朱熹在玉山借读洪迈所修《国史》，对《太极图说》首句作"自无极而为太极"提出异议，朱熹要求洪迈删去"自""为"二字，并未得到接纳。时隔五年，修史者仍未采用朱熹删定的"无极而太极"，因此朱熹不得不在《邵州州学濂溪先生祠记》中再次重申其事。

① 乐爱国：《朱熹〈中庸章句〉对"知、仁、勇"的诠释》，《湖南科技大学学报》(社会科学版) 2013 年第 5 期。

朱陆关于"太极图说"的争论虽然没有结论，它却交织一项重要但常被忽视的问题：道统权威的界定。换言之，朱陆之辩的最终目的在于将自家学术思想确定为传道历史过程中的正统主流，分别出学术思想的正统与异端。陆氏兄弟向孟子寻求权威，并公开忽略北宋的道学家，在反面上自然是对北宋诸子，尤其是朱熹道统论发展的抑制。事实上，朱陆鹅湖之辩的前夕，朱熹与吕祖谦就已选编了《近思录》以面对二陆挑战。《近思录》以周敦颐开端，以二程作为理论建构为内容编排，卷首即题为道体，并将《太极图说》排在最前面以示其"开山"地位，指出该卷"性之本原，道之体统，盖学问之纲领也"。这种文本纲目结构的编排对周敦颐在道统传承中的地位界定有着重要作用，正如西方学者魏伟森指出："《近思录》的编纂开创了一个新的典范，它由学术观点选入一些人物与著作，建构了一个传统，自然就把其他人物排除在外，'道学'在这种方式之下形成了宗派，有向心和排他的双重作用。"① 这样，朱熹通过精心构造道统传承谱系，为周敦颐继承道统提供了理据。

但尤其让人感到困惑的是，淳熙十六年（1189）朱熹作《中庸章句序》，指出：

> 盖自上古圣神继天立极，而道统之传有自来矣。其见于经，则"允执厥中"者，尧之所以授舜也。"人心惟危，道心惟微，惟精惟一，允执厥中"者，舜之所以授禹也……自是以来，圣圣相承，若成汤、文、武之为君，皋陶、伊、傅、周、召之为臣，既皆以此而接夫道统之传，若吾夫子，则虽不得其位，而所以继往圣、开来学，其功反有贤于尧舜者。然当是时，见而知之者，惟颜氏、曾氏之传得其宗。及曾氏之再传，而复得夫

---

① Cf. Thomas Wifson. *Genealogy of The Way: The Construction and Uses of the Confucian Tradition in Late Imperial Chin*, Palo Alto, CA: Stanford University Press, 1995, p.3.

> 子之孙子思，则去圣远而异端起矣……故程夫子兄弟者出，得有所考，以续夫千载不传之绪……虽于道统之传，不敢妄议，然初学之士，或有取焉，则亦庶乎行远升高之一助云尔。（《中庸章句序》，《朱子全书·晦庵先生朱文公文集》卷七十六）

朱熹以"人心""道心"等四句话即十六字心法为圣贤相传之道，并明确了道统传承谱系：道统之传，始自尧、舜、禹传至孔子，中经孔门弟子颜、曾、思、孟发扬光大，孟子后"遂失其传"，一直到二程兄弟"续夫千载不传之绪"，道统才得以重建，从而构成了一个上继孔孟之道，下延二程的传承谱系。然而，朱熹三次提到"道统之传"，却未在孟子和二程之间加上周敦颐？其原因有三：一是早在朱熹之前，程颐曾明确提出程颢传千四五百年来未传之学。二程虽受到濂溪的启发，但并不传濂溪的学问，对于二程从周敦颐那里受到了何种思想的影响？周敦颐是否手授《太极图说》于二程等问题，缺乏有力的证据。二是《中庸章句序》讨论的主题是心法传授，周敦颐对《中庸》及心法传授没有特殊的贡献。三是周敦颐之学遭到陆氏兄弟质疑，朱熹在此不提可能是出于避嫌之需。

四、周敦颐道学宗主的最终厘定

朱熹不遗余力地宣传周敦颐的学术地位与成就：淳熙六年（1179）知南康军，立濂溪祠，刻《太极图说》《通书》于南康；淳熙八年（1181），过江州，拜濂溪先生书堂遗像，指出："惟先生承天畀、系道统，所以建端诸绪，启佑于我后之人者。"（《书濂溪光风霁月亭》，《朱子全书·晦庵先生朱文公文集》卷八十四）绍熙五年（1194）八月，"修建道州濂溪、明道、伊川三先生祠成，遣宁远县尉冯允中往祭。"① 他还在《答蔡季通》中嘱托蔡元定："至春陵，烦为问学中濂溪祠堂无恙否。"(《答蔡季通》,《朱子全书·晦庵先生朱文公续集》卷三) 正是由于朱熹对周敦颐的推崇，奠定了周敦颐理学开山地位，获得了普遍认可。淳熙六年，朱熹作《隆兴府学濂溪先生祠记》，文曰："以故自其乡国，及其平生游宦之所历，皆有祠于学，以至其瞻仰之意。"由此看来，当时的濂溪祠主要是周敦颐所生之乡国、平生游宦的州县学有请祠、立祠的行动。但是到了淳熙八年，各地学宫争相立祠，《徽州婺源县学三先生祠记》曰："然此婺源者，非其乡也，非其寓也，非其所尝游宦之邦也。且国之祀典，未有秩焉而祀之，于礼何依，而于义何所当乎？"即凡认同道统的州县学，都可将周敦颐列为先贤进行祭祀。

绍熙五年竹林精舍扩建后改名为沧州精舍，朱熹在此祭祀先贤，并撰写了具体操作仪式的《沧州精舍释菜仪》《沧州精舍告先圣文》，充分展示了综合创新的新儒学道统观念：

> 恭惟道统，远自羲、轩。集厥大成，允属元圣。述古垂训，万世作程。三千其徒，化若时雨。维颜曾氏，传得其宗。逮思及舆，益以光大。自时厥后，口耳失真。千有余年，乃曰有继。周程授受，万理一原。曰邵曰张，爰及司马。学虽殊辙，道则同归。俾我后人，如夜复旦。(《沧州精舍告先圣文》,《朱子全书·晦庵先生朱文公文集》卷八十六)

绍熙五年朱熹65岁，这一道统传承应该是他的晚年定论。朱熹在此提出的道统谱系与《中庸章句序》不同的是：其一，在孔孟道统之前，增加了"羲、

---

① 何俊：《南宋儒学建构》，上海人民出版社2004年版，第126页。

轩",意为上溯伏羲、黄帝;其二,强调"周程授受",特推周敦颐为道统传人;其三,把"学虽殊辙,道则同归"的邵雍、张载与司马光等纳入道统谱系。

在沧州精舍祭祀中,朱熹举行了隆重的释菜仪式,《朱子语类》有详细的记述:

> 新书院告成,明日欲祀先圣先师,古有释菜之礼,约而可行,遂检五礼新仪,令具其要者以呈。先生终日董役,夜归即与诸生斟酌礼仪。鸡鸣起,平明往书院,以厅事未备,就讲堂行礼。宣圣像居中,兖国公颜氏、郕侯曾氏、沂水侯孔氏、邹国公孟氏西向配北上。并纸牌子。濂溪周先生、东一。明道程先生、西一。伊川程先生、东二。康节邵先生、西二。司马温国文正公、东三。横渠张先生、西三。延平李先生东四。从祀。亦纸牌子。并设于地。祭仪别录。祝文别录。先生为献官,命贺孙为赞,直卿、居甫分奠,叔蒙赞,敬之掌仪。堂狭地润,颇有失仪。但献官极其诚意,如或享之,邻曲长幼并来陪。礼毕,先生揖宾坐,宾再起,请先生就中位开讲。先生以坐中多年老,不敢居中位,再辞不获,诸生复请,遂就位,说为学之要。(《朱子全书·朱子语类》卷九十)

朱熹祭祀先圣先师,并以"为学之要"即席开讲,这种祭祀先贤与书院教育的结合,表明了一种以探讨道德性命、穷究心性义理为主要特色的新的学术风尚、学术范式的形成,也标志着朱熹道统思想全面成熟。朱熹罗列传承道统的思想家,认为周、二程、张等继承了孔孟的道统,把圣人相传的道统谱系和儒家思想的精华传承关系演示给弟子们,"通过为先圣先贤树立塑像或悬挂画像,供祀对象由历史空间进入现实空间,逝者的形象为祭祀者提供现实的观照"①,在宣传道统论的同时,又阐扬了心性义理之学,使理学思想得到广泛传播。

---

① [美]田浩:《朱熹的思维世界》,凤凰出版传媒集团、江苏人民出版社 2009 年版,第 312 页。

特别要指出的是，乾道九年（1173）11 月朱熹作《六先生画像赞》，表彰的只有周敦颐、二程、邵雍、张载、司马光六先生，但竹林精舍祭祀中却把自己的老师李侗列入道统之内。究其原因，不难发现，李侗是朱熹最重要的老师，其学出罗从彦，罗从彦受业于杨时，杨时是二程的高弟，二程师从周敦颐。"通过把学李侗包括进道统内，朱熹要让人明白，道统已经传到他的身上。换句话说，朱熹是在声称，在他的那一代人中，只有他自己继承了从古代圣人和北宋大师那里传来的道统。"① 这也是朱熹在推广道统传承谱系中，自命继承了道统，完善了道统体系。进一步说，"朱熹的道统论本来就是联结两个谱系而成：一是从上古圣神道孔子、曾子、子思、孟子的谱系，二是将周、程与自己直接联结起来的谱系。其中，前一个谱系将周、程相结，意味着将儒学的正统确定为周程之学；而将周、程与自己直接联结，则意味着道学的正统乃是正统，也包括了道学内部主张自己为正统的目的。"② 至此，朱熹将儒学提升为道学，即已完成了学术正统主流的争夺。

朱张之后，周敦颐在理学史上的地位更加稳定，宋宁宗嘉定七年（1214），魏了翁上书为周敦颐请谥："盖自周衰孔孟氏没，更秦汉魏晋隋唐，学者无所宗主，支离泮涣，莫适与归……而（敦）颐独奋乎百世之下，乃始探造化之至赜，建图著书，阐发幽秘，即示人以日用常行之要，使诵其遗言者，始得以晓然于洙泗之正传。"（《奏乞为周濂溪赐谥》，《鹤山集》卷十五）通过魏了翁、真德秀等人的奏请和表彰下，南宋嘉定十三年周敦颐赐谥为"元"；南宋淳祐元年追封为"汝南伯"，入祀孔庙；元代延祐六年（1319）加封为"道国公"，历朝相延入祀孔庙。周敦颐学术地位因得到官方承认，其"道学宗主"地位遂成定论。

① ［美］田浩：《朱熹的思维世界》，凤凰出版传媒集团、江苏人民出版社 2009 年版，第 312 页。
② ［日］土田健次郎：《道学之形成》，朱刚译，上海古籍出版社 2010 年版，第 455—456 页。

朱熹《太极图说解》的理学思想述略

  《四库总目提要·宋四子抄释》云"诸儒辩论，则惟周子之书最多"，源自周敦颐《太极图说》这部学术史上争议最大的著作，他以"无极—太极—阴阳五行—万物化生"的思维路径，从宇宙论的角度论述人生社会道德心性，开天道性命相贯通之先河，奠定了宋明理学的基调。周敦颐在北宋时期声名并不显赫，他及其《太极图说》的声名鹊起，实乃源于南宋大儒朱熹的表彰阐述。朱熹以其毕生精力潜心周子之学，钩玄探隐，"宋明诸儒说《太极图说》，实由朱子发其端，亦以朱子之说影响最盛。"[①]据《周子通书后记》记载："熹自早岁即幸得其遗编而伏读之，初盖茫然不知其所谓，而甚或不能以句。壮岁获游延平先生之门，然后始得闻其说之一二。"（《周子通书后记》，《朱子全书·晦庵先生朱文公文集》卷八十一）从"茫然不知其所谓"可知，朱熹问学李侗时就已经对周敦颐著作有大致的了解。自乾道三年（1167），朱熹、张栻于长沙会晤，从未发已发的基础上讨论太极，至乾道六年（1170）朱熹作《太极图说解》，

---

① 杨柱才：《道学宗主——周敦颐哲学研究》，人民出版社2004年版，第221页。

经过张栻、吕祖谦等诸人书信往返，商讨论辩，于乾道九年（1173）基本定稿，并作有《后记》。朱熹在注解《太极图说》的过程中，思想经历了一个发展变化的过程，据朱张吕之间的回信："《太极图解》，近方得本，玩味浅陋，不足窥见精蕴"（《与朱侍讲元晦书二》，《吕祖谦全集·东莱吕太史别集》卷七），"《太极图说》析理精绎，开发多矣，垂诲甚荷"（《答朱元晦》，《南轩先生文集·张栻集》卷二十二）。可见，从稿本到定本，朱熹从未间断过对《太极图说》的讨论与修订。正如钱穆先生在《朱子新学案》所说："其有关太极图通书之编纂考核注释，远始乾道戊子，朱子年未四十，此后随时用力，至于淳熙丁未，垂二十年，可谓毕生潜心矣。其有关祀记诸文，发明濂溪之学，上接洙泗千岁之统，下启河洛百世之传，微言大义之所在，在朱子文集中，皆可谓是用力撰写之大文章……后世卒群奉濂溪为有宋一代理学不祧之始祖者，则皆朱子表彰阐述之功也。"①

朱熹将《太极图说》分成十章，逐章注解，以"无极""太极""动静""主静"等为基本范畴，在宗奉二程学说的基础上，又排佛、道归儒，建立起庞大的理学思想体系。文章拟以朱熹的《太极图说解》为据，在分析周敦颐及其《太极图说》与朱熹理学思想渊源的基础上，对朱熹的理学思想体系进行归纳和阐述。

一、宗奉二程："动静无端，阴阳无始"

朱熹在《周子太极通书后序》中明确指出了《太极图说》的重要地位及其与二程学说的关系："盖先生之学，其妙具于太极一图，通书之言，皆发此图之蕴，而程先生兄弟语及性命之际，亦未尝不因其说。观通书之诚、动静、

---

① 钱穆：《朱子新学案（中）》，巴蜀书社1987年版，第788页。

理、性命等章，及程氏之书李仲通铭、程绍公志、颜子好学论等篇，则可见矣。"朱熹不仅认同二程受学于周敦颐的事实，并且说二程在"语及性命之际"时，常常沿用周敦颐的说法，即"未尝不因其说"。

朱熹在注解《太极图说》的过程中，继承、引述二程学说，又进一步引申、发挥了二程思想。对《太极图说》首句，朱熹注道："上天之载，无声无臭，而实造化之枢纽、品汇之根柢也。"这即是引用二程"上天之载，无声无臭"来进行解说。二程认为"理"是天地万物的本源，朱熹在此基础上提出"太极即理"："无极而太极，只是说无形而有理"，"太极者，如屋之有极，天之有极，到这里更没去处，理之极至者也"（《朱子全书·朱子语类》卷九十四）。"无极而太极"即是"无形而有理"，此理是宇宙万物化生的根源和道德本体的基础，也是《太极图说》的总纲领。在这里，朱熹将"太极"等同于"理"，是宇宙世界的最高主宰，实现了对"太极"范畴的理学化改造。

> 太极之有动静，是天命之流行也，所谓'一阴一阳之谓道'。诚者，圣人之本，物之终始，而命之道也。其动也，诚之通也，继之者善，万物之所资以始也。其静也，诚之复也，成之者性，万物各正其性命也……盖太极者，本然之妙也；动静者，所乘之机也。太极，形而上之道也；阴阳，形而下之器也。是以自其著者而观之，则动静不同时、阴阳不同位，而太极无不在焉。自其微者而观之，则冲漠无朕，而动静阴阳之理已具于其中矣。虽然，推之于前，而不见其始之合；引之于后，而不见其终之离也。故程子曰：'动静无端，阴阳无始。'非知道者，孰能识之！（《朱子全书·太极图说解》）

周敦颐的《太极图说》虽然提出了宇宙万物生成的历程性图式，但未对存在界作形而上与形而下的区分。为了突出理与气的主题，朱熹对其进行了分解式的区分：太极的动静是本然存在的，为形而上者，不可离开形而下的气。换句话说，太极虽然是冲漠无朕，神秘深奥，却隐藏着动静阴阳之理。太极的动静生生，不是太极自身的动静，而是太极所乘气的动静。理随气动而动，气的动静则是理的外在表现，太极与阴阳的关系是"理"与"气"的关系，所谓"一阴一阳之谓道"是气在理的支配下运动的过程。这一解说，既是对太极阴阳动静的诠释，也是对二程理气关系的运用和发展，"朱熹高度肯定周敦颐对'太极'的标示，正因为周敦颐标示'太极'的着眼处在于阴阳二气的统合，而统合便必然有其构型，'理'正成为这个构型的内在依据。"① 这表明《太极图说》的诠释即以二程之学为归依。

接下来，朱熹直接引用二程之言作为其解说依据的必要性。动静因太极流行而有时序的不同，阴阳因太极动静而有分立，太极始终存在于不同时的动静和不同位的阴阳之中，也就是说，理与气在时间上没有开始和终结，太极于阴阳永远是结合无间，这就是"推之于前而不见其始之合，引之于后而不见其中之离，故程子曰：'动静无端，阴阳无始'"。朱熹在此充分吸收二程"动静无端，阴阳无始"思想，并以此阐释太极所含阴阳动静是时刻在流行变化过程中。虽然《太极图说》未言及"理"的概念，周敦颐思想中亦无直接探讨理与气的内容，但自朱熹通过对《太极图说》中太极与阴阳动静、理与气等范畴进行解说、发挥后，"太极"在理学视域中呈现出新的意义。

由太极阴阳动静伸展开来，朱熹将太极动静生阴阳之理贯穿到五行运行中："盖五行之变，然无适而非阴阳之道。至其所以为阴阳者，则又无适而非太极之本然也。""然五行之生，随其气质而所禀不同，所谓'各一其性'也。

---

① 钱穆：《朱子新学案（中）》，巴蜀书社 1987 年版，第 131 页。

各一其性，则浑然太极之全体，无不各具于一物之中，而性之无所不在，又可见矣。"阴阳五行的运行变化，内在地具有太极之本然，此所谓各具其性。在朱熹看来，太极不仅指"理"，还指"性"。五行因气禀不同而各一其性，各一其性即是具有太极之理而为性，而五行因其气质有阴阳刚柔之殊而自为五行。

> 夫天下无性外之物，而性无不在，此无极、二五所以混融而无间者也，所谓"妙合"者也……自男女而观之，则男女各一其性，而男女一太极也。自万物而观之，则万物各一其性，而万物一太极也。盖合而言之，万物统体一太极也；分而言之，一物各具一太极也。(《朱子全书·太极图说解》)

朱熹沿袭程颐的"理一分殊"的思路，指出太极作为宇宙万物的本体，是"理之极至"，即"理一"，但就每个具体事物来看，都禀受了太极（理）作为自己的性理，这个关系就是统体一太极。而一物各具一太极，各个事物各有其特殊的表现形态，就是分殊。朱熹在一分一合之间说明天地万物的性质及其存在状态，一方面说明五行之性具有同一性，即太极。另一方面，天下的事物不能离开性而存在，但又不是各种孤立的存在，即太极与二气五行之分殊存在着相互贯通的关系，借用气的概念阐述了分殊的由来，对二程的"理一"与"分殊"的关系作了进一步的全面解释。

然而问题在于，在二程文集、遗书等著作中，二程不仅从未言及《太极图》及《太极图说》，而且还说"吾学虽有所受，天理二字却是自家体贴出来"。朱熹如何确认二程对周敦颐核心概念的继承?《太极图说解》说："抑尝闻之程子昆弟之学于周子也，周子手是图以授之。程子之言性与天道，多出于此，然卒未尝明以此图示人，是则必有微意焉。学者亦不可以不知也。"朱熹认为二程不把《太极图（说）》手授门人，则定有微意，原因是"疑其未有能受之者尔"（《朱子全书·太极图说解后记》）。事实上，"对朱熹来讲，这个'授受'是势所必争的，因为它并不是一个史实上的考辨，或思想异同的分析，而完全是属于理论建构问题。"[①]换言之，朱熹以二程思想对《太极图说》进行改造，对周敦颐太极与二程理气学说之间构造一个观念，所涉及的不仅仅是思想上的诠释，更重要的是确立《太极图说》的学术地位，以此说明周敦颐与二程思想之间内在的、逻辑的传承谱系。

二、排道归儒："以有无为一"

《太极图说》与佛、道的关系，历来多有疑义。诸如《太极图》渊源于南宋初年朱震在《进易说表》中所提出的传自陈抟、种放、穆修或道教？《太极图说》传自鹤林寺寿涯禅师？"无极""主静""无欲"具有佛、道特征？这些一直是学术界争议不休的问题。然而，《太极图说》过于简约，对"无极""主静"等概念都未给予明确说明。朱熹推尊《太极图说》，反复强调《太极图（说）》"立象尽意，剖析幽微"，"果先生之所自作，而非有所受于人者""夫以先生之学之妙，不出此图，以为得之于人，则绝非种、穆所及"《（周子通书后记》，《朱子全书·晦庵先生朱文公文集》卷七十五），极力辟佛、道归儒。

"无极"是佛道两家，尤其是道家的重要范畴。陆九渊兄弟曾以无极出于《老子》，辩论"无极而太极"，书札往复，争论再三。为了与释老之学划清界限，不陷入陆九渊指责的"虚无好高之弊"，朱熹从"理"的高度进行了多角度的阐发："'无极而太极。'非太极之外，复有无极也。"《（朱子全书·太极图

---

① 何俊：《南宋儒学建构》，上海人民出版社 2004 年版，第 120 页。

说解》)"老氏之言有无,以有无为二;周子之言有无,以有无为一,正如南北水火之相反。"(《答陆子静》,《朱子全书·晦庵先生朱文公文集》卷三十六)在朱熹看来,老庄以"有生于无"中的"无"为"无有",与佛家的空虚寂没等同。而周敦颐的"无极"不同于老庄,"无极"是相对于"太极"的存在,在时间、空间上没有穷尽,即"无极乃无穷之义"。

针对陆九渊所提出的"无极"前人所未提及,朱熹又指出:"周子恐人于太极之外更寻太极,故以无极言之。既谓之无极,则不可以有底道理强搜寻也。"也就是说,"无极"为理解"太极即理"所指陈的天地万物之理的一个方便,具有无形无象的特性,即"无声无臭"。因此,"无极即是无形,太极即是有理。"相对于"无极"来说,无极是形上,太极是形下;相对于"阴阳"来说,太极是形上,阴阳是形下。"而"则是无极与太极亦一亦二,亦合亦分。朱熹以"无声无臭"解"无极",以"理"解"太极",凸显了"太极"无束缚的性质,消除了从无极之外寻求其他本原的可能,跳出了以"有""无"解释世界的因果律的窠臼:就万物的本源来说,是无声无臭的"无极",避免了"有有相生"的无限循环;从化生万物的角度看,"太极"是实有,避免了"无中生有"而失之空泛,从而凸显了太极作为宇宙之理的本质内涵。所以,钱穆先生评价说:"理究不能说是无,理先于气,较之自无生有更妥惬,此为朱子发挥濂溪《太极图说》之圆通精明处。"[1]面对陆九渊指责的"叠床上之床"(无极之上有无太极),"架屋下之屋"(无极之下有太极),朱熹批驳这是陆九渊执意计较"无极"二字,"创为浮辨,累数百言,三四往返而不能已",实为意气之争。在《答陆子静》中说:"若论'无极'二字,乃是周子灼见道体,迥出常情,不顾旁人是非,不计自己得失,勇往直前,说出人不敢

---

[1] 钱穆:《中国学术思想史论丛》,生活·读书·新知三联书店 2009 年版,第 58 页。

说的道理，令后之学者晓然见得太极之妙不属有无，不落方体。若于此看得破，方见得此老真得千圣以来不传之秘。"（《答陆子静》，《朱子全书·晦庵先生朱文公文集》卷三十六）"无极"的提出并非臆造，"乃是周子灼见道体"。

从表面上看，"无极"与"太极"之辨是朱熹与陆九渊之间的争论，实际上是儒道之争。陆九渊认为，如果承认"无极"的存在，也就等于承认了周敦颐蹈袭道家学说，儒学的正统地位就会受到怀疑。朱熹虽不否认"无极"的存在，但借用"有生于无"建立儒家"无极而太极"的理论，避老子而归乎中庸，不仅将道家因素儒化了，而且为儒家伦理道德寻求宇宙论和本体论提供了根据。正如陈荣捷先生所说："朱子之取资于太极，须经一番大奋斗……太极图渊源于道家。朱子之学虽与道家不契，但朱子亦必收敛其矜持而取资于太极图。此图亦含'无'之观念，而此一观念绝非儒家所能接受。"[①] 朱熹认为，佛道概念不可直接援引，只能间接阐释，也就是说，周敦颐能够将所有的思想资源在儒学的立场上加以整合，从而在宋明理学的建构中起着"关键性"的作用。因此，在校勘《太极图说》时，坚决反对"无极而生太极""自无极而为太极"等表述，意味着朱熹理学思想的基本观点和诠释立场。

如果说，"无极"的提出是为了寻源探本的需要，那么，"主静"的追求则是为了更好地遵循中正仁义的道德准则。周敦颐认为宇宙的本体是"无极"，为此，人道修养的主要内容就在于"无欲""主静"。因为周敦颐宇宙本体论的最高范畴是无极，无极的形态是静虚的，人生论的最高法则也应该是静虚的，所以周敦颐自注"无欲故静"。然则，儒家讲"静"较少，而释、道讲"静"颇多，朱熹以《周易·系辞下》中的"寂然不动"来解读"主静"，将佛老的

---

① 陈荣捷：《朱学论集》，华东师范大学出版社 2007 年版，第 8 页。

"静"融入儒家"敬"的内涵中:

> 此言圣人全动静之德,而常本之于静也。盖人禀阴阳五行之秀气以生,而圣人之生,又得其秀之秀者。是以其行之也中,其处之也正,其发之也仁,其裁之也义……苟非此心寂然无欲而静,则亦何以酬酢事物之变,而一天下之动哉!(《朱子全书·太极图说解》)

若心性寂静无欲,那么就可以达到圣贤的中正仁义的境界,从中可见,主静就是复归于"圣人之道",这与"太极之有动静"相应。"程子是怕人理会不得他静字意,便似坐禅入定。"(《朱子语类》卷 94)朱熹以"主敬"诠释"主静",进一步突出了二程哲学的内涵,使《太极图说》中的"主静"同佛家的禅定、道家的虚静划清了界限。

三、融汇性理:"本然之妙"与"所乘之机"

《太极图说解》于乾道九年(1173)定稿后,朱熹从未将其公开于众,直到淳熙十五年(1188)"近见儒者多议两书(《太极图说解》《西铭解》)之失,或乃未尝通其文义,而妄肆诋诃。予窃悼焉。因出此解以示学徒,使广其传,庶几读者由辞以得意,而知其未可以轻议也。"经过了陆九渊兄弟的来书质难,鉴于当时世人未通《太极图说》的文义却妄肆诋诃,才将《太极图说解》公之于世。朱熹认为《太极图说解》是高度成熟的理论形态,希望人们通过解义了解他的看法,并以此告诫读者"未可以轻议也"。

然而,周敦颐的思想怎样影响着朱熹?为何朱熹要不遗余力地为《太极图说》辩论,并强调"未可以轻议"?朱熹在注解《太极图说》时指出:

盖人物之生，莫不有太极之道焉。

盖人禀阴阳五行之秀气以生，而圣人之生，又得其秀之秀者。是以其行之也中，其处之也正，其发之也仁，其裁之也义。盖一动一静，莫不有以全夫太极之道，而无所亏焉。则向之所谓欲动情胜、利害相攻者，于此乎定矣。（《朱子全书·太极图说解》）

朱熹在《太极图说解》中二次提到"太极之道"。何谓"太极之道"？按照朱熹的理解，"太极之道"有两层含义：其一，阴阳动静的所以然之理。其二，圣人之道。阴阳动静之理推之于人的本性领域，即在于"众人是动静之理而常失之于动也"，惟有"圣人全其动静之德而常本之于静"，所以圣人始终具备此道，故为"最灵"。由此不难理解，朱熹之所以极力推崇周敦颐，其主要是因为《太极图说》解决了儒家学说中"天道"伦理化，让伦理道德建立在从"自然而然"到"理所当然"的价值维度上，从而勾勒出天道性命贯通为一的学说，这正是承续孔孟道统、复兴儒学千载不传的心性义理精微的关键。同时，也凸显出朱熹注解《太极图说》以性理学为圭臬的特点。

自从朱熹为《太极图说》作注释以后，历代学者围绕朱熹的注释引发的争议不断。朱熹在《太极图说解》后作《附辩》说："愚既为此说，读者病其分裂已甚，辩诘纷然，苦于酬应之不给也，故总而论之。大抵难者或谓不当以继善成性分阴阳，或谓不当以太极阴阳分道器，或谓不当以仁义中正分体用，或谓不当言一物各具一太极。又有谓体用一源，不可言体立而后用行者；又有谓仁为统体，不可偏指为阳动者；又有谓仁义中正之分，不当反其类者。是数者之说，亦皆有理。然惜其于圣贤之意，皆得其一而遗其二也。夫道体之全，浑然一致，而精粗本末、内外宾主之分，粲然于其中，有不可以毫厘差者。此圣贤之言，所以或离或合，或异或同，而乃所以为道体之全也。"（《朱子全书·太极图说解附辩》)从《附辩》可以看出,当时学者对《太极图说》的辩论主要集中在七个方面:继善成性分阴阳、太极阴阳分道器、仁义中正分体用、一物各具一太极、体用一源、体立而后用、仁为统体。朱熹注重义理的发挥,希望通过讲学、论辩来砥砺自己的学问,纠正别人的思想。尽管这些问题一直没有达成共识,同期张栻作有《太极图说解》、吕祖谦作有《太极图义质疑》来阐述自己的观点和理解,但是质疑归质疑,以其讲学、论辩,朱熹《太极图说》的注解变得更加严密,最终成为宋明理学的理论构架。

除了对《太极图说》进行理学化的阐释,朱熹还依托文本对理学中重要范畴,如"道"与"器"、"体"与"用"进行阐述。例如第二类即是"程子曰:'形而上为道,形而下为器,须着如此说。然器亦道也,道亦器也。'得此意而推之,则庶乎其不偏矣"(《朱子全书·太极图说解附辩》)。朱熹运用二程思想,解太极与阴阳的关系为道与器的关系:太极无形,为形而上之道;阴阳即气,为形而下之器,以此说明"太极不离于阴阳而亦不杂于阴阳"的观念。又如,第五类"又有谓体用一源,不可言体立而后用行"。这是朱熹将程颐的"体用一源,显微无间"与周敦颐《太极图说》结合起来,并应用到太极与阴阳的关系上。"体用一源"是程颐在《易传序》中提出的命题,也是宋明理学的重要理论依据,体用与显微是指理与象的关系:"至微者理也,至著者象也。"(《周易程子传序》,《二程全书·伊川易传序》)即是程颐所谓的理与象的关系。从理上说,理虽然是形而上者,但其中具有万象,即是"体用一源";从象上说,至著之象是形而下者,但理寓于其中,即"显微无间"。朱熹在此所表达的是太极之理与万物的关系,已超出《太极图说解》的诠释范围,朱熹运用意义扩展的方法,得出了"理一分殊"的结论。在《答杨子直》中说:"熹向以太极为体、动静为用,其言固有病,后已改之曰:'太极者,本然之妙也;动静者,所乘之机也。'此则庶几近之。"(《答杨子直》,《朱子全书·晦庵先生朱文公文集》卷四十五）朱熹之所以作修改，是因为太极不能脱离阴阳动静而存在，更重要的是，朱熹难以应付来自各方的质疑。

总体而言，由周敦颐《太极图说》到朱熹解义，意味着宋代新儒学建立的开端与成熟理论的实现。《太极图说》本身的撰写都是在讲学论辩中进行，其后，遂成为历代学者讨论的焦点："在争论期中，《太极图说》仍为新儒家哲学之基石。朱子之塑造新儒家哲学，仍以此《图说》为主要基础。朱子之所为，非仅只综合诸儒之不同概念，此非仅为一结构上之重组或综合，有如吾人所尝称者，朱子学说实为一有机之重建，此是朱子新儒学独造之论。"① 这一"独造之论"，确立了《太极图说》在道学中的重要地位。朱熹与吕祖谦编辑《近思录》列《太极图说》于卷首，指出该卷"性之本原，道之体统，盖学问之纲领也"，可见影响之大。"自朱子以来，《太极图说》已为新儒家形而上学讨论之起点"，② 亦是韩国性理学研究的焦点。韩国朝鲜时期性理学家退溪李滉（1501—1570）作《圣学十图》，并向宣祖进献。其中，第一图即是周敦颐的《太极图》，并指出："朱子谓此是道理大头脑处。又以为百世道术渊源。今兹首揭此图，亦犹《近思录》以此说为首之意。盖学圣人者，求端自此，而用力于小大学之类，及其收功之日，而溯极一源，则所谓穷理尽性而至于命，所谓穷神知化，德之盛者也。"（《退溪全书·进圣学十图札》卷七）在韩国性理学兴起的过程中，《太极图说》受到了士林的普遍重视，被很多学者解释为具备了天地万物之理和人伦道德之本，逐步形成了以《太极图说》为根据的韩国性理学研究、辩论思潮。

---

① ② 陈荣捷：《朱学论集》，华东师范大学出版社 2007 年版，第 8 页。

王夫之《思问录》对《太极图说》思想的建构

　　《思问录》作为哲学思想研究的总结，是船山晚年的学术萃集与思想归宿。其子王敔在《大行府君行述》中指出："至于守正道以屏邪说，则参伍于濂、洛、关、闽，以辟象山、阳明之谬，斥钱、王、罗、李之妄，作《思问录内外篇》，明人道以为实学，欲尽废古今虚妙之说而返之实。"①《思问录》选择性地综合宋明诸子的圣人之道，反对佛老学说，排斥程朱，抵制陆王心学的空疏与穿凿，有效地推动了传统学术的发展。

　　从湖湘学术脉络看，周敦颐与王夫之是思想发展的两座高峰，一为理学开山，一为儒学集成。船山对濂溪极为推崇，尽管没有对周濂溪《太极图说》作注疏，但在《思问录》中，有大量与《太极图说》相关的言论，船山先生自己也说："太极图，以象著天地之化也。"(《思问录·外篇》)"然濂溪周子首为《太极图说》，以究天人合一之原，所以明夫人之生也，皆天命流行之实，而以

---

①　王夫之:《船山全书》，岳麓出版社 1996 年版。

其神化之粹精为性，乃以为日用事物当然之理，无非阴阳变化自然之秩序而不可违。"宋自周子出而始发明圣道之所由，一出于太极阴阳天道生化之终始。"（《张子正蒙注》）船山以濂溪学为基础，传续理学体系，并提出了一些新的哲学形态，呈现出自身学术的特色。

一、"太极虽虚而理气充凝"：气本论的形而上追问

《太极图说》以"无极太极—阴阳五行—化生万物"的形式，总摄天地万物的生成过程，代表了宋代主流学术。因此，船山在构建自身学术体系时，以周濂溪为圣学正宗，大量引用《太极图说》作为自身学术论证的逻辑起点：

> 无极，无有一极也，无有不极也。有一极，则有不极矣。"无极而太极"也，无有不极，乃谓太极；故君子无所不用其极。行而后知有道；道犹路也。得而后见有德；德犹得也。储天下之用，给天下之得者，举无能名言之。天曰无极，人曰至善，通天人曰诚，合体用曰中；皆赞辞也，知者喻之耳。喻之而后可与知道，可与见德。（《思问录·内篇》）①

这是对《太极图说》首句的理解，周濂溪将"太极"作为宇宙的本体，是万物存在、化生的基础。所谓"极"，就是宇宙的至高至远的顶端，是宇宙万物存在的终极追溯，无所不包，无所不有，正所谓"大象无形，道隐无名"。因此，"太极"具有"无形""无限""无声臭之可言"的特点，也就是说，宇宙万物变化发展的无限可能，是"太极"存在的根据。"无极而太极"意谓无极

---

① 王夫之：《船山思问录》，上海古籍出版社 2000 年版。

即太极，"无极"强调它的形上作用，"太极"则是它的形下作用，亦分亦合。

与之不同，船山以"太极"为基础，作二重意义的分疏："极"并非"极点"，"'无极'是说没有一个地方不是极，处处是极，这就叫作'太极'。君子就是处处都用极的标准来衡量自己的行为。"①从而将"极"理解为道路，是天道人伦的基础。另一方面，船山又以"气"为本体，对"太极"进行新的诠释："太极虽虚而理气充凝，亦无内外虚实之异。从来说者，竟作一圆圈，围二殊五行于中，悖矣。"（《思问录·外篇》）在船山看来，"太极"又作"太虚"，表现为"理气充凝"，表面上看，"太极"空无一物，但实际上却是充满了实物，这种实物就是"理气"，是阴阳气化之道，也是人道性命之源。在船山看来，朱子以"太极"作"一圆圈"，"太极即理"，是阴阳五行化生的根据，这种说法存在悖论。"气者，理之依也。气盛则理达。天积其健盛之气，故秩序条理精密，变化而日新。"气是理所依凭的基础，只有气盛，宇宙万物才能条理精密、变化日新。气变理亦变，秩序在变，因此没有永恒不变的世界，也没有不变的社会秩序。由此不难理解，船山与朱子"宇宙之间，一理而已"有着明显的不同，朱子解太极为"理"，阴阳是"气"，那么"一阴一阳之谓道"，则是气在理的支配下的运动过程，由此构建了以"理"为中心的哲学范畴。

船山坚持综合张横渠"太虚无形，气之本体""虚空即气"的学术立场诠释"太极"。"太虚，一实者也。故曰'诚者天之道也。'用者，皆其体也。故曰'诚之者人之道也'。"（《思问录·内篇》）将"太虚"作为宇宙的本体，是阴阳二气的和合状态，变化流行不息，具有"实体"意义，故为"诚者"，这是天之道；而气处于不断的聚散变化之中，宇宙万物的生长，是气聚散变化的结果，这是"太虚"的发用变合，即"诚之者"，为人之道，二者为"体"与

---

① 陈来：《诠释与重建：王船山的哲学精神》，生活·读书·新知三联书店 2010 年版，第 323 页。

"用"的关系，由此发展为"气"本论的哲学。

饶有意味的是，船山为什么要强调张横渠"太虚即气"？事实上，船山最初的动机是对阳明心学作出回应。"上天下地曰宇，往古来今曰宙。虽然，莫为之郭郭也。惟有郭郭者，则旁有质而中无实，谓之空洞可矣。宇宙其如是哉？宇宙者，积而成乎久大者也。二气氤氲，知能不舍，故成乎久大。二气氤氲而健顺章，诚也；知能不舍而变合禅，诚之者也。谓之空洞而以虚室触物之影为良知，可乎？"（《思问录·内篇》）船山把"气"从具体实物的观念层次抽象出来，作了哲学意义上的概括：太虚是氤氲不息之气，万事万物皆出自此，是一个实体性的存在。此气虽是清虚之气，但并非"旁有质而中无实"。其中的"无实""空洞"，明显是针对王阳明所说的"良知"，仅指心的本然状态，类似于参禅悟道，没有形而上的本体支撑，脱离人生实际，虚幻不实，因此，离开了宇宙的阴阳二气谈心与良知，具有自主性的特点，如同"虚室触物之影"。这样一种解读，船山《自题墓石》中也说道："希张横渠之正学而力不能企。""张子之学切实高明，《正蒙》一书人莫能读，因详释其义，与《思问录·内外篇》互相发明。"在以濂溪理学为宗的基础上，用横渠之说补充与发挥濂溪思想，继承和扶翼道学体系，指出了阳明心学的不足，无疑有效地延伸了理学的思想范围。

为了反对阳明良知本心的虚无主义，船山以"气"为主要载体，借"太极""太虚"之说，建立了一个实在主义的本体论，并以此反对佛教的"空"、道教的"虚""无"。"释氏斥之为鼓粥饭气，道家斥之为后天之阴，悍而愚矣。"（《思问录·内篇》）船山看来，佛道未将"气"理解为实在的、形而上的本体，而成为"鼓粥饭气""后天之阴"，简直愚蠢至极。"佛、老之初，皆立体而废用。用既废，则体亦无实。故其既也，体不立而一因乎用。庄生所谓'寓诸庸'，释氏所谓'行起解灭'是也。君子不废用以立体，则致曲有诚；诚立而用自行；逮其用也，左右逢源而皆其真体。故知先行后之说，非所敢信也。"（《思问录·内篇》）佛教"行起解灭"，万物皆空；老庄"寓诸庸"，以心观道，忽视了实践的"用"的功夫，最终难免流入空虚。

显然，船山《思问录》的一个重要特点，即把儒学的价值凝练起来，将周濂溪"太极"宇宙生成论与张横渠"气"论融合为一个综合性的理论。但这种综合，并不是简单重复周濂溪、张横渠的思想命题，而是以怂议阳明心学为基础，对其进行新的诠释与发展，具有鲜明的时代性，由此也反映出船山思想的个人特质。

二、"废然之静，则是息矣"：阴阳动静的价值旨趣

在《太极图说》中，周濂溪概括了宇宙万物是以阴阳动静为基本元素的统一体。如果说周濂溪注重"阴阳"一刚一柔，"动极而静""静极复动"，一主动一受动的相互运动，那么船山在延续这一理路时，则有一些新的发展：

> 太极动而生阳，动之动也；静而生阴，动之静也。废然无动而静，阴恶从生哉！一动一静，阖辟之谓也。由阖而辟，由辟而阖，皆动也。废然之静，则是息矣。"至诚无息"，况天地乎！"维天之命，于穆不已"，何静之有？（《思问录·内篇》）

无论是"动而生阳"还是"静而生阴"，关键点在于"生"。"生"代表宇宙最重要的本性，而这个本性与"太极""太虚"联系，追溯到宇宙都是生生不息的趋向。因此，船山认为，动是绝对的，而"静"则是相对的，包含在动之中，并不存在"废然无动而静"。宇宙万物，"由阖而辟，由辟而阖"的变动，永远

没有停息。《中庸》"至诚无息"，《诗经》"于穆不已"，均在说明万物"何静之有"？接着，船山又转引《论语》与老庄的对比，以说明事物的动静，"时习而说，朋友而乐，动也。人不知而不愠，静也，动之静也。嗒然若丧其耦，静也，废然之静也。天地自生，而吾无所不生。动不能生阳，静不能生阴，委其身心如山林之畏佳、大木之穴窍，而心死矣。人莫悲于心死，庄生其自道矣乎！"（《思问录·内篇》）"时习而说""朋友而乐"都是"动"，若"废然之静"，事物停止不动，生机断绝，如庄生之"嗒然若丧其耦"，则称之为"心死"。"心"作为阳明心学的重要范畴，船山将"心"与"动静"相提，指出"废然之静"就是"心死"，显然是对良知本心的强烈排斥，意以解决现实的儒学危机。

那么，动与静是如何发生作用的呢？船山认为，这是由于阴阳二气聚合的作用。在《张子正蒙注》中提道："误解《太极图说》者，谓太极本未有阴阳，因动而始生阳，静而始生阴。不知动静所生之阴阳，乃固有之蕴，为寒暑、润燥、男女之情质，其氤氲充满在动静之先。动静者即此阴阳之动静，动则阴变于阳，静则阳凝于阴……本无二气，由动静而生，如老氏之说也。"即"太极"中本有阴阳之气，阴阳在动静之先，不是说动静后才有阴阳。如果由动静产生阴阳，就是对《太极图说》的误解，无疑会陷入老子学说。

"两端者，虚实也，动静也，聚散也，清浊也；其究一也。实不窒虚，知虚之皆实；静者静动，非不动也。"（《思问录·内篇》）有形之物是气的凝聚，而气是永恒运动的。因此，"动"是绝对无条件的，"静"则是相对有条件的，处于静动的过程中，并非不动的。又如，对《通书》"静无而动有，至正而明达"的诠释："静无而不昧其有，则明远。动有者，有其静之所涵，感而通，而不缘感以生，则至正；乃以为五常之本、百行之原也。"（《思问录·内篇》）心在静而未发时要虚灵不昧地保持清醒，才能真正做到"静无"，然"静无"并非真正的无，"动有"才是"五常之本、百行之原"。"'动极而静，静极复动'。所谓'动极''静极'者，言动静乎此太极也。如以极至言之，则两间之化，人事之幾，往来吉凶，生杀善败，固有极其至而后反者，而岂皆极其至而后反哉？"（《思问录·外篇》）如果以"极至"来说，天地之间的转化、人事变化的苗头、卦爻往来吉凶、事物生杀善败，固然有发展到极致后再向相反方向转化。但又并非所有事物都是如此，《周易》中八个错卦，二十八个综卦，合为三十六体，或错或综，往复变化，静即含动，动不舍静，生生不息，"未有不如此者也"，由此表明天地之道永远不息的道理。

船山关于"动静"的理论，是否意味着对濂溪"主静"说的否定呢？按照船山的说法，"主静，以言乎其时也；主敬，以言乎其气象也；主一，以言乎其量也。摄耳目之官以听于心；盈气以充志，旁行于理之所昭著而不流，雷雨之动满盈，而不先时以发；三者之同功也"（《思问录·内篇》）。"主静"是静时的功夫，即《周易·艮卦·象传》所谓"动静不失其时，其道光明"，"主静"就是要因时而动，反对盲目乱动。而"主敬"是内心安定的一种气象，"主一"则是集中注意力，三者都是为了使耳目听之于心，达到"气"充满于身心。这亦说明，船山所说的"主静"已超出濂溪所说的"无欲故静"，回归"无极"本原的范围。在船山看来，"所谓'致虚极，守静笃'的道德修养，其实不过是充斥着避祸畏难之私的'畏葸偷安'之道、'死之不动'之道。"① 因此，其"主静"更多的是在"气"本论中所提出来的观念，构建了依托经典的"守正道"思想。

三、"人道则为人之独"：人道本体的伦理关怀

《太极图说》提出宇宙本体论思想体系，最终的目的还是为了"立人极"，

---

① 萧萐父、许苏民："大家精要"丛书《王夫之》，陕西师范大学出版社 2017 年版，第 38 页。

通过贯通天人，以宇宙本体"太极"为依据，最终落实到安身立命的人道上。船山从"气"的规定性中，论证"人道"的基础：

> 得五行之和气，则能备美而力差弱；得五行之专气，则不能备美而力较健。伯夷、伊尹、柳下惠，不能备美而亦圣。五行各太极，虽专而犹相为备，故致曲而能有诚。气质之偏，奚足以为性病哉！（《思问录·内篇》）

"五行之生也，各一其性"，人各具太极之理而为性，因其气质有阴阳、刚柔之殊而有不同气禀，以致人性有善恶的差异。换言之，人性的本然状态是纯粹无恶的，此为"天命之性"，但人性与气禀结合后，则有善有恶，则是"气质之性"，即善恶由五行之气的影响而造成。船山否定了这种说法，认为"气质之偏"不足以成为性恶的根源。"天命之性"即使有恶，也是可以变的，即使有偏，也同样可以成为圣人，诸如伯夷、伊尹、柳下惠等人虽未得五行之和气，通过道德修养，成为了圣贤。因此，只有维护"气"的正当性，才能"不贱气以孤性而使性托于虚"。

于此，船山提出了"天道不遗于禽兽，而人道则为人之独"的重要命题："'立人之道，曰仁与义'，在人之天道也。'由仁义行'，以人道率天道也。'行仁义'，则待天机之动而后行，非能尽夫人之所以异于禽兽者矣。天道不遗于禽兽，而人道则为人之独。由仁义行，大舜存人道；圣学也，自然云乎哉！"（《思问录·内篇》）人如果在道德上随顺自然，待天机之动而后行，就会丧失人的能动性，与禽兽草木等同。人作为道德的主体，要以内心的自觉为用，追寻仁义道德，尽力于心性修养，就会朝着尧舜等圣人之道发展，即"由仁义行"。

"'五性感动而善恶分'，故天下之恶无不可善也，天下之恶无不因乎善也。静而不睹若睹其善，不闻若闻其善；动而审其善之或流，则恒善矣。静而不见有善，动而不审善流于恶之微芒，举而委之无善无恶，善恶皆外而外无所与，介然返静而遽信为不染，身心为二而判然无主；末流之荡为无忌惮之小人而不辞，悲夫！"（《思问录·内篇》）船山认为，善是人的本性所固有的，恶则是后天出现的，恶可以向善发展，这与周濂溪希圣、希贤的主张是一致的。但在工夫上，人应当审视内心的"善"是否有朝着"恶"发展的苗头，"如果静的时候完全忘记了善，动的时候也不注意审查从善流向恶的苗头，满脑子无善无恶，认为善恶都和自己无关，孤立地去追求某种空无所染的虚静，这样的人最后没有不流于无忌惮的小人的。"①船山的这种诠释，显而易见，一方面是针对阳明返求内心，发明本心，只注重遏制人欲，没有致知上的功夫而提出。另一方面，又受《通书》"诚无为，幾善恶"的影响，通过"幾"的工夫，明辨善恶。"无为而诚不息，幾动而善恶必审；立于无穷，应于未著；不疾而速，不行而至矣；神也。用知不如用好学，用仁不如用力行，用勇不如用知耻。故曰'心能检性，性不知自检其心'。"（《思问录·内篇》）"幾"作为幽微的萌动，是产生善恶的差别，《易·系辞下传》："幾者，动之微。"因此，研"幾"就是思天道、明善恶。但是，"幾"又是不断往而即新，"立于无穷，应于未著"，并非佛道所说的"顿悟"，而是因时日新，不断"好学""力行"的过程。因此，船山强调"颜子好学，知者不逮也；伊尹知耻，勇者不逮也。志伊尹之志，学颜子之学，善用其天德矣"。伊尹作为治理国家和造就民生幸福的榜样，颜子是人格追求和精神完满的典范，船山提出"善用其天德"，希望通过推崇伊尹、颜子，切实做到知耻力行。

在这个意义上，船山以《太极图说》为中心进行多重探讨，并非单纯的诠

---

① 陈来：《诠释与重建：王船山的哲学精神》，生活·读书·新知三联书店 2010 年版，第 340 页。

释、续说，实际包含了两种形式的转换：《太极图说》中以"理"为中心转换为横渠以"气"为中心，此其一；其二是将明代"心学"话语回归到"理学"话语，使理学与时代更加融合无间，这种融合，也为研讨经义开辟了空间。从哲学本位的角度说，从程朱理学到阳明心学，儒学发展经历了一个逻辑的内在展开，"程朱是'正'，陆王是'反'，清代诸大师是'合'。陆王'扬弃'程朱，清代诸大师又来个'否定的否定'，而'扬弃'陆王。船山在这个'合'的潮流中，极力反对陆王以扶持道学的正统，但正统派的道学到船山手里，却另变一副新面貌，带上新时代的色彩了。"① 这个"新时代的色彩"，以周濂溪、张横渠为核心，从天道的高度寻求哲学本体，使儒学回归到伦理本位，以应对心学在精神层面的挑战，具有一种新儒学义理构架的意味，而《思问录》复兴主流传统的意义即在于此。

---

① 嵇文甫：《嵇文甫文集》(上)，河南人民出版社 1985 年版，第 542 页。

第三编　濂溪书院考证

道州濂溪书院历史显隐的内在逻辑

道州濂溪书院在书院发展史上具有典范意义，不仅是濂溪一脉的"宗主"所在，承载着传统教育与文化的理念，而且有着独特的湖湘地理标识，是推进理学发展的重要场域。延绵发展近千年，在传统文化史上颇为罕见。值得进一步追问，道州濂溪书院为什么会引起儒家学者的特别关注？谁是周敦颐思想学术的推动者？濂溪祠记、书院记的书写象征意义何在？

一、从思想政治视角考量濂溪祠与书院新建的因缘

南宋绍兴年间，周敦颐的思想地位开始受到关注。最早是深圳大学王立新教授[1]、湖南大学朱汉民教授[2]在论文中提出"濂溪先生，舂陵人也，有遗事乎？"以此建立了周敦颐与湖湘地域的关联，很有启发。如前所述，绍兴二十九年（1159），胡铨最早作《道州先生祠记》，记载胡安国向担任舂陵太守

---

① 王立新：《开创时期的湖湘学派》，长沙：岳麓书社，2003 年，第 250 页。
② 朱汉民：《周敦颐的历史记忆与文化诠释》，《求索》2012 年第 6 期，第 134 页。

的向子忞询问：道州濂溪祠，作为周敦颐思想地位发端的标识。正是源于湖湘学派的创始人胡安国的重视，引起湖湘学者对濂溪祠的特别关注。

尽管当时胡安国免官归居，只是提及"有遗事乎?"但意义甚大。知军州向子忞在三元阁上建祭祀濂溪的祠堂，以地方乡贤开启了濂溪祠的建设。从思想发展来看，"先生学极高明"，突出了周敦颐启发二程兄弟的功劳。另一方面，建构"诚"为核心的思想资源。二程门人祁宽在绍兴甲子（1144）所作《通书后跋》中提到"逮卜居九江，得旧本于其家，比前所见，无《太极图》。或云图乃手授二程，故程本附之卷末也"。① 绍兴年间，对周敦颐思想的理解主要集中在《通书》，"使民祭思敬合乎《中庸》之诚，使民养思孝合乎《大学》之诚"，将"诚"与《中庸》《大学》《乐记》等经典等同。因此，胡铨祠记话语中，对周敦颐的思想地位的认识包括《通书》的影响与"周程授受"两个方面，亦即是书与人的深刻交集。就这一角度而言，濂溪祠的建立，具有明显的地方乡贤、二程授受的传承背景。

濂溪祠很快地受到湖湘学人的密切关注，淳熙五年（1178）"赵侯汝谊以其地之狭也，下车之始，即议更度之。为堂四楹，并二程先生之像列于其中"。② 将濂溪与二程并祀，表现出对其思想地位的肯定。赵汝谊修缮后，邀请湖湘学派代表人物张栻作有记文，从对周敦颐笃宗与湖湘地域密切关联的立场出发，"舂陵之人言曰：濂溪吾乡之里名也，先生世家其间，及寓于他邦，而不忘其所自生，故亦以是名溪，而世或未之知耳。"③ 怀着对地域文化的理解，以周敦颐作为湖湘学术的象征，并将道统传承与其思想地位紧密联系在一起，强调周敦颐思想的特点：

---

① 祁宽：《通书后跋》，载于《元公周先生濂溪集》，长沙：岳麓书社，2006年，第72页。
②③ 张栻：《道州重建先生祠记》，载于《元公周先生濂溪集》，长沙：岳麓书社，2006年，第181页。

于是河南二程先生兄弟，从而得其说，推明究极之，广大精微，殆无余蕴。学者始知夫孔孟之所以教盖在此，而不在乎他。学可以至于圣，治不可以不本于学。而道德性命，初不外乎日用之实，而于致知力行具有条理。而诐邪淫遁之说，皆无以自隐，可谓盛矣。然则先生发端之功，顾不大哉！①

在张栻看来，周敦颐承接孔孟儒学统绪，"推明究极之"穷究宇宙本原，落实在"道德性命"之说，建构出性与天道合一学说，更为重要的是，其"发端之功"成为回应佛老"诐邪淫遁之说"的思想资源，解决了秦汉以来道统久已不传的问题。因此，如果说胡安国、向子忞建濂溪祠是为仿效庙学制度而设立祭祀乡贤的濂溪祠，那么，南宋道州重建濂溪祠并筵请张栻作记文，则更多的是其思想学说的深刻影响，形成一个推崇周敦颐学术地位的空间。

从文献资料的记载来看，在张栻、朱熹等道学家的倡导之下，以思想与学术为号召，强化周敦颐承担的"发端之功"，故而积极开展濂溪讲学、祭祀活动，使濂溪思想内涵发生了双重变化：其一，由祠祀文献推崇学术理念，"太极一图不为秘，书四十一章不为约，仲尼、颜子乐处一语，不为不富也"②，建构《太极图说》与《通书》互为其说的思想义理宗旨，应该说这是祠祀与学术的相互成就。其二，由地方乡贤到儒学正统，"孔孟之教，绝而复续，泳其涯浃，升其堂奥"③，在"上承孔孟，下启二程"的思想脉络中致力于义理之学的建构，经后世儒家学者不断构建与加持，促成了"道学"这种新式学术社群崛起，这也是各地濂溪书院反复新建的重要原因。

嘉定十二年（1219），董与几建濂溪书院于州治城西，书院蓬勃兴起，筵请魏了翁作有《道州建濂溪书院记》。由濂溪祠到书院，标明周敦颐思想地位

---

① 张栻：《道州重建先生祠记》，载于《元公周先生濂溪集》，岳麓书社 2006 年版，第 181 页。
②③ 章颖：《道州故居祠记》，载于《元公周先生濂溪集》，岳麓书社 2006 年版，第 182 页。

已不容忽视："先生奋自南服，超然独得，以上承孔孟氏垂绝之绪。河南二程子，神交心契，相与疏沦阐明，而圣道复著，曰诚，曰仁，曰太极，曰性命，曰阴阳，曰鬼神，曰义利。纲条彪列，分限晓然，学者始有所准的。"① 将书院的创办与师道传承的使命紧密联系在一起，通过"师"来表达思想知识的重心，使周程授受谱系与书院教育形成一种内在联系，承担着儒学传承的使命，从而构成了一个完整的"圣道"思想谱系。因此，从周敦颐思想地位看，魏了翁的推崇影响最大，三次上疏请谥，最终使得濂溪学走向"政治化"的道路。

淳祐元年（1241），宋理宗手诏周敦颐、朱熹等人从祀孔庙："朕惟孔子之道，自孟轲后不得其传。至我朝周敦颐、程颢、程颐、张载，真见力践，深探圣域。千载绝学，始有指归……朕每观五臣论著，启沃良多。今视学有日，宜令学官列之从祀，以副朕崇奖儒先之意。"② 因入祀孔庙的强大推动，作为地域学术的分支而进入官学的主流，已开始对社会产生一定的影响。在官方聚光灯的照射下，道州濂溪书院也走上迅速发展的道路。南宋景定四年（1263）二月，道州知州杨允恭请赐"道州濂溪书院"额，以彰周敦颐开创理学之功。据其所述，"御书六大字镌于石，石高丈有三尺，阔半之。圆首龟趺，中镌小字四曰'缉熙殿书'，盖以玺文曰'御书之宝'"。③ 濂溪书院以"御赐"的形式，表达庄严的主题，不仅具有独特的政治象征意义，"光风霁月，喜同多士以咏归"，又体现着书院内容与形式的统一，其中道州知州杨允恭在《谢表》中特别提出了书院的教育宗旨："国家之建书院，宸笔之表道州，岂徒为观美乎？岂使之专习文词为决科利禄计乎？盖欲成就人才，将以传斯道而济斯民也。士之由是路出入是门者，盖亦果确用工，希贤希圣，庶不负圣天子立道作人之

① 魏了翁：《道州建濂溪书院记》，载于《元公周先生濂溪集》，岳麓书社 2006 年版，第 185 页。
② 《加封汝南伯》，载于《元公周先生濂溪集》，岳麓书社 2006 年版，第 161 页。
③ 吴大镕：《道州濂溪书院》，载于《道国公濂溪周夫子志》（卷十），康熙二十四年刻本。

意。"① 在反思科举以文辞获取功名的种种流弊中，以讲明濂溪理学为主旨，确立起"以传斯道而济斯民"的教育理念。如何实现这一点呢？在当时儒家学者看来，道州濂溪书院具有独特的文化标记绝不是仅仅为了知识传播，而是以探求儒家之道的价值关怀为目的，标榜周敦颐以来"希贤希圣"为宗旨的教学目标，以期重新阐释儒学与书院的相互渗透关系：濂溪书院之所以能够引起儒家士人的普遍关注，在于书院继承以周敦颐"希圣希天"的为中心的思想体系。而周敦颐思想之所以成为儒学开山、道学宗主，也正是源于这种"希圣希天"思想追求与文化担当。

书院在"御赐"光环的影响之下，理学朝向世俗方向推进，向子廓等人在濂溪阙里刻有《拙赋》《爱莲说》以及周敦颐像等，并寺庙改为小学，"盖周氏所为奉浮屠者，于元公家不类，宜改院为小学"②，招后裔宗室子弟入学，鼓励本族子弟读书求仕，造福桑梓，形成了以阙里为中心的传播场域。另一方面，由道州濂溪祠到濂溪书院，由地方乡贤到儒学正统，以理学接引士子贯彻成圣成贤的教育理念，辐射到宋代书院的"新建"运动。张栻在《道州重建濂溪祠记》中突出了道州祠祀的引领意义："先生之祠，凡学皆当有之，岂惟舂陵？特在舂陵，尤所当先者。"③ 由道州书院的推动，形成了重要的文化现象——纪念濂溪过化或经行或仕宦，各地州县广立濂溪祠堂、书院。

二、濂溪书院传统与蒙元儒学政治

宋元嬗递，历经战乱，濂溪书院的历史记忆渐渐淡去。书院虽然还存在，

---

① 杨允恭：《宋理宗书濂溪书院额并表记碑》，载于《光绪湖南通志》（卷二百七十九），岳麓书社 2009 年版。
② 赵㭟夫：《濂溪小学记》，载于《光绪道州志》（卷七），光绪三年刻本。
③ 张栻：《道州重建先生祠记》，载于《元公周先生濂溪集》岳麓书社 2006 年版，第 181 页。

但是思想的影响已经渐渐变化，已退去国家正统笼罩下无远弗届的力量。

元代理学北传，赵复、郝经等在元大都修建"太极书院"，讲明濂洛之学，希望作为官方思想崛起的重要资源，但道州书院独特的政治文化渊源，在蒙元政府初期却并没有引起特别的注意。《庙学典礼》中有一则《还复濂溪书院神像》的记载，是关于湖南道肃政廉访司接到下属全永道州分司报告："道州濂溪书院收藏亡宋御史'道州濂溪书院'六字，及楼阁内有金篆牌匾刻写'宸奎阁'三字，又有收顿御书小阁子一个，并亡宋省札一道。"① 在南宋政权瓦解后，"收藏亡宋御书故宝文字，若不一体拘刷，诚恐滋长奸伪，愚民易惑，妄生事端"，请求"收管施行"。从这个观察中，濂溪书院并不始终是蒙元政权的官方意识形态，宋元更替中"愚民易惑""妄生事端"等论述，造成了对理学思想认同的疏离，在这个具体的历史陈述中，虽然最终还复了书院神像，"濂溪先生学续千载，道传二程，维持纲常，发明仁义，实大惠于学者，乃有功于圣门""亡宋御书、牌匾，即系前代事理，况腹里并江南僧道、寺观皆有异代牌匾、碑石，岂独濂溪书院?"② 但是地方政府对于"前代"却始终存在一种警惕意识。在这个维度上说，由学术而资政治，崇尚书院保护理学，希望把官方意识维持下去；但又考虑到"愚民易惑"，故上疏报告"乞明降事"，体现出"滋长奸伪"与"学续千秋"之间的复杂态度。

作为理学接续发展的重要动力，至正乙酉（1345）重修道州濂溪书院。"逮暨皇元，益崇其道，祀典之隆，光轶前代"，把焦点落在"光轶前代"，使道州濂溪书院重新焕发生机。欧阳玄书写《道州路里重修濂溪书院记》，思慕圣贤之学："玄幼年侍先君子职教是邦，读书濂塾之侧，追忆往时来游来歌之地。"欧阳玄早年受父亲欧阳龙生任道州路教授的影响，目睹"来游来歌之地"

①② 王颋点校：《庙学典礼》，浙江古籍出版社1992年版，第86页。

层累的文化资源，因此对道州书院有着特别的理解：教者以师道自持，学者以善人自期，将见真儒之效，施于朝廷四方，未有纪极。①欧阳玄《书院记》中有一个细节值得特别关注，那就是"九儒从祀，周子居其首"，证明修复书院具有重要的象征意义。因此，延续魏了翁书院记以来的内在理路，强调"希贤希圣"思想意味对儒家师道精神继承的影响，指出"师道立，则善人多；善人多，则朝廷正，天下治矣"，将复兴儒学与濂溪教育理念联系起来，"如是则书院之修，岂徒侈专祠示观美而已？"书院复兴不仅仅是徒饰美观，而在于儒家思想精神、价值理念的接续。

接续儒脉，书院办学中逐渐意识到后裔的力量，从族人中选取贤能之士为山长，"求得其八世孙善溥，荐之当道，请援颜孟例，世以其后人之贤者为书院山长，以奉专祠。"②《（道光）永州府志》中有记载："元时以奉祀贤裔橄为濂溪书院山长。宗文长子壎，字伯和，克嗣祖训，学易通贯。"③扶持濂溪后裔充任山长，不仅是延续书院办学的重大更新，更重要的是"以善人自期"的时代精神在发展中进一步凝炼。

祠学合一，作为圣贤的祭祀与成善成德的教育纳入到书院教育之中。"道州路濂溪书院是为子周子专祠，其址在郡城西偏，与郡学为邻。郡学有先圣庙，每岁春秋二仲上丁，郡侯率教授、山长各以其职事，命生徒祀先圣于郡学。次丁则合祀周子于书院之专祠，每月朔望欸谒皆然。"④与官学的庙学制度祭祀"先圣先师"相互会通，将祭祀先圣先师的传统落实到书院之中，于"春秋二仲上丁"在郡学祭祀，"次丁"于专祠祭祀，暗示了至正以后濂溪书院的一个新的取向。明弘治年间后裔周木刻《濂溪周元公全集》其中就包含《道州

①②④ 欧阳玄：《道州路里重修濂溪书院记》，载于《圭斋文集》（卷五），上海涵芬楼藏明成化刊黑口本。
③《道国世家》，吕恩湛修，宗绩辰纂：《道光永州府志》（卷十五），清道光八年刻本。

书院春秋二仲丁致元公祝文》的祭文，为祠学合一提供了有力佐证："阐图著书，倡明道学。上接洙泗，下派伊洛。圣贤之功，久矣先觉。道郡有祠，国公赐爵。"[①] 从这方面来看，利用周敦颐"阐图著书，倡明道学"进入到思想史上的重大贡献，使得祭祀濂溪成为历代沿袭不断的政治制度，在奉祀祭拜之间"学"与"祀"并举，强化濂溪在理学道统传承接续过程中的重要地位。更为重要的是，有意识地将祭祀对象由濂溪向上追溯至孔子、孟子，不仅融合了对朱子以来孔孟道统的接续，而且将儒家理念制度化为书院的祭祀活动，又承续着理学的学术使命。

儒学发展下的祠学合一凝聚成为书院创新的推动力，为追思周敦颐的学业精神，书院还修建大量与濂溪名号相关的建筑："祠之后旧为诚源堂，堂之后为故守高峰杨公之祠。左有爱莲亭及清远楼，后有光风霁月之堂。至是斥故易新，丹腹辉映。"[②] 承接杨允恭兴学余绪，建有"杨公祠"，还新建"爱莲亭""清远楼""光风霁月堂"等，这些特定意涵的象征建筑，作为萃聚濂溪理学的符号，推动书院思潮的不断更新。与北方"太极书院"遥相呼应，构成了明清濂溪书院中兴的时代文化背景。

三、政治立场与学术博弈：地域关照中的多元进路

道州濂溪书院因位于濂溪故里而具有了一定的神圣性，使其并非仅仅是一所书院，反而是在随着程朱理学的衰落，书院更多显示出一种超越性的存在。正德年间知州方琼、知府曹来旬相继重新修理书院，嘉靖壬寅通判金椿重建，构成了濂溪理学薪火相传的链接。

---

① 《道州书院春秋二仲丁致元公祝文》，周木：《濂溪周元公全集》，卷十，弘治年间刻本。
② 欧阳玄：《道州路重修濂溪书院记》，载于《圭斋文集》（卷五），上海涵芬楼藏明成化刊黑口本。

书院反复重修的一个重要原因是儒士文人将道州书院的更新作为"道"的承担，形成强化文化主体意识、重振道脉的思想使命。在这一使命之下，濂溪阙里积累的文献资源越来越多，包括新修濂溪三亭、书写刻石"圣脉""寻源"等一系列等。在这一背景下，文人官员又从旧有文献资源中接续传统，促使濂溪文集的编订成为热潮。作为奉祠周敦颐的资料，当时书院刻有多种濂溪文集：其一，嘉靖庚子年（1540）永州同知鲁承恩编纂《濂溪志》，卷端题署"濂溪书院刊行"。除辑录濂溪著作外，鲁承恩"考先生始生之迹于阙里"，又收录濂溪阙里遗迹、追封祠记、文人吟咏等，以期"于先生之道有所发明，则于斯世斯文未必无小补"。既成，由后裔五经博士周绣麟"闻而力请授诸梓"。颇为遗憾，"嘉靖间，宗子翰林博士周绣麟于棂星门内建楼阁，藏《濂溪志》书版，后皆毁于火。"①（《（光绪）道州志》）但是这则记载说明，濂溪书院不仅有亭台楼阁，而且还建有藏书阁，为藏书之所。其二，明嘉靖二十二年（1543）道州知州王会本，"因题曰《濂溪集》，刻置书院，以备是邦文献之阙。"对濂溪阙里风物多有记载，将"贤士大夫先后表彰著在记述者亦附录之，使后之人有考，并图其山川书院于卷首"，尤其是图绘阙里、月岩、书院，并附有图说，一图一文，呈现濂溪文献的独特性。从形式上讲，鲁承恩《濂溪志》与王会《濂溪集》，二书各有不同，一则专于广泛搜集，一则图绘阙里，但均刻于道州濂溪书院，延续宗裔五经博士周冕《濂溪遗芳集》以来的地方性传统，"然我舂陵之所谓濂溪，所谓月岩与营道者，人未之见"②，用以记录濂溪阙里的真实图景。尽管"人未之见"阙里，但他们通过搜集史志文献，图绘风物，重新在"文献纪咏-文集编纂-文化记忆"的交流循环圈中建构濂溪书院

---

① 《祠记》，李镜蓉等修，洪廷揆纂：《光绪道州志》（卷七），光绪四年刻本。
② 方琼：《濂溪遗芳集序》，载于鲁承恩《濂溪志》（卷十），嘉靖十九年刻本。

的历史，开启了濂溪书院独特的辑纂方式。换言之，濂溪书院刻书、藏书的推进，标志着已经具备刻书出版与祭祀先贤、教授生徒"三位一体"的功能。

嘉靖、万历年间掀起了濂溪书院重修、题咏的高潮，各种学说在这里交汇。胡直与吕藿、罗斗、崔惟植等重修永明濂溪书院、纪咏题石、刊刻《濂溪集》，蔚为一时之盛。胡直在《重修濂溪书院三君颂》中称赞："非笃意风教，有味乎元公学术者，其焉能成哉！"强调濂溪开启二程学术、"笃意风教"的重要贡献，正是文人士大夫崇仰濂溪学情怀的典型表现。此外，刘魁在月岩刻石《谒濂溪先生祠二首》，"孔孟以来惟此老，程朱之上更何人。""圣可学乎真有要，果而确也信无难。"对周敦颐思想地位给予高度评价，认为其是孔孟以后接续儒学之道的第一人。与宋元学者明显不同，这些文人群体偏重对濂溪遗迹的开发，经由月岩自然山川传递思想精神，例如正德九年徐爱作有月岩三诗，作为自己置身濂溪阙里现场的见证："不尽幽奇目，濂溪看独明。"(《濂溪》)在《太极图说》的映衬下，导向以月岩"一洞三景"豁然大悟"太极之理"，心学一脉的治学路径跃然石壁，极大地丰富了濂溪学的内涵。确实，在嘉靖万历年间的话语体系中，徐爱、刘魁、胡直、颜鲸等人是濂溪阙里最为引人注目的人物，不过，他们又是与阳明心学相关联的，徐爱为王阳明高弟，刘魁作有祭文祭祀阳明："夫子已矣，后学失所宗矣。生民失所望矣，吾道一脉之传，将复付之谁矣？"他们途经濂溪阙里，以一种变通的方式书写对周敦颐的敬仰，虽然没有使用"心即理"这些概念，但"悟道"这些别开生面的话题，突出对月岩与《太极图说》的理解，使月岩由自然山川转化为儒学标记。因此，王会在《月岩书堂图记》中说道"(月岩)好事者奇之，以为太极呈象"，激发了与心学融通的《太极图说》，他们将月岩改名为太极岩，修建"濂溪书堂"传播思想，以此纪念周敦颐在月岩"悟道"，造就了月岩的地理识别及其心学教化的象征意义。

　　实际上，早在正德年间王守仁修复江西濂溪书院，就把学术传播的目标锁定在濂溪祠与濂溪书院上。"在赣州亲笔写周子《太极图》及《通书》'圣可学乎'一段。"作《咏濂溪图学》"一窍谁将混沌开，千年样子道州来。须知太极元无极，始信心非明镜台"①等诗文，重视周敦颐在文化传承方面的独特贡献，将学术根底确立在对"无极""主静"的理解上，以此传递思想信息。正是王阳明对周敦颐的推崇与追寻，以致弟子后学纷纷从学，从心学的维度开发月岩的文化意义，构筑为濂溪文集等题写的主题，诸如胡直在《刻濂溪先生集序》中标榜"今先生遗书具在，其旨尤彰彰较著，亦未闻外心而专求物理也。异时学者惟惑影响之间，眇忽道心之旨，谓理不生心而出于物，乃至鳃鳃睍睍，博求诸物，以有涯随无涯"。②指出当时学者"专求物理"，以致"眇忽道心之旨"，由此将《太极图说》《通书》的语义滑转至心学。在理学式微而心学勃兴这样一个时空交叉点上，徐爱、刘魁、胡直、颜鲸等人在濂溪阙里问学求道，形成互相浸染影响的文人朋友圈——他们是阳明心学的代表，在思想传播中按照心学逻辑弘扬儒学之道，并注重向社会各阶层讲学普及，另一方面，他们又尊崇以周敦颐为开端的思想，参与重修书院、重刻文集、刻石题文的过程，从某种程度说心学与濂溪书院在彼此推进中传递着精神传统的再次建构。

　　《太极图说》与月岩特殊的自然地理环境密切相连，引起了儒家士人的高度关注。万历十五年（1587）东林学派创始人顾宪成"问讯濂溪周先生故事"，察看阳明后学留下的文字遗迹后，有针对性地提出："今夫先生之称主静，何也？主者，譬如家之有长，国之有公侯，天下之有君王。不得一日而无，非

---

① 王守仁：《阳明全集》（卷二十），明谢氏刻本。
② 胡直：《刻濂溪先生集序》，衡庐精舍藏稿，明万历刻本。

若羁旅之倏来倏去也。"① 面对心学流弊造成的种种社会危机,《游月岩记》就是最好的证明,顾宪成从现实政治立场致力于《太极图说》中"主静"的理解,"主者,譬如家之有长,国之有公侯,天下之有君王",作出了新的发挥,将"主"阐释为社会责任,与周敦颐自注"无欲故静"指向中正仁义的修身方法构成鲜明的对照。这种主张,明显承载着明末儒学经世的价值理想,亦鲜明地体现出东林书院"家事国事天下事,事事关心"的立场。在某种意义上说,为了纠正阳明心学末流的空疏之弊,顾宪成《游月岩记》将现实的经邦济世与濂溪理学紧密联系在一起,可以看作是对现实问题的一个自觉回应。

在顾宪成重新思考"主静"之后的五年,万历二十年(1592)御史大夫李桢复圮书院旧观,重新搜寻濂溪故里风物,"御史大夫北地李公来镇三楚,向意风教,檄搜濂溪先生故里,命所司重饰之。会先生书院灾,用守者议举而新之。已复捐金以佐祭田费,请所为尊礼之典悉称此。"② 在思想渊源上,心学通脱任诞的学风在地方官员看来就是一个不堪回首的负面形象:"然如近世有号大儒者,论所树立,岂不卓然名世。顾持论稍偏,而学者遂宗信之,不知歧路之分,若苍与素,当有由辨之者,此何为者也?"③ 尽管并未明确"歧路之分"的具体指向,但"有号大儒者""卓然名世"等关键语句,以此消弭阳明心学的声音,表明濂溪书院期望重新回到儒家的天道性命之学。换句话说,虽然在官方意识形态中阳明心学常被认为是偏离正统的,但换个角度看,明末文人儒士重申理学正脉、扭转时风意向也存在诸多的不足。

可见,由地方官员的推崇到阳明后学反复拜谒,再到"歧路之分",濂溪

---

① 顾宪成:《月岩游记》,刘道著修,钱邦芑纂:《康熙永州府志》(卷二十),康熙九年刻本。
②③ 吴中传:《重修濂溪书院碑记》,刘道著修,钱邦芑纂:《康熙永州府志》(卷十三),康熙九年刻本。

书院呈现出儒学的"三重分殊",具有鲜明的时代特点。这说明,道州濂溪书院作为理学文明的承载,在发展传承中并不是一成不变的。

四、"学达性天"影响下道州濂溪书院的象征意义

经历简单到复杂的演变过程,清代濂溪书院再次确立为官方正统,褒崇表彰,吴大镕在《濂溪书院》中提道:"书院之丽于褒崇何也?赐额宸翰,丝纶皇皇,先后作记,诸君子莫非表章道学,景仰先生者,是亦崇奉之类也。"① 虽然时代学风变了,但对周敦颐思想地位的确认与书院的推崇,仍然是国家治理的主题。

杨念群教授在《何处是"江南"》的研究中指出"清朝建立自身正统的过程当然不是简单的'汉化'与否的问题所能概括"②,在清初复杂的政治文化背景中,对道州濂溪书院作为理学正统,可谓是既充满敬畏,又积极主动地参与建构。康熙二十五年(1686)湖广湖南等处承宣布政使司布政使臣张仲举上疏《请褒先贤条奏》:"应将周敦颐祠堂恭请皇上赐额御书,以褒美先贤,鼓励后来。其余有宋诸儒从祀两庑者,惟程颢、程颐、张载、邵雍、朱熹五子,与周敦颐并称先贤,若周子祀既蒙赐额,则五子祀亦应并给。"③ 在这一过程中,周敦颐对理学的开创之功再次得到官方的肯定。但是与宋元明时期相比,书院最大的变化就是儒家士大夫重修重建的情怀开始消退,书院教育具有了地域性、普及性的特色。

① 吴大镕:《濂溪书院》,载于《道国公濂溪周夫子志》(卷九),康熙二十四年刻本。
② 杨念群:《何处是"江南"?——清朝正统观的确立与士林精神世界的变异(增订版)》,北京:三联书店,2017年,第8页。
③ 《请褒先贤条奏》,载于吴道行、赵宁等修纂:《岳麓书院志》,长沙:岳麓书社,2012年,第192页。

围绕官方意识形态的主题，康熙二十六年（1687）道州濂溪书院再次获得"御赐"，彰显明显的政治资源优势："圣祖仁皇帝康熙二十六年特赐濂溪故里御额，亲书'学达性天'四字，盖以玺文'御笔之宝'"[①]，旌表理学传承与人才培养，送至道州濂溪祠、洛阳二程祠、岳麓书院等六地，表彰传播理学之功，实为清代学术思想史上的一大盛举。从表面上看，"学达性天"，是儒学提倡追求的最高境界，以实现人性和天理的整合，朱熹在《隆兴府学先生祠记》中有过类似的评价："盖尝窃谓先生之言，其高极乎无极太极之妙，而其实不离乎日用之间。其幽探乎阴阳五行造化之赜，而其实不离乎仁义礼智、刚柔善恶之际；其体用一源，显微之无间，秦汉以下，诚未有臻斯理者。"[②] 指出周敦颐在儒学发展中的最大贡献正是构建起天道性命之学，他将"无极太极之妙"与"日用之间""阴阳五行"与"仁义礼智"结合起来，沟通了天道性命与日用常行，建构出一种化生万物与身心性命合一的学说。但实质上，康熙帝御书"学达性天"是有现实原因的，尽管康熙帝赐给匾额的书院有六所，但其实这并非单纯的学术或典礼问题，而是轻重有别，正如乾隆六年学宫从祀中特别提到"先贤周敦颐之位，在先贤万章之后，先贤程颢之前"，牵涉了多方的现实政治问题——突出周敦颐接续孔孟道统中的特殊标识意义。因此，这种标识意义贯穿着一个重要思想，即以濂溪之学为开山，引领着洛学、闽学的发展，因此"地域"性成为儒学发展中的主题。在这一主题影响下，"旌表理学传承与人才培养"，使得道州濂溪书院呈现出独特的精神价值：其一，在尊崇理学语境下，以周敦颐为首开启宋明理学学脉，书院成为官方学术象征的崇高威严。其二，濂溪义理思想解决社会理想及安身立命的问题，凝聚成国家治理的引领

---

① 《圣祖仁宗皇帝特赐学达性天扁额》，邓显鹤：《周子全书》（卷九），道光二十七年刻本。
② 朱熹：《隆兴府学濂溪先生祠记》，载于《朱子全书（第24册）》，上海：上海古籍出版社，2002年，第3748页。

力量，背后有着隐喻儒学正统的历史要求。

在"学达性天"赐额嘉奖中书院声誉日隆，宗裔五经博士周嘉耀作有《谢表》，将经典权威转化为现实的依据："窃惟臣祖敦颐，谬叨理学，诚通诚复，当日只自性命之理，无极太极，后世为有功世教之传。今荷皇上心存重道，志切崇文，命天使而扬麻草野，仰金蝉之显赫，颁御书以广化遐方，颂玉简之辉煌。"① 濂洛之学如日中天，确立为官方意识形态中的核心主题。"世教之传""广化遐方"，不仅记录了濂溪书院在清代作为官方学术的情况，也实现了由"学达性天"驱动的阙里风物生长。"今荷皇上心存重道，志切崇文"，朝廷强化延续道统、复兴儒学传统，形成与"学达性天"契合的政治景观，诸如修建拜亭、碑亭等。正是在这种受到普遍尊崇的理学，由周敦颐开启先导，道州濂溪祠、书院凝聚为突出的思想文化符号，在很长一段时间里，不仅是儒学政治的象征，同时也是国家礼仪的标志，诸如《希贤录》中有记载："高宗纯皇帝乾隆六年晋升先贤位次，钦奉圣旨殊恩，与颜曾思孟程朱诸贤照例画一，而祭品用帛三、爵三、羊一、豕一、登一、铏二、簠簋各一、笾豆各六，视孔子而杀，比从祀而隆，礼器如四配，而牢豕币帛自古数特殊焉。"② 祭祀礼器与颜子等"四配"相同，继承祭祀孔颜的基础之上"晋升先贤位次"，更加关注理学的主体性与根本性，从祭祀祭品中折射理学文化的政治象征意义。

儒家士人自觉将濂溪书院屡废重修与追溯学源、崇儒重教的使命密切联系起来，继续扩散着书院的影响，从《（光绪）道州志》记载来看，"康熙三十年，永州司马史在广修御碑亭。乾隆六十年（1795），知州李永埰修之。嘉庆二年（1797），知州龙舜耕修谏议祠。"③ 光绪二十八年（1902）改为校士馆，

---

① 《宗子周嘉耀谢表》，载于邓显鹤：《周子全书》（卷九），道光二十七年刻本。
② 《历代尊崇典礼》，载于彭玉麟：《希贤录》（卷上），光绪九年刻本。
③ 李镜蓉、许清源：《祠记》，载于《光绪道州志》，光绪三年刻本。

对于地域儒学来说，濂溪书院不仅仅是官方意识形态，也是振兴乡邦的另一种形式。与此同时，湖南的儒家士人也在传递北宋以来的理学基因，建构濂溪的思想影响。道光二十七年（1847），邓显鹤在邵州濂溪精舍刻《周子全书》，"因思周子大儒，诞生吾楚，而其遗书、文集，苦乏精刻"①，以"道州濂溪志原本"为底本重修编定。光绪九年，彭玉麟、罗泽南等湘军中兴将相汇编《希贤录》，并在九江修复濂溪墓室，以"先生千载下，奋其湖南""吾楚道州人也"，标榜湖湘理学精神传统，制造周敦颐于湖南这样一个不可移易的历史现场。

括而言之，在理学作为思想主脉的发展中，总有一些知识群体希望推动道州濂溪书院的发展，而其精神动力恰恰是濂溪理学的基本精神，其中包括无极太极、主静无欲、希圣希天，由此形成了书院与学术思想的内在关联——作为"道学之源"的道州濂溪书院代表着儒学的主流精神，层累传统思想学术、文化形态的转型，是彰显理学思想渊源的价值符号，也是中华文化生生不息的精神命脉。

---

① 邓显鹤：《周子全书编后记》（卷七），道光二十七年刻本。

掌御书臣李挺祖刻"道州濂溪书院"

道州濂溪书院"掌御书臣"李挺祖，号瓠轩，道州属邑江华人，其生平不见于正史，而历来研究《九嶷山赋》的学者，都几乎没有涉及其生平，或许是因为其仅为书写之故，李挺祖的行迹，只能从金石著录中得以考证。瞿中溶《金石文录》谓其"书取法汉隶，结构有体，在宋人中已不可多得"，李挺祖以书法专长，又以金石之学见称，因常为文士题写牌榜碑石，善于临摹，在湖湘享有盛名。

一、"道州濂溪书院"的书刻渊源

淳祐元年（1241），理学诸子得到朝廷的肯定，理宗手诏周敦颐、程颢、程颐等从祀孔庙，濂溪理学作为一种思想学术形态，在南宋社会产生了一定影响。受此影响，濂溪书院也得到发展。道州濂溪书院为胡安国于绍兴壬子（1132）"自给事中免归"道州时，对舂陵太守向子忞所提出，淳熙五年（1178），"以其地之狭也"，知州赵汝谊等"更度"重建，张栻等人为之作记，数百年一脉相延。景定四年二月，知州杨允恭"请于朝上御书'道州濂溪书院'六大字，锡以玺书，驰锡之"。杨允恭上谢表，予之报答。其实，御书书院额，它早有渊源："念书塾之兴，凡历几载；何御扁之赐，独一九江？顾惟父母之邦，未沐帝王之宠，阙然巨典，郁者舆情。"① 淳祐十二年（1252），御赐九江"濂溪书院"四大字："照得儒臣周颐，高远清旷，悠然自得……江州濂溪书堂，盖其晚年卜筑之地。若上之人表显而宠光之，所以风士习，美道化，岂不盛哉！"② 突出周敦颐对儒道之传的贡献，故报以隆重之礼。在杨允恭看来，道州作为濂溪"父母之邦"，理应得到同等褒崇。

根据陆增祥《八琼室金石补正》的记载："景定御书'道州濂溪书院'额碑，在道州濂溪书院前。碑亭中篆额'皇帝御书'四字，作二行，下刻'道州濂溪书院'六大字，字径尺余，正书，作二行，中书'缉熙殿书'四字，亦正书，字径寸许，字上钤一印文曰'御书之宝'，其上又有'壬戌'二字，两图章方寸余，六大字之后小正书一行云'濂溪书院掌御书臣李挺祖恭摹并篆额'。其下一截刻知州杨允恭《谢表》，十四行。"③ 这一编排方式，显然寓有篆刻者的用心，将御书"道州濂溪书院"与《谢表》上下同刻，以"崇儒"和"重道"两方面特征贯穿其中：一方面彰显皇帝御书书院额的尊敬，通过《谢表》纪功颂德，公开表彰皇帝对濂溪理学的重视，宣扬声威，肯定了获得从祀的周敦颐是儒学道统的正宗真儒，更在于向天下昭示朝廷所认可、鼓励的学术方向。正因为这样，杨允恭除了不遗余力地疏请御赐书院额外，还延请专职从事文件书写类职务的李挺祖书迹刻石，以表示恭敬虔诚。有意思的是，杨允恭为什么命李挺祖为"掌御书臣"呢？对于李挺祖的"掌御书臣"职位，碑额上

---

① 宗绩辰：《（道光）永州府志》（卷十八下），道光八年刊本。
② 《元公周先生濂溪集》，岳麓书社 2006 年版，第 162 页。
③ 陆增祥：《八琼室金石补正》（卷一百二十），吴兴刘氏希古楼刊本。

只题有这一个官职，却未涉及具体官职之事，亦不见于各种传世文献，这是什么原因？据岳麓书院邓洪波先生考证："掌御书一职不见于其他书院，知名者仅李挺祖一人。《金石文编》作者认为，其任未必出自朝廷，怀疑为知州所辟。所言甚是，属于特例，命自知州杨允恭。"① 杨允恭呈请御书"道州濂溪书院"额，"旌道学之源"，较多着眼于彰显道学，利用皇权的影响力，通过礼仪性的刻石，彰显濂溪故里有官方权威的属性。

另一方面，杨允恭又以传道为己任，"扶持先儒之裔"，成为濂溪学术发展的重要背景与动力。"念旧塾规制狭陋非称，乃拓地鸠工，凡祠宇、讲堂、斋舍，咸新之。既成，则集郡士相与勉之，曰：国家之建书院，宸笔之表道州，岂徒为观美乎？岂使之专习文词为决科利禄计乎？盖欲成就人才，将以传斯道而济斯民也。士之由是路出入是门者，盖亦果确用工，希贤希圣，庶不负圣天子立道作人之意。"② 并于同年，建立濂溪小学，接续濂溪学统。更深层的原因在于，御书濂溪书院，构成了一个兴儒重教的形象，具有整合各种文化资源的作用。从御书时间看，当时九江也书有濂溪书院，这说明宋理宗并不是一时心血来潮，而是致力于弘扬濂溪理学的行为，其选择御书之地既有濂溪故里，也有归葬之地，故显然有其传播理学的政治目的。从内容上看，御书的深意，只有在崇儒重教的背景下才能充分体现，于是，杨允恭以扶持濂溪后裔为标的，重修书院，新建小学，亦成为启迪后学的引导。事实上，杨允恭的德行和对濂溪学传播的贡献，足以令人称颂，濂溪小学落成之时，后人即建有杨公祠像供后学拜祭："高峰之惓惓周氏者，不忘元公也。为元公之后者，其能忘高峰乎！于是合周之族，议立祠肖像于小学，昕夕敬仰，以无忘高峰之德。"③ 高峰

---

① 邓洪波：《湖南书院史稿》，湖南教育出版社 2013 年版，第 124 页。
② 杨允恭：《宸翰阁恭记》，载于周诰：《濂溪志》（卷四），道光己亥刊本。
③ 滕巽真：《濂溪小学杨公祠记》，载于吴大镕：《道国元公濂溪周夫子志》（卷十四），康熙二十四年刊本。

即杨允恭的别号，从这个意义上说，濂溪后裔无疑寄寓了对杨允恭重建书院以及弘扬濂溪学术的敬重。

二、李挺祖与月岩纪咏

月岩，位于濂溪故里，据《（道光）永州府志》记载："濂溪以西十五里，营山之南，有山奇耸，中为月岩，旧名穿岩。其距州约四十里焉，岩形如圆廪，中可容数万斛。东西两门相通，望之若城阙。中虚共顶，侧行旁睨，如月上下弦。就中仰视，月形始满，以此得名。岩前奇石如走猊伏犀，形状不一。相传周子幼时，尝游息岩中，悟太极，故又称太极岩。有书堂在岩内，石壁环之。"① 自宋时起，历代文人墨客推尊周敦颐，先后在月岩题咏刻石，月岩独特的自然景观，加上厚重的人文景观，成了探究濂溪理学的佳境。

近于月岩发现南宋刘锡作、李挺祖书摩崖石刻一则，弥足珍贵，时《八琼室金石补正》载："右刻在洞内，宗氏亦未搜得。辛未冬，翟斗南大令，始为予搜拓之。"② 当时宗绩辰编《永州府志》时，却未搜罗到，至同治辛未（1871），陆增祥始搜拓之。现根据石刻，兹录如下：

> 不比弋阳名浪传，叠空三日透山巅。岩分前后两弦缺，天到中央一月圆。屋拟蟾宫新学士，台存石磴旧游仙。玲珑望处人间近，影照奇峰千朵连。景定三年（1262）九月永嘉刘锡作，明年江华李挺祖书。

这则题跋主要描述月岩"一岩三洞"的奇丽景观："岩分前后两弦缺，天

---

① 宗绩辰：《（道光）永州府志》（卷二下），道光八年刊本。
② 陆增祥：《八琼室金石补正》（卷一百一十五），吴兴刘氏希古楼刊本。

到中央一月圆",而"玲珑望处人间近,影照奇峰千朵连",则显示出大自然的奇特之处。刘锡,字自昭,永嘉人,淳祐七年(1247)进士,景定元年,"命国子监主簿刘锡催促到朝廷"(《宋史》卷四五《理宗本纪》)。因文献不可征,其在永州的行迹难以考订,而月岩题名也不为世人所知。目前仅见《(道光)永州府志》的二则记载:(1)《澹山岩题名》:"景定五年冬十有一月乙酉,永嘉刘锡自道之瑞来游,子思侍,濂溪友刘元禧因赴南宫,偕行。"(2)《浯溪诗》:"景定五年冬十有一月壬辰,永嘉刘锡自濂溪来,偶题,子愚思侍,时大雨雪,偕行吴宗玉、刘元禧。兴废由来只靠天,三郎往事亦堪怜。湘江直下浯溪上,翕霍于今五百年。"① 这两则题名均作于"景定五年十一月",从"自濂溪来"可以看出,刘锡是自濂溪故里去往某地,然则,刘锡为何来濂溪故里?月岩题刻景定三年已作为什么至景定四年才刻石呢?碑文似乎没有明确说明。但据《濂溪志》《永州府志》等记载,道州发生了一件理学史上的大事:"壬戌(1262)冬,御缉熙殿,亲观洒'道州濂溪书院'六大字,以旌道学之源,奎画涣颁,溪山改观,盖百年所望而不可得者。"② 从"奎画涣颁""溪山改观"等词可见,濂溪书院在当时是社会的聚焦点,而月岩诗文中"屋拟蟾宫新学士,台存石磴旧游仙"亦即是指重修了濂溪书院,为此,刘锡极有可能是因重修书院、御刻书院额而来。

李挺祖作为"掌御书臣",有皇帝的荣耀,借御书书院额,使后学服膺于濂溪学术,印证了周敦颐在南宋为官方所重的史实,为濂溪理学的发展树立了一种新的典范,也有助于重建故里,推动了濂溪遗迹的修复。咸淳二年(1266),李挺祖仍以"濂溪书院掌御书"身份为知州"濂溪故居大富桥记"篆额,后赵栉夫作《濂溪大富桥记》:"未致故居二百余步,有水萦纡,隐隐如青

---

① ② 宗绩辰:《(道光)永州府志》(卷十八下),道光八年刊本。

罗带者，濂溪也。溪之上有小石梁，横跨乎青罗带者，大富桥也。旧传元公年十三时钓游之所。"①

另须指出，李挺祖追随元结踪迹，在道州还书有"五如石"题名："瓠轩李挺祖，景定癸亥（1263）秋中，乘月游五如石，伐舟于此。"宗绩辰《留云庵金石审》考证："有刻行楷书，二行。参五如石久矣，所得止此数字，良为抚然。"②按照杨允恭《谢表》的时间可知，至景定四年二月始，李挺祖即在道州"书迹刻石"，此次题刻为楷书，仅题"瓠轩李挺祖"，且并未提及何人与之同行，也许是出于对"掌御书臣"这一称谓的敬重，或出于某种心理顾忌，在"五如石"题名中，并未贸然使用"掌御书臣"的名号，从中可窥见其恬淡仕宦、行事谨慎的性格特点，而"月岩诗刻"的书写，亦可从中得到印证。

三、回向尧舜：南宋文人的书刻雅趣

相比于"道州濂溪书院"御书书刻，以重刻蔡邕《九嶷山铭》为代表的汉隶书写，更能体现李挺祖在书刻史上的地位。淳祐六年（1246），李挺祖奉知州李袭之命，书《九嶷山铭》于玉琯岩，并将题跋一并刻于正文之后：

岩岩九嶷，峻极于天。触石肤合，兴播建云。时风嘉雨，浸润下民。芒芒南土，实赖厥勋。逮于虞舜，圣德光明。克谐顽傲，以孝蒸蒸。师锡帝世，尧而授征。受终文祖，璇玑是承。太阶以平，人以有终。遂葬九嶷，解体而升。登此崔嵬，托灵神仙。

___

① 赵楷夫：《濂溪大富桥记》，载于吴大镕：《道国元公濂溪周夫子志》（卷十四），康熙二十四年刊本。
② 宗绩辰：《（道光）永州府志》（卷十八下），道光八年刊本。

九嶷名昉，离骚祠庙古矣，乃无汉以来碑刻。阅欧阳询《艺文类聚》有蔡邕碑铭，然仅载铭词，而碑文不著，惜也！它所遗逸多矣。袭之即考新宫，遂属郡人李挺祖书于玉琯岩，以补千载之阙云。淳祐六年秋八月，潼川郡守李袭之题。

此铭既歌颂舜帝之德，亦赞扬九嶷之功，文辞典雅，为历代文人所推崇，也是中国书法史上的重要碑刻之一，历来为书法者所珍视。就书法来看，李挺祖以汉隶书写，每个字体结构饱满，点画俯仰，体法多变，例如"芒""土""而"等字体偏横扁，"碑""于"等字体偏纵长，"人"字捺笔向右伸展，但整体上纵横整齐，体现出汉碑结构严谨的风格。

此外，据《湖南金石志》载，在九嶷山的书写还有四条，按其时间先后，迻录如下：

（1）"无为洞"淳祐乙巳（1245）李挺祖书。《游嶷载笔》：右正书三大字，横榜款，行书，在"洞"字之下刻于"无为"，洞外左壁字浑朴，与他处书不同。

（2）飞龙岩，淳祐丙午（1246）李挺祖书。《九嶷山志》：石楼岩山有"仙楼岩"字刻，淳祐丙午，郡守李袭之、江华李挺祖题名于上。后县令何其贤改名飞龙岩，因其山势耸峻，有盘龙飞舞之象，遂刻铭于崖。

（3）仙楼岩。大正书，每字长三尺，广二尺。《九嶷山志》：石楼岩上有"仙楼岩"，刻诸石。淳祐丙午，郡守李袭之、丞张从龙、江华李挺祖题名其上。

（4）玉琯岩。淳祐丙午李挺祖书。《金石审》：右直榜，在岩口，八分书[①]。

---

① 瞿中溶：《湖南金石志》，载于郭嵩焘：《石刻史料新编（第2辑）》，台湾新文丰出版公司1969年版，第8066页。

在宋代文人崇慕自然山水趋势日盛的情况下，李挺祖擅长题写碑志铭文，自然成了众多文士追随的对象。《湖南金石志》《八琼室金石补正》等文献记载，李挺祖书写还有"象岩"二字及宋乐雷发《象岩铭》。《湖南金石志》载："象岩：篆书，长径六寸，雪矶乐雷发名，江华李挺祖篆，二行分书。《金石补正》：无年月，盖与铭刻同时。"①因石刻磨泐，《象岩铭》署名部分模糊不可辨识，据《金石补正》考证："右《象岩铭》，分书十一行，前人无椎拓者。雷发上缺一字，据后刻及《九嶷山志》，知为乐姓。下见江华□□祖字，盖亦李挺祖所书也。"②乐雷发，人称"雪矶先生"，其诗风骨遒劲，被誉为楚南第一人。李挺祖不仅应乐雷发之邀书写《象岩铭》，更题刻了"象岩"二字，这既能发挥其善于书写的特长，又适应了宋代文人喜欢游山玩水、题咏作跋的意趣，进一步强化了象岩的人文效应。伴随着后世文人等的题跋、作记，象岩成为了与玉琯岩、紫霞岩等齐名的人文景点，而刻石题跋亦作为一种风雅，亦随之而盛行于文坛，已经渗透于日常生活之中。此外，李挺祖在宁远逍遥岩书有"逍遥洞"三字，"顷□碑人□□，拓乾隆间人书岩榜三字，询旧榜，茫然不知，恐已剥蚀矣"③。"逍遥"作为道家的文体特征，亦为南宋文士所接受，反映李挺祖生活中玄儒兼阐，注重"自然之乐"的一面。

值得关注的是，近于永州江华瑶族自治县寒亭暖谷发现李挺祖摩崖石刻一则，虽为记事碑，字数不多，但此题跋从未被人提及，亦不见于传世文献，应当补辑：

　　　山阴赵希鹄同邑人李挺祖，嘉熙戊戌（1238）中秋夕，抱琴来游。

① 瞿中溶：《湖南金石志》，载于郭嵩焘：《石刻史料新编（第2辑）》，台湾新文丰出版公司1969年版，第8065页。
② 蒋镇：《九嶷山志》，载于《九嶷山志二种》，岳麓书社2008年版，第8065页。
③ 宗绩辰：《（道光）永州府志》（卷十八下），道光八年刊本。

赵希鹄，袁州宜春人，喜书画，善鉴赏，著有《洞天清禄集》。从"抱琴来游"可以发现，赵希鹄与李挺祖似乎有着共同的兴趣爱好，喜欢游山玩水，沉迷自然之乐。而从碑文的书法风格来看，该书迹为李挺祖擅长的"汉隶"，这自然能得到善于鉴赏、笃好金石书画的赵希鹄的称赞。另一方面，江华作为李挺祖的家乡，在早年时，曾应江华县令虞从龙之请，徙刻蒋之奇《寒岩铭》，"治平丁未十月，陪沈绅公仪游，蒋之奇颖叔作。右铭元刊于寒亭之上，年深字浅，几不可读。既新泉亭，得没字碑于岩左，意昔为斯铭设也，乃徙刻之，且以彰二公爱赏之志云。后治平一百二十有四载，邑尉西隆虞从龙，俾邑人李挺祖（下洬）……"① 治平一百二十四年即绍熙元年（1190），二处题刻均署"邑人李挺祖"，亦即早之于御书"道州濂溪书院"及《九嶷山铭》，可见，李挺祖在书法界的名气在当地已见端倪，后来许多人请他刻石，即是肇始于此。

如前所述，李挺祖作为地方名人，在道州一带临摹题跋，留下众多石刻，不仅具有书法研究的意义，而且富有文献价值，对于考索宋代文士的活动轨迹，特别是对于考察南宋濂溪理学的发展盛况，展示宋人刻石题跋的风貌，均有着重要的价值。

---

① 瞿中溶：《湖南金石志》，载于郭嵩焘：《石刻史料新编（第2辑）》，台湾新文丰出版公司1969，第8072页。

永州濂溪书院的湖湘渊源与理学经世

作为中国传统教育的重要场所，濂溪书院一直被读书人奉为圭臬。从濂溪书院的形成说，这自然源于儒家士人对道学旨趣的推崇，但若从书院的传衍发展来看，周敦颐思想学说、精神气质的传承，发挥着不可替代的作用。朱汉民先生在《濂学的诠释与湘学的建构》中提到，"根据地方志材料，并参考《中国书院辞典》的《中国书院名录》，湖南地区所建纪念周敦颐的书院有二十多所"，较多地注意到书院的数量。实际上，周敦颐足履所至，后人往往修建濂溪祠与书院，构成了一个以传承濂溪理学为内涵的相互浸染的网络。

从空间分布的位置来看，湖南的濂溪书院分布密度是非常大的，而永州零陵从南宋开始，就已经讨论了《拙赋》的问题，并修建"拙堂""濂溪祠"，成为濂溪祠与书院修建发展中具有独特意味的一处。根据宗绩辰《（道光）永州府志》的考证："濂溪书院前明名宗濂书院，在东门府学宫后。国朝顺治十四年郡守魏绍芳改建北关内，更名濂溪书院。临街近总镇署，上有祠，奉周子。"① 湖

① 《濂溪书院》，吕恩湛修，宗绩辰纂：《（道光）永州府志》（卷四），岳麓书社2008年版。

湘士人以《拙赋》传播的历史记忆，开启对周敦颐祠祀的重视与思考，具有强烈的区域性特色。值得讨论的是，如何看待书院与濂溪学术兴衰的关系？濂溪书院蕴含着怎样的思想学术衍化互动？

一、周敦颐《拙赋》与永州拙堂的历史印迹

永州濂溪祠的记载，首先见于张栻《永州府学周先生祠记》："教授刘安世，率诸生造府，请就郡学殿宇之东厢辟先生祠，前通判武冈方公畴以书走九江，求先生像于先生诸孙，得之。"① 从绍兴二十八年开始，永州州学建有祀像，祭祀周敦颐，这也是濂溪祠较早的记录。在这篇祠记中，张栻特别提到："先生著《通书》及《拙赋》，皆行于世，而又尝俾学者求孔颜所乐何事。噫！以此示人，亦可谓深切矣。"② 永州建濂溪祠的原因是周敦颐为官永州通判，作有《拙赋》，教人学习"孔颜之乐"。

从《拙赋》的主旨言，开篇即说："或谓予曰：'人谓子拙。'"既是周敦颐的政治立场，也是为官的政治期许。然而，什么样的"拙"才是"真拙"？周敦颐将"拙"与"巧"对比，反复铺陈："巧者言，拙者默；巧者劳，拙者逸；巧者贼，拙者德；巧者凶，拙者吉。"③《论语》中有"巧言令色，鲜以仁"，《颜氏家训》所谓"巧伪不如拙诚"，巧者虚浮不实，花言巧语，不择手段；拙者性情朴实，忘怀得失。巧者心机用尽，终日忙碌；拙者与民休息，政令简约，因此，一个地方为官的行政官员，不应该是靠智巧取胜的，而是从自己的内心出发，修养自己，推己及人，故为善必吉，回归到天地之大德，这样

---

① ② 张栻：《永州府学周先生祠记》，吕恩湛修，宗绩辰纂：《（道光）永州府志》（卷四），岳麓书社 2008 年版。

③ 周敦颐《拙赋》，载于《元公周先生濂溪集》，岳麓书社 2006 年版，第 100 页。

才能政务简易宽和，如流水之不积，施恩于民，才能"天下拙，刑政彻。上安下顺，风清弊绝"。相反，巧者急功近利，忙于蝇营狗苟，难免招惹是非。在一定程度上说，一个人以圣贤之道为己任，真正跋涉在"守拙"的道路上，他就不可能被权力或贪利所颠倒，也不会对自身利害得失所动摇，能够正确把握自身和对为官作出正确的反应。字里行间，透露的是周敦颐为官不是把功名利禄、官名头衔作为为官的标准，而是把百姓的心安，不过分干扰民众，厚重自持，作为自我定位。即便是从虔州移官永州，也需要把追求自己精神的完满作为目标，德行多了，内心就能得到慰藉，由此也足见其为官胸襟的开阔，性情的旷达。

由此开始，后人以《拙赋》题咏为内容，题诗作文，建濂溪祠，具有鲜明的地域文化色彩。例如，好友何平仲《题茂叔〈拙赋〉》唱和道"伪者劳其心，机关有时阙。诚者任其真，安知拙为拙"，巧就是伪，拙就是诚，即是天道，"舍伪存诚"就是追溯到儒家的仁义道德，就是最大的"拙"。

随后，零陵郡丞曾迪"适继先生遗躅于九十二年之后"，期望"能庶几乎（濂溪）先生之拙"，并筵请其叔父曾几作《永州倅厅拙堂记》，比较柳宗元、颜真卿等人之"拙"："宗元附王叔文、韦执谊，规权逐私，察其实与司马安何以异？颜鲁公拙于生事，举家食粥者数月。"① 柳宗元参加王叔文的改革失败后，作《乞巧文》，抒发愤懑；颜真卿官至刑部尚书，大旱之年竟"举家食粥"，皆因"拙于生事"，表达了对"拙"的不同理解，称赞周敦颐"由拙以入于道，真有志者"，由"拙"入儒家圣人之道，才是接地气的"拙"。周敦颐的《拙赋》犹如清风吹进官场，引起了后人的历史"记忆"。

无独有偶，胡寅任永州知州又改拙堂为康功堂，"既去，永人思之，于通

---

① 曾几：《永州倅厅拙堂记》，载于《元公周先生濂溪集》，岳麓书社 2006 年版，第 207 页。

判厅事后作堂祠之，题曰'康功'。"以倡导官德为务，希望以此建立健康而有功于世的政治目标，构成了对周敦颐思想精神的基本理解。但无论是"守拙"，还是"康功"，由"拙"塑造官场的价值理想，赋予《拙赋》新的属性，《拙赋》由文至景，成为了纪念性的场所，并具有鲜明的地域文化色彩。文人学者对《拙赋》展开的多层文化诠释，"政拙催科永陵守，实赖贤僚相可否。邦人复嗣海沂歌，仓廪虽空闾里有。""濂溪先生作《拙赋》，慨然有使天下还淳返朴之意。""先生拙守一篇赋，赢得高风万古清。"这些不同侧面的赓续传承，不仅鲜明地表达了周敦颐的政治理想抱负，而且与孔孟"达则兼善天下"思想有着一脉相承之处。

在曾迪、胡寅等湖湘学人的积极倡导下，"读先生之书赋，求先生之心真"，当地学子沐泽于心，绍兴二十八年（1158）建濂溪祠。从张栻《永州州学先生祠记》来看，永州州学建有濂溪祠作为纪念思想德行的场所，"零陵守福唐陈公辉，下车之明年，令信民悦，乃思有以发扬前贤遗范，贻诏多士。"① 以弘扬乡邦文化为基础，重道崇学，表达对周敦颐永州为官的尊崇及其《拙赋》传统的传承，"惟二程先生倡明道学，论仁义忠信之实，著天理时中之妙，述帝王治化之源，以续孟氏千载不传之道，其所以自得者，虽师友可传而论其发端，实自先生岂不懿乎。"② 在这样一种对二程治学普遍推崇的理念中，反映出早期濂溪祠祀的一个重要特点，即在周程授受关系中追溯周敦颐的思想地位。另一方面，惟"濂溪周先生，嘉祐中尝倅此州，而独未有以表出之，岂所以为重道崇德示教之意乎？"将祠堂的修建与周程之间渊源关系联系起来，彰显着书院讲学祭祀的地域标示背景。

①② 张栻：《永州府学周先生祠记》，吕恩湛修，宗绩辰纂：《（道光）永州府志》（卷四），岳麓书社 2008 年版。

二、讲学明道：明清濂溪书院兴学的区域观念

如果说绍兴年间建濂溪祭祀作为地方先贤而崇祀，那么，随着濂溪理学日益成为官学正统，重修书院则成为了湖湘地域文化传播的标志符号。与永州地域资源的沉积郁发等因素有关，明嘉靖万历年间扩充濂溪祠为书院，建立了一个以儒学教化为根本的思想精神传统。

尽管书院修建的始末已难考证，但方志中的文献记载颇值得注意。蒋春生在《重修宗濂书院引》说道："惟兹书院，而九嶷背负，衡岳崭峰，列翠潇湘，环碧高爽，耸特伟哉，盖一郡托秀矣！"[①] 在记文这种贯穿着一种非常强烈的地域文化线索，即以濂溪过化作为书院修建的渊源，"彼寓贤过化，尚起绎思，矧故里流风，尤便私淑。诸士披图玩旨，主静敬修，志伊学颜，期光前哲，得无高山仰止之思乎？此宗濂之所由名。"[②] 由《书院引》的记载可见，濂溪祠到书院并不是偶然的现象，在此特别突出"列翠潇湘""故里流风"的地理视角作为关系象征符号的统摄。而其中的"披图玩旨"既包括主静修德的理念，也体现为"志伊学颜"的价值追求，这直接说明了书院负载的理学传播功能，不仅是书院教育与湖湘理学传统融合的思想旨趣，也为理学教化兴起的呈现了一个缩影。特别值得一提的是，万历二年蒋春生为王偁、崔惟植所编《宋濂溪周元公先生集》的《序》中曾经写过同样的文字："然是集出，则列圣之道益明，匪直可淑多士，具使人皆知周子之生，乃在此而不在彼，吾楚赫然为道学乡矣。"[③] 文集的刊刻涉及对周敦颐作为湖湘思想文化地标的赞同，所以说，这并不是一般的抒怀，"吾楚赫然为道学乡矣"，明显维持着对濂溪过化存神的湖湘追索记忆。

[①②]　蒋春生：《重修宗濂书院引》，吕恩湛修，宗绩辰纂：《（道光）永州府志》（卷四），岳麓书社 2008 年版。

[③]　粟品孝：《历代周敦颐文集序跋目录汇编》，上海古籍出版社 2020 年版，第 77 页。

在地方官员的推动之下，书院呈现新的发展态势。尽管目前有关书院的讲学材料极少，但从地方志记载的材料看，郡人陈纯德主讲书院作有《主讲书院学记》，是书院与教育之间互动的一个参考：

> 学以变化气质为先。气质贵宁静，然或沉滞鲜通，则不能潜灵以入理；气质贵厚重，然或拘隔未化，则不能大受以终身，亦为不善变矣。是故宁敛毋恣，宁柔毋躁，偶一二谈笑，必再三踟蹰，或关人名节，或系人闺阃，或起人猜疑，切慎之戒之。见无礼于我者，知之而若昧，隐之而弗宣。凡此皆以养其气质也。使归于宁静厚重，他日之所建树者视此矣。①

书院对应的是濂溪理学，重修书院的背后是对理学思想的表达。因此从《学记》内容看，在教育的过程中突出以学习变化气质，并非偶然，这种思路在渊源上与"周程授受"的思想密不可分。史载周敦颐不仅向二程传授《太极图说》、探讨"孔颜之乐"，还在问题意识上开启对儒学思想精神的重视与思考，倡导体用融通的思路趋向。其中《程氏遗书》就有类似的记载，弟子问程颐："'人语言紧急，莫是不定否？'曰'此亦当习，习到语言自然缓时，便是气质变也。学至气质变，方是有功。'"②学习的核心问题就是改变气质，这一渊源，也成为濂溪书院《学记》的主要内涵。"知之而若昧，隐之而弗宣"，强调了其中蕴含的学以成德达于明心见性的境界，一方面就书院教育主旨来说，变化气质是一种引经据典，展示了一种尊重程朱理学的文化姿态，更有表彰"周程授受"思想渊源的教育维度；另一方面从"言志"的角度来说，"气质贵

---

① 陈纯德：《主讲书院学记》，吕恩湛修，宗绩辰纂：《（道光）永州府志》（卷四），岳麓书社2008 年版。

② 程颢、程颐：《二程遗书》（卷十八），四库全书本。

宁静""气质贵厚重"则是一种义理践行,是对理学文化资源的创造性使用。这种理路追寻,把"主静""入理"对道的体验与气质变化结合起来,并不是从形而上道体本源的讨论与追溯,而是涵养于日用伦常之中,无可争议地昭示着湖湘体用之学的思维特征。

无论是地域符号的指向,还是学规讲记的内在涵养,书院讲学很快积累起强大的道德感召力。顺治十四年太守魏绍芳重修书院,书院规模宏大,"前有堂,后有寝,左右有廊中,有较士之舍,窗棂垣户各有其文,乃索先生遗像祀之,参差不异"。一个饶有意味的话题是,从修建书院的官员身份看,"壬戌,黄公翰来守兹土,适巡抚徐公南金文宗、杨公豫孙再申前议,且以宗濂名额""余(魏绍芳)官楚溯湘而上,于先生之里日以益亲,然后知前此之往来于梦寐者""守巴公哈布茋永,雅意振兴,筹捐公项千金""亟谋重修,适郴州牧应公先烈丙寅冬署永篆,毅然力任"①,黄翰、魏绍芳等人都是外地来永为官的学者,他们通过不断重修书院来强化官方学术的政治意义。在这些文人学者的眼中,重新书院不仅仅是地方教育发展的象征,更是理学文化的传承,他们在不断扩充放大书院作为国家治理形态的讲学崇祀意义。

在魏绍芳等人看来,"斯道之传在天,为天人或几乎息矣""伊川受业其门,终身未尝表章一语。及作明道《墓志》祇云'得不传之学于遗经',是则(濂溪)先生之学,即伊川犹有未尽知者,况下此乎!"②濂溪书院作为具有学理教化意义的符号,实际上涉及如何理解理学道统的问题,周敦颐上承孔孟,下启程朱,程颐对其学问"犹有未尽知者",就思想渊源、地域文化等多个维度突出修建濂溪书院的目的。更有甚者,他们通过书院的记文陈述书院的参与重修的自豪:"彼生先生之乡,闻先生之风,相与讲学明道,登斯堂而兴起

---

①② 魏绍芳:《新建濂溪书院碑文》,吕恩湛修,宗绩辰纂:《(道光)永州府志》(卷四),岳麓书社 2008 年版。

者，余殆将有厚望也"①，对永州濂溪故里讲明道学寄予厚望。他们极力推崇理学，在书院外刻《道统渊源考》，以周敦颐作为儒学正统的象征。嘉庆元年书院又再次重修，蒋云宽《重修濂溪书院记》详细叙述始末，"于太极堂旧址前重建讲堂一座，颜曰'立诚'，并改建重门置廊八楹，与堂接高明宏敞，蔚为巨观。"② 以《通书》中的"立诚"命名讲坛，"惟是提撕劝勉鼓士气于弗衰，而以时培植修治，则犹不能无望后此典郡贤大夫与吾乡士君子共维持而振作之也。"③ 在濂溪过化的区域反复崇祀，外化为鼓舞士气、经世致用的教育行为，书院已经成为地方文人传承的精神追求。

特别值得一提，湖南永州镇总兵官鲍友智等人以儒生之名而达"武臣"之位，也不断给书院捐资膏火。"余虽亲戎马，本业诗书礼义，干城尚资儒者，以昔大儒论道之地，幸与诸生脱剑横经投戈，讲艺明理欲于战胜之中，省身心于克复之所。"④ 鲍友智等长期征战沙场的见识使他们将目光由军武转移到文教，以濂溪书院风化地方、培养弟子，可见对濂溪理学的传承总是作为地域文化的符号象征而谨慎地奉守。

三、理学经世：宗绩辰《濂溪书院讲规》的担当

道光年间宗绩辰《躬耻斋文钞》中存有一篇《濂溪书院讲规》，记述颇为详细，通过《讲规》从不同侧面彰显了濂溪书院的赓续传承，以及弘扬儒学的担当使命，这是晚清湖湘书院研究的重要史料。

---

① 魏绍芳《新建濂溪书院碑文》，吕恩湛修，宗绩辰纂：《（道光）永州府志》（卷四），岳麓书社2008年版。
②③ 蒋云宽《重修濂溪书院记》，吕恩湛修，宗绩辰纂：《（道光）永州府志》（卷四），岳麓书社2008年版。
④ 鲍友智《濂溪书院膏火资记》，吕恩湛修，宗绩辰纂：《（道光）永州府志》（卷四），岳麓书社2008年版。

庚辛之间，绩辰长荟社，曾为讲规，申明朱子白鹿洞之遗意，而以至浅且近，如履蹈洒扫、戒游节饮者为之先焉。所以切时地之敝，求去其外疾，以养之于中正之域也。居未几，庭无洒履声，几案渐整洁，闲游者足踟蹰不敢骋。晨入讲堂，洒容罕上于面。子重勉之，恐人疑古道之不宜于今也，则又辑本朝三大儒之言灼然不远者讲导之。贤等诚循所旧闻，立志自探其本难，为大儒不难。窃怪听受以来，未闻用力于此，殆由讲之未明，欲抑亦力行之难也。

道光丁亥岁，郡守桐城李公主订濂溪讲席，与绩辰屡商教士之术，辄仍为讲规揭之。观在门数十人，似凤闻。辰之不苟焉。以尸位皆正容止、慎辞气，虽或暂勉，久当自然，必无肯蹈前数年群居不义之习者，因择举数条，与贤等约，知者识之践之，愿者问之思之，幸同升周子之堂，勿自弃周子之道。忝长一日，有厚望焉。其规列示于后：

一、萃处宜敬，敬字所以补《小学》工夫。学问不敬无真学，朋友不敬无益友。容止佻达则邪心生，衣履散弛则惰气中，言语虐浪则嫌隙成，酒食征逐则郁端起。戒此四者，四体自端，一心自明，藏修息游，动罔不敬。由是患其拘苦，更有义理以安之，诗书以养之，使此身愈敬而心愈乐，然后敬于幽独，敬于衾影，益加密焉，从事于仁体不难矣。

一、事物宜恕。恕者，仁之基，敬之辅也。凡人处事接物，刻刻存一恕心，则争执之私自消，亢厉之气自化，内自家庭，外而通国，断无过不去之事矣。苟其不然，胜人嫉人，慢人侮人，种种不仁不敬，由不恕起。人到能恕，始不轻为外物所扰，然后可以言存养。故圣贤谆谆只教此一字，此愚所愿与在门诸君共学之先务也。

一、诵习宜诚。为人义理，尽在四书、六经及《小学》《近思录》、性理诸书，习之熟而行自饬修，文自醇洁，然非徒务口耳而能然也。读书时句句返验吾身，何处略似古人，何处略差古人，何处大背古人，真心对勘，当无不泪下汗出者。如此几时，气质潜移，必有清明在躬光景。此身此心，十分明透，措之文字，何往不如江河之决乎？若惟是占毕吟哦，口到而心不到，视古人之言之为八比文而设，读到白头，如坐雾谷，究之行既多疚，文亦无成悔何及矣！

一、功力宜恒。早作夜辍，一曝十寒，学者之通病。丹家言初炼时用武火，既而徐徐以文火温之。读书穷理，宜用此诀。盖未经痛立苦志，学必不能进；若非从容持守，学必不能成。善学者切磋无间，涵泳无穷，心有余情，口有余味，择之精，守之固，勉勉循循，将终身焉。诸君可不加之意乎？

一、器识宜大。周子曰"见其大则心泰"，陆象山曰"此是大丈夫事"，么麼小家相者，不足以承当。读此，知者须具绝大胸襟，才进得绝大境界。此非教人亢也，非诲人狂也，去其平日狭隘鄙琐之习，心充其一时恻怛感动之良心，完其有生同具光明磊落之初心，小利害、小便宜、小委曲，自一切不在眼里。诚如是，以治经治事，体立用行，焉往而非大人之学识哉？

一、思辨宜博。知行二者，先儒或先或后，或分或合，其实不可偏废，则一也。学者守一二本烂时文，济得几时许事？试看时文大家，如归、唐、邓、薛，如金、黄，如李、窦，都是讲理学能古文之人，其文都是子史之理，史汉八家之气，非实力向大部线装书中研求，如何道得他双字？时文不过思辨之一端，然治术典礼、王道民情，君子小人之心迹，无一不出其中。诚精思宏辨，正可就一端见全体。要知真时文即从真性情、真才气、真学问出。第一要廓清墨套馤钉陋习，徐引天机，于是博览旁通，发抒蕴抱，则学文何异乎讲学，修辞何害乎存心？至诗赋尤取清华，亦觇气度，根柢诚厚，枝叶自春，汤文正公四六，刘文正公试帖，皆极和平温润，是亦即末可以见本之处，具常业所不当忽者。

以上六条，有益于身心，无害于举业，固人人可能，时时当习者也。然要从履蹈、洒扫、戒游、节饮始，由前四者以端其外，由此六者以实其内，必有日异而月不同者，此绩辰所惓惓于同心之君子也。二月二十日，绩辰谨告。①

这一新材料的发现，对于晚清濂溪书院的兴衰情况有较多注意。从学术渊源看，宗绩辰道光元年考中进士，经历了晚清以降的世乱沧桑，但并没有奔走于仕途，而与金石、与永州结缘甚深。他不仅主导"学以致用"的书院经世思潮，而且强烈呼唤儒学的普世精神，在科举利禄与问学空疏之时复兴儒学的主流价值观作了长篇大论加以讨论。

开篇就提到"庚辛之间，绩辰长苓社，曾为《讲规》"，这是一种现身说法，跟前面陈纯德所作《学记》一样，应当是回应书院的讲学情况。"苓社"是指道光元年宗绩辰主教群玉书院，撰写《苓社示学者说》，源于"以是为荣辱成败，而义理则未尝问焉"②的忧虑。因此，道光七年（1827）"郡守桐城李公主订濂溪讲席，屡商教士之术，辄仍为讲规揭之"，学子空谈心性义理，缺乏践行儒家义理精神，"庭无洒履声""闲游者足踱踱不敢骋"，强烈地表达了晚清文人对书院式微的现实焦虑。

学子只求揣摩时文以应科考，宗绩辰不无扰心。在他看来，儒学的根本并非由经典衍生出来的童蒙刻本、科考时文所确立，而是以儒家义理思想的潜心涵泳。"学者守一二本烂时文，济得几时许事？"这背后显然隐藏着深刻的社会

---

① 宗绩辰：《濂溪书院讲规》，载于《躬耻斋文钞》（卷二），咸丰元年越岘山馆版。
② 《苓社示学者说》，吕恩湛修，宗绩辰纂：《（道光）永州府志》（卷四），岳麓书社 2008 年版。

危机：一方面，儒学在晚清时期已经与生活伦理脱钩，思想的权威变成了"背诵的教条"，另一方面，经典自身的活力在真实的思想世界已经失去了热情，在新的形式与方法中，又受到考据学等的影响。特别是，随着晚清科举功利之弊愈益扩展放大，再加上内忧外患局势加剧，在这分裂与动乱的时代，无可置疑地导致儒学教育的各种弊端。因此，对书院教育的忧虑，一触即发：如何回归濂溪书院教育理念？怎样传承儒家的核心价值精神？从宗绩辰的呼吁中可以清晰地看到，《讲规》头绪很多，按文意可以分为六个部分，每个部分又各自加入了小标题，深刻反思书院教育中积累的种种弊病，"切时地之敝，求去其外疾"，重新思考书院的"内在价值"。于此，以强烈的文化使命担当复兴书院，表达当时濂溪书院的思想追求与治学要求："能古文之人，其文都是子史之理"，六经才是圣人之本，返求经典，"要知真时文，即从真性情、真才气、真学问出"，坚持儒家一以贯之的为己之学，参悟和践行有根柢的学问，从而在义理思想的体悟中"就一端见全体"。

在内容上，以维护儒学价值理念为使命，朝着经世致用方向发展。如果说周敦颐是极力反对科举利禄之学的，在《明道先生行状》中明确记载"闻汝南周茂叔论道，遂厌科举之业，慨然有求道之志"。① 那么，在濂溪理学作为官方意识形态在科举应试中使用了百余年，也间接反映出濂溪理学与化民成俗方面的差异。特别是随着晚清儒学越来越淡薄，濂溪书院作为地域文化的标志，如果没有科举课士的主干依据，也将会随之剥落殆尽。宗绩辰以濂溪书院作为官学的统摄，虽然周敦颐过化存神已逾八百余年，但关于濂溪书院的历史记忆却依然清晰，"幸同升周子之堂，勿自弃周子之道"，将儒家之道的传承作为书院创办的宗旨，弘扬义理精神，重振儒风，以此推动书院教育的更新。同时，

---

① 程颐：《明道先生行状》，载于《元公周先生濂溪集》，岳麓书社 2006 年版，第 111 页。

以"萃处宜敬"为基本宗旨，关注内在的精神人格，"敬字，所以补《小学》工夫"，坚持以《小学》等儒家经典作为价值体系的核心，固本培元，在"容止""衣履""言语"等日用伦常中达到"敬"的境界，务实经世的意识非常突出，以此作为治学的根本目的。

《太极图说》中提出"圣人定之以中正仁义而主静"，程颐、朱熹等人有意识用"敬"来阐释"主静"，在宗绩辰看来，"濂溪言'主静'，'静'字只好作'敬'字看，故又言'无欲故静'。若以为虚静，则恐入释老去。"接着从"事物宜恕、诵习宜诚、功力宜恒、器诚宜大、思辨宜博"几个方面，集中表达对待人接物的思考。例如"恕者，仁之基，敬之辅也"将《中庸》的"恕"进行发挥，"胜人、嫉人、慢人、侮人种种不仁不敬，由不恕起""故圣贤谆谆，只教此一字"。其次，将践履作为准则，切己体察，涵泳笃行。譬如，在"器诚宜大"中援引"周子曰'见其大则心泰'"，其中"见大心泰"典出《通书·颜子》，希望学子超脱生死得失，"去其平日狭隘鄙琐之习"，不容于空谈虚论的存在，因此，无论是追求内在精神的自得，还是关注日用践行的特色，宗绩辰都延续着《主讲书院学记》的教育理念。

在这一理路中，"从履蹈、洒扫、戒游、节饮始，由前四者以端其外，由此六者以实其内"，一方面，以儒家经典为指导，"功力宜恒""从容持守"，成就圣贤君子，讲明义理是教学的首要任务，"为人义理，尽在《四书》《六经》及《小学》《近思录》《性理诸书》"等经典之中，注重对儒学精神的理解。一方面，将儒家经典中的义理思想化为躬行实践的内在动力，"读书时句句返验吾身""《诗》《书》以养之，使此身愈敬而心愈乐"。可以说，这种以体用之学为背景的讲规，其实与明代"变化气质"的观念一脉相承，注意力始终是落在践履方面，所谓"习之熟而行自饬"。这深刻反映出宗绩辰制定《讲规》，将治学的最终目的落实在实践上，抉发回归儒学思想的深层内蕴，充分展现出儒家知识追求与价值关怀的统一。

　　括而言之，利用濂溪书院特有的文化资源，宗绩辰以《讲规》造就了独特的文化意义。"申明朱子白鹿洞之遗意"，即以《白鹿洞书院揭示》作为参考原点，把儒家之道作为思想体系的基本内容，又有新的时代变革，突出"正容止，慎辞气""养之于中正之域也"的课士取向，不仅强化以濂溪书院复兴儒学的精神理念，而且彰显"主静"与"敬""诚"等主体文化的经典价值。其次，这种经世情怀的价值依据不仅仅是思想衰退之时的文人情怀，而且以书院作为濂溪理学的精神依托。在书院衰微之时，"恐人疑古道之不宜于今也"，绝非腐儒陈谈，以开掘思想精义为己任，立足点在于：既把义理的德行培养与经世致用统一起来，同时也把儒家经典的教育与洒扫应对的待人接物结合起来，以"有益于身心"为目标，谆谆劝学，"知者识之践之，愿者问之思之"，从建构《讲规》中触发强大的思想感召力，打通求学求圣的教育理念，标榜的正是周敦颐"希贤希圣"的思想宗旨。再次，《讲规》以强烈的担当意识，重塑儒家价值理念。晚清社会风云扰攘，时局多舛，宗绩辰因父亲为官而寓居潇湘，后中举返回永州为官，自称"十三年潇上寓客"，沧桑的人生经历，却丝毫撼动不了对儒学经典的生命延续，他把"萃处宜敬""事物宜恕""诵习宜诚""功力宜恒""器识宜大""思辨宜博"具体规定在书院的教学实践中，特别强调"以上六条有益于身心，无害于举业，固人人可能时时当习者也"，其深层话语正是以经世理念坚持儒家传统思想的思维方式，洞察世风嬗变，重阐义理精微，这恰恰是书院在治乱交替背景下的文化抉择。

道德与文章：濂溪书院建山谷祠的文化意义

    周敦颐与黄庭坚是宋代最为引人注目的人物，一为思想宿儒，一为文章名家，黄庭坚作《濂溪词并序》，称赞周敦颐人品为"光风霁月"，成为后世对濂溪定位的代名词。为表彰黄庭坚对周敦颐的推崇，明嘉靖年间在周敦颐为官、黄庭坚家乡的分宁濂溪书院建有山谷祠，作为书院发展的内在动力，对于推动理学的发展有着较大影响。

一、"光风霁月"：从黄庭坚对周敦颐的崇仰说起

    从学术渊源来说，黄庭坚作为文学家不以道统人物去取标准，何以在濂溪书院享有祭祀？虽然说在濂溪书院立山谷祠来源于"枌榆之乡"，但是黄庭坚与周敦颐的思想并不简单地等同于理学道统谱系，濂溪书院的精神底蕴是以儒学教化为核心的，黄庭坚"光风霁月"对周敦颐人品精神的深远影响，恰恰是濂溪书院的关键驱动。

    关于周敦颐的生平行事与精神气质，在潘兴嗣《墓志铭》、蒲宗孟《墓碣

铭》中均有记载。影响最为深远的应该是黄庭坚《濂溪词并序》中用"光风霁月"形容品性、人格，无论是对周敦颐行事之迹，还是言语表述之中，都充满着敬仰之情，彰显出其非同寻常的"印象"，出神入化，这也成为后人对周敦颐人品定位的代名词，格外引人瞩目。

黄庭坚在《濂溪词并序》中开篇即称："舂陵周茂叔，人品甚高，胸中洒落，如光风霁月。"① 然而，什么样的人品可称为"胸中洒落""光风霁月"呢？从字面意思看，"光风"即指雨后初晴时的风；"霁月"则是清澄的秋空中悬挂的月亮，本指自然界的景象。在黄庭坚看来，周敦颐是一位博学多闻、为政精明的文人，他"不卑小官，职思其忧"，理智断案，为民请命："任司理参军，转运司以权利变具狱，茂叔争之不能得，投告身欲其，使者敛手听之。"② 当时南安狱中有一位因犯，按照律令不当被判死刑，但性格暴戾的上司王逵非要治他死罪，周敦颐以强烈的"正义感"，据理力争，直言不讳，"置手板归，取告身，委之而去，曰：如此尚可仕乎？杀人以媚人，吾不为也。"③ 这种为民请命舍官将去，守正不屈的"较真劲"，使得上司深受感动，最终"囚得不死"。也正是周敦颐不为官小位卑，敢于说话，勤政为民，"不渔民利兮，又何有于名！"后来王逵荐举他为郴县令。而周敦颐的为官廉洁与正直，为历任上司所倚重，当时颇有政声，好友潘兴嗣在《墓志铭》中感叹道："其为治精密严恕，务尽道理。民至今思之。"④

根据《濂溪词并序》的记载，周敦颐为人厚重自持、儒雅豁脱。嘉祐元年，任合州判官，"人有恶茂叔者，赵公以使者临之甚威，茂叔处之超然。"⑤ 赵公即赵抃，有"铁面御史"之称，论官职，赵公是上司；论岁数，他是前

---

① ② 黄庭坚：《濂溪词并序》，载于《元公周先生濂溪集》，岳麓书社 2006 年版。
③ 朱熹《濂溪先生事状》，载于《元公周先生濂溪集》，岳麓书社 2006 年版，第 138 页。
④ ⑤ 潘兴嗣《墓志铭》，载于《元公周先生濂溪集》，岳麓书社 2006 年版，第 166 页。

辈。然而，当时因有人故意进谗诋毁周敦颐，故对周的看法较为刻薄严厉。周敦颐既不阿谀奉承，也不辩解申冤，光明磊落，襟怀坦荡，处事超然自得，不仅消除了赵公的误解，最终还赢得了赵公的赏识，赵公感叹"周茂叔，天下士也"，遂结成终生交。周赵的这一经历，反过来证明了周敦颐纯朴诚笃、心胸通达的特点。此后，赵公对他非常器重，一直向朝廷力荐。虽一生为官三十多年，所任都是州县小吏，但尽心尽责，不辞辛劳，做出了不少"业绩"，分宁断案、郴州修学、永州拙政、邵州迁学如此等等，不屑营逐仕进，"所至辄可传"，所谓"蝉蜕尘埃兮玉雪自清，听潺湲兮鉴澄明"①。

周敦颐不仅是最勤恳的行政官员，也是"雅意林壑"的发起者。"茂叔虽仕宦三十年，而平生之志，终在丘壑"②，以此远离社会的烦恼与名利。以治平四年任永州通判为例，归乡近家，在繁忙的公事之暇，眺望潇水，或吟诗唱酬，或访古寻幽，不忘意趣所寄，邀请当时"文人圈"一起仰望先贤遗迹，游览了很多岩洞，留下不少屐痕，此外，肇庆七星岩、永州朝阳岩、道州含晖岩等，也写过很多诗文，心底有一种悠然自乐的恬怡之情，这就是黄庭坚所说"闻茂叔之余风，可以律贪"。这种清幽淡雅的心境，不过分追求官宦得失，足以帮助世人去掉内心的贪欲。晚年，以庐山为诗意的栖居，"濯缨而乐之""用其平生所安乐媲水而成，名曰'濂溪'"③，以家乡"濂溪"之名筑室书堂，读书会友，悠然体道，妙悟生命的哲理，追求精神生活的乐趣，有着清澄宁静的情怀。

如果把为官、为人的"焦点"聚集在一起，黄庭坚对其精神气质所呈现出的新风貌，颇有赞赏之词："短于取名而惠于求志，薄于徼福而厚于得民，菲于奉身而燕及茕嫠陋，于希世而尚友千古。"从这四个"而"字中，我们看见

---

① 宗绩辰：《（道光）永州府志》（卷二下），清道光八年刻本，岳麓书社2008年版。
② 黄庭坚《濂溪词》，《山谷集》（卷一），四库全书本。
③ 邹勇《游濂溪辞并序》，载于《元公周先生濂溪集》，岳麓书社2006年版。

了一个不擅长追求功名利禄，但注重自身修养，办理案件无愧于心；为官公正、清廉而著称于时，却不在意自己福祉；把百姓过上幸福生活作为最牵挂的事情，却不操心家计，善交朋友，钱财用来周济贫困的亲友；在政治没有多大的名声，但是待人处世却是尽情尽意的"醇儒"形象。这一形象，与道俱往，不拘泥于俗务，追求毫无羁绊的自由，进德修业，将心中存仁的情态表现为容貌举止，给人清新、高雅的感觉，在人生中赢得了显赫的声誉。黄庭坚不得不"现身说法"，将"人品高洁""胸怀洒落"的精神气质描述为"光风霁月"，可谓极见生命的真淳极境，这也成为周敦颐个人品格的有力宣传。

黄庭坚"光风霁月"的概括引起了后世学者的广泛关注，绍兴三十年（1160）朱熹问学于李侗，在《延平答问》中有一则记载："尝爱黄鲁直作《濂溪诗序》云：'舂陵周茂叔人品甚高，胸中洒落，如光风霁月。'此句形容有道者气象绝佳。'胸中洒落'，即作为尽洒落矣。学者至此虽甚远，亦不可不常存此端在胸中，庶几遇事廓然，于道理方少进，愿更存养如此。"[①]李侗认为黄庭坚此句"形容有道者气象绝佳"，高度称赞"光风霁月"这一经典表述。而源于对"光风霁月"认识的连锁反应，朱熹从"风月无边，庭草交翠"的角度来补充对周敦颐思想人品的认识，作为周敦颐修身律己的人生智慧代称。吕祖谦"其容肃肃，其度雍雍。乐学居仁，格物知止"、李嵊慈"满天风月，一峡图书"等等，无一不突出周敦颐精神人品的典范意义，"光风霁月"由此成为了源远流长的文化记忆。

二、分宁濂溪书院立"山谷祠"的影响

明代嘉靖年间，分宁濂溪书院建山谷祠，方沆作有《重建濂溪书院山谷

---

① 朱熹：《延平答问》，四库全书本。

祠记》："（分宁）实为黄太史枌榆社，周先生尝佐是邑，宁人吏尸祀之，犹召伯之甘棠也。"① "书院鼎新者，为光霁堂，庶几挹先生之光霁遗风乎！"就标题"重建"二字看，似乎在万历年间以前就建有祠堂。在主旨上，以黄庭坚故里渊源在濂溪书院内修建"光霁堂"，可以说是一个极为特殊的历史现象。为什么？从"光霁堂"取名的典故看，还是"召伯""甘棠"的意象，都寄托着周敦颐"光风霁月"践履内蕴的初衷。成化十四年（1478），知县萧光甫又劝其子刘淮重建，书院在布局上，"正堂三楹，中祠祀先生，旁翼两房。堂之下甃石为露台，东西分别两庑，其南为大门，周围缭以墙垣，其内燕居寝室斋舍庖湢之所咸备。"② 恢复宋明以来的讲学传统，关注于对书院道德象征内涵的传承。弘治十八年（1505），提学副使邵宝立濂溪先生像，举行祭祀，"兹至宁州，睹公遗化，如坐光霁焉。谨率诸生，酌水荐毛，窃附古人祭菜之义。"（邵宝《宁州谒周濂溪先生祠文》）以"祀菜礼"举行了祭祀仪式，其中特别提到"如坐光霁焉"，突出分宁作为周敦颐为官的过化之地，以及与山谷黄庭坚之间关联，因此一直作为地域象征而被谨慎地崇奉着。可以说，从濂溪书院到山谷祭祀，从精神人品指称到书院讲学，"光风霁月"凝聚思想文化的象征意义进一步凸显出来。

周敦颐与分宁的渊源，早在度正《濂溪先生周元公年表》中就有记载，当时分宁有一件案子久拖不决，周敦颐到任后，一下子就审辨清楚了，县里的人惊叹道："老吏不如也。"《修川志》也有类似的记载："先生初仕分宁，县有疑狱，久不决。先生至，一讯立辨。邑人惊诧，曰：'老吏不如也。'"③ 周敦颐初出仕时，解决了分宁"久不决"的疑案，在当时引起了较大的回响，得到了

---

① 方沆：《重建濂溪书院山谷祠记》，载于《（同治）义宁州志》（卷三十一上），清同治十二年刻本。

② 《濂溪祠》，载于《（同治）义宁州志》（卷十），清同治十二年刻本。

③ 度正：《濂溪先生周元公年表》，载于《元公周先生濂溪集》，岳麓书社 2006 年版。

百姓众口交赞。"分宁簿厅，旧在县西七十步，毁于兵火。绍兴初，移在县治西园。其西有虚直堂，晦庵朱文公为清江刘升之名，取《通书》中静虚动直之义。分宁旧祠先生于学，杂以诸贤，颇不专，后遂特祠。"这就是说，绍兴初年朱熹已经关注到《通书》，及周敦颐与分宁的渊源，以追求《通书》义理为核心的理念，成为书院教育中最重要的关键点。

沐浴濂溪思想精神的遗泽，分宁建有濂溪书院，作为传承理学道统的地域象征。根据《（光绪）江西通志》的记载："濂山书院在义宁州治东旌阳山麓。宋濂溪周子来分宁时创书院，以延游学之士，后人额曰：'景濂'。元季兵燬。"① 在地方史志的记载中，将分宁濂溪书院提出是"来分宁时创书院"。其中的"景濂"即是景仰濂溪，这并不是一般意义上的重修书院，更多的是寄寓对周敦颐过化存神的追忆。因文献不足征，濂溪书院最早的修建时间一时难以具体地考证。但从《（同治）义宁州志》的记载来看，"元季壬辰毁于兵燹，其后葺治者称景濂书院，久废。明天顺三年，知县罗珉即其遗址劝义官刘用礼建署，曰濂溪书院。"② 承接"景濂"的传统，书院一直在持续办学。

元明更迭，濂溪书院作为士人精神的体现，重修濂溪书院并建山谷祠，吸引着众多的求道求学者。特别是，崇祯年间巡抚解学龙、佥事刑大忠重新修葺书院，将书院易名"濂山"，合祀濂溪、山谷于其中，呈现出较新的问题意识和时代话题。康熙七年，知州徐永龄重修书院塑山谷先生像，"中为堂三间，门为屋一间，两庑六间，择衲子之有戒力者居之，以供洒扫香火之役，典礼不坠。"（徐永龄《修濂溪山谷合祀祠》）恢复了濂溪书院教学、祭祀的功能。康熙二十八年修复濂山书院，"以为斯道倡，且捐冰俸，结精舍三间，以延游学者。"（臧振荣《重修濂山书院记》）结合时代历史的变化，拨寺田经费为书院膏

---

① 刘铎、赵之谦等：《（光绪）江西通志》（卷八十一），清光绪七年刻本。
② 王维新等修、涂家杰等撰：《（同治）义宁州志》（卷十），清同治十二年刻本。

火费等，维持书院发展，"乾隆八年，知州许渊改建，自为记。中祀濂溪、山谷两先生像，易今名。详拨云岩、洞山二寺田租七百五十九石零，除完条漕及拨给普济堂谷一百石外，余俱作书院经费。"① 有效地推动书院重新发展。"每岁聘山长，慎考试，拔士之尤者数十人，分别正附，月定以三课，品其甲乙而奖励之，而造士之章程，于是乎立矣。"（许渊《重修濂山书院记》）制定书院章程，重建濂溪讲堂，书院万象更新。"堂建于东斋之前，接尊经阁，南面远峰为文笔，堂皇坚实。两旁为室各一，前为门屋三楹，丹腰涂壁，四周俱甃以砖石。"（李孝沧《重建濂溪讲堂记》）乾隆五十一年王茂源再次重修，"自桥梁墙垣以至堂筵讲斋，悉因旧制，焕然一新。"（王茂源《重修濂山书院记》）嘉庆年间"岁延本地名宿，章程奉各宪允请，乃聘孝廉冷芝田先生主讲，增额课课，于兹两载，斐然可观。"（周澍《重建濂溪讲堂记》）从地方史志的记载来看，濂山书院一直在重修更新，书院讲习从未间断，不仅极大推动濂溪与山谷学术思想的发展，而且也为濂溪思想传播提供了一种新的思路。道光年间吴湘皋辑《濂山书院志略》（十卷），作为分宁书院修纂的代表，对书院讲学情况进行记载。《（光绪）江西通志》中有记载，有道光、同治、光绪三种版本刊行于世，虽然现今未见流传，但《书院志》作为一种区域文化符号，说明已经具有强烈的地域思想导向功能。

因此，就书院修建的历史说，反复重修其实不过是一个建筑更新的过程。但是，如果说修建濂溪书院背后对应的是周敦颐"是能辨分宁狱"中的政治行为，那么书院立山谷祠背后则是道德之学向文章之学的转变，其背后是更深层次的理学话语传衍。可以说，从濂溪书院到山谷祠，其实就是"光风霁月"向道德文章之学演变的缩影。

---

① 《濂山书院》，《（同治）义宁州志》（卷十七），清同治十二年刻本。

三、道德文章合一：濂溪书院的时代学术风气

书院作为濂溪理学传播的象征，在地方史志中存有诸多碑记文献记载。经近千年的文化传承，山谷祠祭祀是一个传承有自、特色鲜明的内容，无论对于书院传承发展，还是对"光风霁月"的影响，都具有独特的文化价值。

濂溪理学代表了孔孟以后的洙泗正统之学，这是书院发展的一个重要渊源。"诗书之道废，秦坑之所不及者，孰与推明而广大之，以懋圣修而立人极也？乃知五百年有名世者生，未可若是其几也。宋自五星奎聚，而濂溪崛起矣。考亭系道统，以为不由师传，默契道体，羽翼孟氏不传之绪者，濂溪也，不已知言哉！"（史旌贤《重建分宁濂溪书院山谷祠记》）那么，分宁建濂溪书院移植了理学渊源，传承的正是孔孟之遗绪。在这样一个地方，嘉靖年间重修书院建山谷祠，以尊重道统而抵抗心学空虚的学术呼吁，正是对于儒学正统的认识异于阳明心学的表现。"濂溪'无欲故静'一语，故为《太极图说》根宗；太史即以篇翰名家乎？乃其抽毫见志，炉香隐几……彼其人岂规规物化者？"（方沆《重建濂溪书院山谷祠记》）以开掘濂溪思想精神为己任，书院教育强调"无欲故静"而忽视程朱理学家所强调的"太极阴阳"，这是明代心学的价值过滤下书院"规规物化"的价值理念日益衰微的体现。因此，解学龙在《课艺序》中直接指出："顷者群丑初靖，流氛时警，虽日讨国人而训之者，唯是一矢而相加遗然；而在兹之文，何尝不有武备，却莱堕都其明征也，弦诵又岂有辍焉？诸士得无绿制刻而进之，光昭两先生大业，以合余兴贤育才之至意。"（解学龙《濂山书院课艺序》）山谷祠在濂溪书院的建立，正是在明代阳明学"流氛时警"的时代，从书院文化精神、价值中寻找应对积弊的力量，是一个迫切而又重大的话题。在这其中，为了不流入"异端"的窠臼，立山谷祠于濂溪书院，在一定意义上说，是创新的同时实现了知识与价值的连续性。

从濂溪书院的学风取向方面考虑，对山谷的祭祀不仅表现在地域背景的尊崇上，而且也体现在"光风霁月"的潜在传承上。"是濂溪周先生所分符而治，而山谷黄公枌榆之乡也。地以人重若斯矣，郡之人俎豆而并祠之，其在濂溪者，诸士挟策而游，往往以制科显也，故又以书院称。且夫风俗之道士为政，孰与表彰二先生风教而树之帜也。"（史旌贤《重建分宁濂溪书院山谷祠记》）濂溪理学"以制科显也"，自南宋起作为官学正统的核心，而黄庭坚文章之学则基本以诗学的形态传播，周敦颐与黄庭坚代表的是思想发展形态的两极。表面上两者是矛盾的，可是深层次的，两者共同构成为科举应试的文化背景：一是作为理学家的道德精神建构，一是作为文学家的著书立说建构，而书院立山谷祠恰恰符合这一需要。

道德以固其本，文学而润其内，借山谷之祀回溯书院的价值取向，传承着浓烈的历史担当。"推之洙泗之上"，使濂溪大行于世，有行道之功。"其时顾又得黄先生尊信而推之洙泗之上，即光风霁月一语，以为善形容有道之象，谓之羽翼濂溪者，山谷也，亦何愧怍之有？"（史旌贤《重建分宁濂溪书院山谷祠记》）随着濂溪理学地位不断升格，位列宋代儒学谱系之"首"。以山谷"光风霁月"来"羽翼濂溪"，通过讲学祭祀来贯穿书院教育。"周元公以《太极图说》发往圣未发之藏，涪翁尝盛称其胸怀光霁，尚友千古，一时针芥相投，道学节义，焜耀史册，天下文章，孰有大于是者？"（解学龙《濂山书院课艺序》）"遴其多士之懋勉彝训，不愧先型者肄文其中，且进而与之讲学焉。"（解学龙《濂山书院课艺序》）既能以书院为核心组织士林学子归属濂溪理学的感召，又能以"光风霁月"隐喻的形式建立起精神构架，从而排斥异端之学，反映出一股很强的时代力量。"涪翁著文立说，本于眉山苏子，并起唐末五季之衰，洗陋习也。"（徐永龄《修濂溪山谷合祀》）山谷思想源于苏轼，学问渊源有序，深造极诣，创造自己独特的艺术风格，"山谷则与眉山苏轼相为颉颃，节概文章，卓然震动一世。"（王茂源《重修濂溪书院记》）当时学者引用苏轼的话说："昔苏文忠公称山谷有曰：'瑰玮之文，妙绝当世；孝友之行，追配古人。'"（臧振荣《重修濂山书院记》）黄庭坚融汇古今，生新出奇，文章、德行足以让后人称颂。"山谷即不无逊色，而孝友天至，险夷以之，抑何肫肫信道之笃也，宁独一文士为名高而已乎？"而从"孝友天至""信道之笃"等词看，山谷品行高尚，突出道德节义的价值。因此，祭祀山谷"文士为名高"，这与"周先生之道德，叙述有以发前圣未发之蕴，接圣学千载不传之绪，而开示后学于无穷，固无容言者"相互阐发，这一过程，周黄二人思想的原始涵义日益被淡化，作为书院的意识形态意义不断扩充放大。本来，文学"非薪传之业"，在道学之外，官方并没有明确表彰，以致"日趋于薄"，不免造成文学冷落的场面。但是洞察时变，实现文章与道德的融合，自然会形成某种精神上的渗透，起到了有裨于世风政教的示范作用。

书院作为儒生文士的聚课之所，"地以人重"，既组织起以周黄二人精神感召的氛围，又在"以制显科"中建立起强大的精神权威。臧振荣《重修濂山书院记》说道："后之有感于斯者，意必有承两先生理学之薪传，节概之芳躅，诗歌文字之真派，俾濂溪书院不异乎白鹿诸书院，而真儒蔚起，踵接肩随，以媲美有宋之盛。"（臧振荣《重修濂山书院记》）从这一表述可见，把"节概之芳躅"与"文字之真派"互动交叉的渗透关系体现在濂溪书院，使书院既具有官学崇祀的原初理学特征，又能在精神感召方面与书院相互沟通，由此形成培植本地文化的学术风气："周黄两先生合祀濂山书院，由来尚矣。理学之渊源，节概之彪炳，文字之风徽，或官于斯，或乡于斯，而后先同堂，俎豆而并祀之，固奋乎百世之上矣。"（臧振荣《重修濂山书院记》）重视本地乡贤的取向体现于书院祭祀之中，其学术和培养学人的事功得到广泛推崇，成为时代的学术风尚："后之官于斯，生于斯者，仰瞻遗像，俯稽载籍，或有光风霁月而学道爱民，或有怀节概文章而尊经复古，则此之协力创举，不为无功于来兹云。"（徐永龄《修濂溪山谷合祀记》）质而言之，把山谷作为具有内聚力的形象，在儒学道统的背景下突出了"道德节义"的重要性，实际上蕴含着道德文章是书院文化空间中最重要的关系。从某种程度上说，"光风霁月"作为精神人品的象征符号转型为书院地域文化的要素，表现在两个方面的创新：其一，濂溪书院以官方祭祀理学开山周敦颐的崇祀象征转变为濂溪、山谷的混合祭祀，其地域背景的意义不断被放大。其二，易名濂山书院反映出区域性思想文化互动时的内在张力不断扩大，书院不仅仅有儒学道统的目标，更在于文章道德合一的特殊示范，能使官方思想学术渗透中具有普适化的特征。

根据《濂山会课序》等的记载，在"文运日趋于薄"的现实中，地方官员有着强烈的使命担当，实现了书院新的学统建构："世运升降，文字亦因之盛衰，然考其得失，实繇士习日趋于文，遂致文运日趋于薄，标花叶而损本根，美精魂而迷真体，即使夸耀今古，终非薪传之业，又安能责之以道学节义哉！"（刑大忠《濂山会课序》）在新的历史时期通过立山谷祠，虽在心理层面弥散出对书院教育的忧虑，但是以"濂山"重新建构书院的学术场域，这无疑是成功的。崇祯初年，黄文麟《濂山社稿跋》中载："刑宪乃于公治之余，进诸弟子员，讲学其中，昕夕课艺，不佞例得批读，见其人标一帜，技尽诸长，字挟风云，以飞气吞彭蠡而下总之，绮丽有如山川，古奥本之先正，异日者纡紫拖青，掀揭弥纶，冈俾先哲专美于前，谓非两大人代天工彰施化育，点缀平章，锡之极耶。"（黄文麟《濂山社稿跋》）作为理学传承的载体，不仅致力于文运的昌盛，而且更是区域性文化的延续。在一定意义上说，文章道德的贯通不仅是尊崇先贤的区域传统，更重要的是有效地抗衡了儒学衰微的困境。"如江右之豫章、鹅湖、象山、盱江，以书院名者不一，匪特其弦诵盛也，而经明行修，名臣大儒多出其中焉。"（臧振荣《重修濂山书院记》）以黄庭坚在评价周敦颐

"光风霁月"的道德品性以及黄庭坚作为后人的影响，"道德、文章、节义，交相爱慕"（班衣锦《重修濂溪山谷两先生书院合祠记》），一定程度上打造成与鹅湖、象山相互比肩的场域。至乾隆年间，"两大贤并起其间，继往开来，嘉惠后学，吾见春诵夏弦，诸生课读其中者，必将有奇杰之士，赫然奋兴，上承统绪，下衍渊源，霞蔚云蒸，以副圣朝作人之雅化者。"（王茂源《重修濂山书院记》）其中的"上承统绪，下衍渊源"这是典型的宋明道统的观念，突出以书院为根据的儒学教化精神传统，具有比较纯粹的地域儒学象征意义。

括而言之，濂山书院基于阳明心学兴起的背景而建立，从传授濂溪的"身教"与山谷的"文教"两个方面确立学问志向，"仰瞻遗像，俯稽载籍，或有怀光风霁月而学道爱民，或有怀节概文章而尊经复古"（徐永龄《修濂溪山谷合祀》），从濂溪到山谷，从道德到人文，相互补充，正好呈现了从"光风霁月"精神典范到书院建构发展理路的独特之处。

五经博士周嘉耀《重修记》碑考证

在道州状元山附近有一则濂溪后裔、世袭五经博士周嘉耀所作的《重修记》，残碑，经检索，该碑既不见于方志资料的记载，也不见于金石著录。然而，从碑刻内容看，无论是其文化意义还是文献价值，都特别值得关注。现根据《重修记》原碑碑拓残缺文字，整理如下：

……所赖董江都、韩昌黎二公，迭起拨乱反正，论者……诬也。然其间，择焉而不精，语焉而不详，致使孔……吾道荡然无复存矣。有宋之代，天生我……之秘，著为《太极》《通书》，体本于主静，功归于立诚……斯道已灭而复明，已晦而复显，休哉！真万世永赖者……其高风企慕，其懿行每深，生不同时，居不近地之感。……香草翠，气象如新，霁月光风，伊人宛在，恻念……旱频□民力□□艰，虚悬此愿，徒抱深衷时际……生拜亭□□□□□，于是私心即喜曰：修葺之事，庶……先之者耳，虑无有圣之者耳。有其先之则，莫敢后也，有其……三武，则副戎一下文，则佐政司铎以上，各量力愿捐，相……力阅，五月而报竣，大中丞甚为嘉悦。落成之日，集庠……人之□□甚车服礼器，窃念山川未改，遗书犹存，有□……境于太极岩之中者乎！有能悟鸢飞鱼跃于濯缨亭之……□□□□我心非敢督也，是所望也，因为记。……十九宗子翰林院五经博士周嘉耀仝立石。

此碑两侧有水波纹，其碑上半截残缺三分之一，下半截基本完整，经辨认，该碑为五经博士周嘉耀所作，尤为珍贵。

一、五经博士周嘉耀对濂溪理学的推动

周嘉耀，周敦颐十九代嫡孙，清康熙二十四年（1685）世袭五经博士，字号不详，生卒年不详。

据《濂溪志》等文献记载，明景泰七年（1456），代宗皇帝下旨，为了表彰周敦颐的功德，嘉封周敦颐的嫡长子孙周冕为翰林院五经博士，且其子孙可世袭五经博士，同时命他回到道县奉祀。一直到清末，历朝历代皇帝先后嘉封周敦颐子孙为翰林院世袭五经博士。按《周氏族谱》从远至周嘉耀是二十二世，周嘉耀承袭五经博士是从周敦颐开始作数，因而为濂溪十九世。据吴大镕《道国元公濂溪周夫子志》中的《周元公世系图》，周敦颐世系的五经博士已知的有：

周冕，字得中，号拙逸，濂溪十二世，于景泰七年（1456）世袭五经博士，周氏一系世袭五经博士从他开始。

周绣麟，字圣兆，号酸斋，周敦颐十三世孙，于弘治十年（1497）承袭五经博士。

……

周莲，濂溪十八世，清顺治十年（1653）朝廷议授五经博士，当时因战乱

等因素阻隔，没能进京授爵，后来周莲再次请袭已经年老，所以康熙十九年（1680）三月十二日他自己亲书呈州，希望让他的嫡子周嘉耀承袭。

周嘉耀，濂溪十九世，康熙二十四年（1685）六月二日奉旨入京，承袭翰林院五经博士。

由上列可知，从十二世至十九世，五经博士的承袭从未间断，虽然周莲和周嘉耀在承袭博士的过程中有过曲折，但在吴大镕等人反复上书奏议下，终得承袭。五经博士的承袭，说明了濂溪一脉为当时所重，也印证了理学思想的影响之深。

周嘉耀世袭"五经博士"，有以下少许资料可供了解：

际我清朝定鼎，顺治十年，叨蒙巡按御史李宝□，□□□□□□有该部议奏之旨□蒙□□□□□□□□□□□劄□部□□□□萧索途费□□□□□时戎马倥偬，至今沉延未邀恩赐，迄今日□周莲年老目昏，难以奉祀，莲有嫡长子周嘉耀□□□□□奉祀先人，伏乞赏文上达提拔，曲成道脉，□□□□情呈州。①

今查顺治年间，前巡按李曾以濂溪嫡孙周莲请袭博士矣。后复奉文将前朝世袭博士印劄缴送大部矣，至康熙二十年，内奉前抚院韩又将濂溪嫡孙周莲之子周嘉耀，咨部请复世袭矣，然皆未蒙授复故物，周子之裔奚能免向隅之嗟耶？夫宋儒书香，业有成例可授。②

本年四月二十八日奉圣旨依议行，于是奉取原袭翰林院五经博士劄付，缴部另给。既而周莲年老未能赴阙请袭。延至康熙十九年三月十二日

---

① 《大清题请世袭博士奏议申详》，载于吴大镕：《道国元公濂溪周夫子志》，康熙二十四年凝翠轩藏板。
② 姚淳焘：《申请职袭详文》，载于吴大镕：《道国元公濂溪周夫子志》，康熙二十四年凝翠轩藏板。

呈于州，愿以嫡男周嘉耀承袭博士，经知州吴大镕申永州府吴延寿，寻申衡永郴道参议朱士杰，复详巡抚部院韩会、学政姚淳焘，再请于督部院丁得，如详细施行。"①

以上三则材料，均为描述周嘉耀承袭其父周莲年老难能得受五经博士之荣的渊源。

至于周莲其人，亦有少许资料可寻：

> 皇上临雍大典，圣脉重光，所有敦颐诸书宜付史馆校订，颁布学宫，譬如日月照幽，江河润物，切关世教，岂可名言。臣前于顺治九年三月，巡历永州恭行该道府州，查取前朝世袭翰林五经博士周汝忠所生嫡男周莲，甘结存案，以备收录，仍饬该房官员照全书以礼致送外，即欲缮疏具题，因贼隔暂止今。②

五经博士的发展与明清理学的兴衰相浮沉，周莲乃明代世袭五经博士周汝忠之子，周莲也是备录五经博士，至其年老之际得到承袭，才有其年老未能赴任，以致"五经博士"之荣割付于其嫡子周嘉耀承袭。

> 又"康熙二十六年四月二十日，圣祖仁皇帝特赐御额，亲书'学达性天'四字，盖以玺文，口御笔之实，遣官由京沿送，勒之庙额。从湖南布政使司张之请也。博士周嘉耀《谢表》奏为恭谢天恩事……"③康熙御书

---

① 《博士》，载于周诰《濂溪志》，道光十九年爱莲堂刻本。
② 《优恤后裔志》，载于吴大镕《道国元公濂溪周夫子志》，康熙24年，凝翠轩藏板。
③ 《赐御书"学达性天"匾额》，载于吴大镕：《道国元公濂溪周夫子志》，康熙24年凝翠轩藏板。

"学达性天"，送至濂溪书院，周嘉耀作有《谢表》。

"窃惟臣祖惇颐，谬叨理学，诚通诚复，当日只自明性命之理、无极太极，后世为有功世教之传。今荷皇上心存重道，志切崇文，命天使而扬麻草野，仰金蝌之显赫；颁御书以广化遐方，颂玉简之辉煌。特遣史臣礼部主事佛、内阁中书永，于康熙二十六年四月二十日，来宸章于北阙，颁御额于南天。先祖何缘，钦逢宠锡！小臣有幸，重沐皇仁。臣于是日恭设香案，望阙谢恩，只领悬讫。普天生色，阖族增荣。泽被沼莪，窗草新沾化雨；香生几席，池莲喜沐春风。此从古仅见之盛典，亦先朝未举之洪施也。窃念臣一介寒儒，举家衔结，深荷高厚之鸿仁，难酬汪洋之大德。瞻帝阙而叩首，聊尽微臣之心，觐天颜而抒诚，少竭顶踵之报。埋合具本称谢以闻。"

"学达性天"四字匾额于康熙二十六年（1687）御赐给宋儒周敦颐、张载、二程、邵雍、朱熹祠堂及白鹿洞书院、岳麓书院的匾额，还颁了日讲解义经史诸书，以教育为宗旨，要把程朱理学作为大旨，阐明人的本性和天道的关系，使得境界达到"天人合一"的高度。

由此可见，康熙二十四年，周嘉耀承袭"五经博士"，二十六年作有"学达性天"的《谢表》。该碑刻的刻石时间应在康熙二十四年之后。因碑刻残缺，具体时间已不可考证，但根据碑文的书写习惯，"二十"作"廿"，可初步推断末尾署名为 时康熙廿□年濂溪先生 十九代宗子翰林院五经博士周嘉耀仝立石"，即每行有 28 字。因此，可利用这一突破点进行校理，并对此进行补充。《重修记》虽残缺较严重，但字体尚算清晰，经辨认，该碑有 16 行，也即是说，碑文的排列情况大体为 16 行 28 字。这一规律性特征未完全还原，但大致可推测碑文大意，根据原碑行列格数，以及整理内容，按照对应位置，可得到以下表格：

	16	15	14	13	12	11	10	9	8	7	6	5	4	3	2	1
1	□	□	□	□	□	□	□	□	□	□	□	□	□	□	□	□
2	□	□	□	□	□	□	□	□	□	□	□	□	□	□	□	□
3	□	□	□	□	□	□	□	□	□	□	□	□	□	□	□	□
4	□	□	□	□	□	□	□	□	□	□	□	□	□	□	□	□
5	□	□	□	□	□	□	□	□	□	□	□	□	□	□	□	□
6	□	□	□	□	□	□	有	□	□	□	□	□	□	□	□	□
7	□	□	□	□	□	□	先	生	□	□	□	□	□	□	□	□
8	□	□	境	人	力	三	之	拜	旱	□	□	□	□	□	□	□
9	□	□	于	之	阅	武	者	亭	频	□	□	其	斯	□	□	□
10	□	□	太	□	五	则	耳	□	□	□	□	高	道	□	□	□
11	十	□	极	□	月	副	虑	□	民	□	风	已	之	吾	诬	所
12	九	夫	岩	甚	而	戎	无	□	力	香	企	灭	秘	道	也	赖
13	代	□	之	车	报	以	有	□	□	草	慕	而	著	荡	然	董
14	宗	□	中	服	下	主	主	□	□	翠	其	复	为	然	其	江
15	子	我	者	礼	□	文	之	□	□	气	懿	明	太	无	间	都
16	翰	心	乎	器	大	则	者	坛	艰	象	行	巳	极	通	择	韩
17	林	非	有	窃	中	佐	耳	于	虚	如	每	晦	通	存	焉	昌
18	院	敢	□	念	丞	政	其	是	悬	新	深	而	书	矣	而	黎
19	五	督	悟	山	甚	司	其	此	霁	生	恨	复	体	有	不	二
20	经	也	鸢	川	为	铎	先	愿	月	光	不	显	本	宋	精	公
21	博	是	飞	未	嘉	以	之	自	徒	光	同	休	于	之	语	迭
22	士	所	鱼	改	悦	上	则	喜	抱	风	时	哉	主	代	焉	起
23	周	望	跃	遗	落	各	莫	日	深	伊	居	真	静	天	而	拨
24	嘉	也	于	书	量	成	敢	修	衷	人	不	万	功	生	不	乱
25	耀	因	濯	犹	之	力	后	葺	时	宛	近	世	归	我	详	反
26	仝	为	缨	存	日	愿	也	际	□	□	在	地	永	于	致	正
27	立	记	亭	有	集	捐	有	事	□	□	恻	之	赖	立	□	论
28	石	□	之	能	庠	相	庶	□	□	念	感	者	诚	□	孔	者

二、周嘉耀《重修记》碑文释文校理

依据《濂溪志》《道州志》等文献，拟对文句进行校理，以期进一步还原该碑刻：

1. □□□□□□□□□所赖董江都、韩昌黎二公迭起，拨乱反正，论者诬也。

董江都即是董仲舒，韩昌黎指韩愈，"乱"是为异端之起，"正"则为儒家之道，也即是说，董仲舒"罢黜百家，独尊儒术"，韩愈辟佛释儒，均是倡明儒学的代表。

清初理学家熊赐履《经义斋集·太极图论》云："异端蜂起，微言大义，委之草莽。以董江都、韩昌黎后先相望于千百余岁之间，而曾未能力穷其奥，而正是其统。"[1] 以董仲舒、韩愈为代表，强调自濂溪以来的理学脉络。

残碑中"……所赖董江都、韩昌黎二公，迭起拨乱反正，论者……诬也。然其间，择焉而不精，语焉而不详，致使孔……吾道荡然无复存矣"与吴大镕《道国元公濂溪周夫子志》中《濂溪祠暨濂溪书院图》内容简介的第 4 条拜殿的简介中有对联"自尧舜禹娟文周孔之传汉董唐韩，总未窥先生项背读诗书礼易春秋"，语意极其相似。此处，周嘉耀是否借用了清初的语句典籍，已不得而知，但此句无疑是为表彰先贤，羽翼经传。

2. 然其间择焉而不精，语焉而不详，致使孔□□□□□□□□□□□□□□，吾道荡然无复存矣。

"择焉而不精，语焉而不详"出于韩愈《原道》："荀与杨也，择焉而不精，语焉而不详。"[2] 此处"语焉不详"意为儒学晦而不彰。熊赐履《经义斋集·太

---

[1]　熊赐履：《太极图论》，载于《经义斋集》，齐鲁书社 1997 年版。
[2]　韩愈：《原道》，载于《韩昌黎集》，商务印书馆 1934 年版。

极图》有云:"孔子十翼,阐千古之秘,斯道昭揭,如日中天。"① "阐"即阐明、表明的意思。自孔子提出儒学思想,为中华文明之正统,"如日中天"。然至汉唐,佛教传入,道教兴起,儒学不兴,周敦颐"嗣往圣,开来哲",上承孔孟之绪,下启心性义理之学,复兴了孔孟以来隐而不显的"道统",在儒学传承中起着关键性的作用。

3. 有宋之代,天生我祖濂溪先生,传千载不传之秘,著为《太极》、《通书》,体本于主静,功归于立诚,不由师传,默契道妙,斯道已灭而复明,已晦而复显。

根据还原图表得知此句共缺漏十八字,在濂溪祠记中有较多记载:"更千百年至我国朝,天启斯道,始有濂溪周先生,独传千载不传之秘,上祖先天之《易》,著太极一图。"② 根据句中可识别文字"天生我"后应为人称,而"之秘"前应为形容词性句子,此碑乃是周敦颐后裔周嘉耀歌颂先贤而作,《周敦颐集》中提取"天生我祖濂溪先生,传千载不传之秘",与原碑文缺漏句可一定程度上的"还原"。

周敦颐作《太极图说》《通书》。湖湘学派胡宏《通书序略》对《通书》评价道:"《通书》之言,包括至大,而圣门之事业无穷矣。故此一卷书,皆发端以示人者,宜其度越诸子,直与《诗》、《书》、《易》、《春秋》、《语》、《孟》同流行乎天下。"③ 胡宏将《通书》与四书五经相比拟,作为走向圣人之学的经典。

又,黄宗羲《宋元学案》:"周子之学,以诚为本,从寂然不动处握诚之本,故曰主静立极。"④ 周敦颐所处时代,士大夫参禅修道者相率成风,儒家佛家道家三家在近千年来在中国碰撞冲突融合互补,唐宋之际,佛老盛起,三教

① 熊赐履:《太极图论》,载于《经义斋集》,齐鲁书社1997年版。
② 谢方叔:《南康军二先生祠》,载于《元公周先生濂溪集》,岳麓书社2006年版,第219页。
③ 胡宏:《通书序略》,载于《元公周先生濂溪集》,岳麓书社2006年版,第71页。
④ 黄宗羲:《宋元学案》,中华书局1979年版。

渐合一。理学家周敦颐著《太极图说》《通书》，以"诚"为本，"主静立极"，融合了儒家《易》《庸》之学。

《宋元学案》称："周子生于千载之下，不由师传，默契道妙。"缺佚部分可补遗为"不由师传，默契道妙"，使儒学复明于世。

4. 休哉！真万世永赖者也□。

该句缺漏一字，此句明显是赞扬句，末尾应为一语气词，为"也"。

《尚书·大禹谟》："地平天成，六府三世允治，万世永赖。""万世永赖"意指后世永远依赖，即对后世具有极大影响力。朱熹、张栻作《太极图说解》，引发后人不断诠释，影响波及东亚诸国。周子之学，得以万世永赖！

5. □□□□□，宗仰其高风，企慕其懿行，每深慨（或叹）生不同时居不近地之感。

根据"企慕其懿行"文义，可推测"其高风"前应为，推崇景仰。《晋书·儒林传·范宣》："宣，虽闲居屡空，常以讲诵为业。谯国戴逵等皆闻风宗仰，自远而至。"[①] 懿行：善行。朱熹："见人嘉言善行，则敬慕而记录之。"周敦颐卒于北宋熙宁六年，享年五十六。周嘉耀为其十九世嫡孙，生不同时，居不近地，先祖丰功伟绩，令其感慨不已，追慕不已。缺佚应为慨或叹。

6. □□□□□□□□□□□，莲□香草翠，气象如新，霁月光风，伊人宛在。

朱熹《像赞》："风月无边，庭草交翠。"中有风月、翠草，未提及莲，但众所周知，周敦颐有《爱莲说》一文，而他本人更是以莲自喻，莲香草翠，恰到好处。莲素有代指高洁品格之用。霁月光风用以指人的品格高尚，胸襟开

---

① 房玄龄：《范宣》，载于《晋书·儒林传》，中华书局 1974 年版。

阔，黄庭坚以此评价周敦颐的人格："舂陵周茂叔，人品甚高，胸中洒落，如光风霁月。"宋陈亮《谢罗尚书启》："霁月光风，终然洒落。"[1] 周敦颐著有散文《爱莲说》："予独爱莲之出淤泥而不染，濯清涟而不妖"，以"莲"寄寓人生理想，清廉正直，与世无争。周敦颐曾以莲自居，后世赞其有终然洒落、光风霁月之胸怀。

7. 恻念□□□□，□□水旱频仍，民力兼耗告艰，虚悬此愿，徒抱深衷。

与"旱"对应为"水"。熊赐履《请停止口外行幸疏》："且今水旱频仍，流亡遍野，而乘舆一出，扈从千官，骑乘粮刍，供亿匪易，是不可不为之念。"此虚悬应为"无着落"一意。根据文意，后一句可推测为民力兼耗告艰，以说明当时社会环境。

8. 时际□□□□□□□□生拜亭□□□□□□坛，于是私心自喜曰：修葺之事，庶几有先之者耳，虑无有主之者耳。

（吴大镕《道国元公濂溪周夫子志》中"濂溪祠堂、书院图"）

---

[1]　陈亮：《谢罗尚书启》，载于《陈亮集》，中华书局 1974 年版。

残碑原文中有"拜亭"一词，吴大镕《濂溪志》中存有《濂溪书院祠堂图》就有"拜亭"这个建筑，所以可以证实《重修记》残碑就是濂溪书院的建筑，因是活碑，后因不知名原因被移到了状元山附近。另，根据"虑无有主之者耳"，可推测前一句为"庶几有先之者耳"。

9. 有其先之则莫敢后也，有其主之则莫敢惰也。

承接上一句，前有理学鼻祖周敦颐及敕封的五经博士，后人不敢居后不前，不敢有惰性。

承接第八句，而第九句两句结构相同，字数一样，唯一不同之处就是"后"对应那一字，推测为"惰"字。

10. 三，武则副戎以下，文则佐政司铎以上，各量力愿捐，相与□□，皆同心僇力，阅五月而报竣，大中丞甚为嘉悦。

道州地方官员积极捐赠，齐心合力，不日落成。

11. 落成之日，集庶□□□□□□□人之□□甚，车服礼器，窃念山川未改，遗书犹存，有能□□□□□境于太极岩之中者乎！

太极岩：月岩，如前所述《（道光）永州府志》："濂溪以西十五里，营山之南，有山奇耸中为月岩，旧名穿岩，其距州约四十里焉，岩形如圆，廪中可容数万斛。东西两门相通望之，若城阙中虚，共顶侧行，旁睨如月上下弦，就中仰视月形始满，以此得名。"[1]

12. 有能悟鸢飞鱼跃于濯缨亭之上者哉！

"濯缨亭"为濂溪故里"三亭"之一。《（道光）永州府志》："周子故宅在其麓山下有石赘出泉，即濂溪也，人呼为圣脉泉，泉之上为有本亭，迤东为风月亭，沿流而东为濯缨亭。"[2]

---

① 张廷玉：《清朝文献通考》，浙江古籍出版社 1988 年。
② 吕恩湛、宗绩辰：《（道光）永州府志》，岳麓书社 2008 年版。

13. □□□□，希圣希天。

周敦颐《通书·志第十》："圣希天，贤希圣，士希贤。"圣人寄希望于天，贤人寄希望于圣人，士人寄希望于贤人。该句可推衍为希圣希天。

14. 夫□□我心，非敢督也。是所望也，因为记。

这件事是濂溪后裔所期望的，因此周嘉耀刻下了该事。

15. 时康熙卅□年濂溪先生十九代宗子翰林院五经博士周嘉耀仝立石。

仝：同的古字。书文的时候同时立下此碑。

濂溪故里存有《濂溪祠暨濂溪书院图》，其中第 11 条"书香世第"的后裔房间，"为官、芳两房公房"，其中"官"为濂溪十五世世袭五经博士周联官，明代在设置濂溪的五经博士时，要求世袭五经博士回道州濂溪书院奉祀，周联官万历十年（1582）承袭五经博士后回到道州奉祀先祠。尽管濂溪祠在此后数年都曾遭到损毁，数度修葺扩建，但在濂溪书院内设有宗子居住的房间，以对濂溪进行祭祀、宗祠维护等。周嘉耀作为世袭五经博士，与祭祀的拜亭有着重要的关联。易言之，周嘉耀作《重修记》石刻是以作为宗子的身份对书院新建风物，感念先贤而发。

碑文应有落款，该句后面交代了立碑人，而"十九代宗子"前应交代何时何人的十九代宗子于立下此碑，周嘉耀为周敦颐的十九代宗

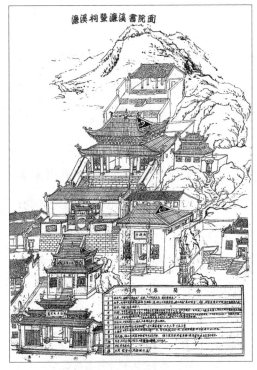

（濂溪祠暨濂溪书院图）

子，此处应用尊称濂溪先生。康熙二十四年，周嘉耀立为"五经博士"，也即是说，该碑文是二十四年之后所刻。又康熙二十六年，御书"学达性天"，该碑文是否与御书匾额有关，有待考证。

三、周嘉耀《重修记》文献价值

重修记虽为残碑，但刻于濂溪书院，作为濂溪学在清代振兴的标志，也是故里风物兴盛的见证，其价值主要体现在：

1. 完善了史志文献记载的缺略。濂溪在思想史上的记忆，是一个绵延不绝的传统。南宋绍兴年间，经胡安国倡导，在道州首建祭祀先贤的濂溪祠，祭祀与教育并重，开庙学合一的体制。其后，张栻等人努力维护地域文化，在《道州重建先生祠记》中指出："宋有天下，明圣相继，承平日久，元气胥会，至昭陵之世盛矣。宗师巨儒，磊落相望。于是时，濂溪先生实出于舂陵焉。"[1] 朱熹在《朱熹集》亦道："知濂溪云者，实先生故里之本号，而非一时媲合之强名也。"[2] 以濂溪故里为理学文化的象征。另一方面，道州州学教授郭份作《道州进士提名记》，表彰濂溪，使士子有所追寻，形成了重视伦理教化的地域特色，景定四年，宋理宗御书"道州濂溪书院"，以濂溪为学习和追迹的对象，崇儒重道，具有树立典范，肇开风气的作用。明代景泰七年，朝廷嘉奖濂溪后裔，始立周冕为"五经博士"，振兴人才，移风易俗。明嘉靖年间，经"五经博士"周绣麟等的阐扬，追慕之风梗然骤起，阳明后学相继在月岩刻石题咏，故里风物得以发扬。该碑虽为重修记，但儒雅大气，在这四百多字的重修记上

---

① 张栻：《道州重建先生祠记》，载于《元公周先生濂溪集》（卷十），岳麓书社 2006 年版。
② 朱熹：《书徽州婺源县周子通书版本后》（卷八十一），载于《朱熹集》，四川教育出版社 1996年版。

浓缩濂溪理学的精华，转物为文，加以咏叹，从一个侧面反映了周敦颐"道学宗主"地位在不断建构、演变的过程，不乏"以小见大"的独特价值。更为重要的是，重修记没有任何方志文献、金石史料的记载，意味着该石刻还是一种"原始性"的文献，给我们提供了传世文献中看不到的新材料，填补了历史文献的缺憾，为濂溪理学研究打开了别样的窗口。

2. 弥补了"五经博士"行迹的不足。"五经博士"作为与孔孟后裔同级的一个代表儒学文化源远流长的象征，在明清时期享有盛誉，但对"五经博士"事迹知之甚少，至今声名不彰，其中重要原因在于"五经博士"的学识不及士人，不入文献之列，记载遂稀，以为不登大雅之堂；周冕、周嘉耀等人又偏居穷乡，相对沉寂，影响不广，难免遭到后人的忽略。尽管赐予五经博士作为表彰理学家崇儒重道的方式，周莲于康熙二十四年提请五经博士，然因年事已高，未能赴任。周嘉耀世袭"五经博士"，对其人生经历、社会交往等知之甚少，一直处于无人问津的境地。周嘉耀《重修记》作为一种宣传，共享濂溪故里繁盛场景，彰显了后世五经博士在立身处世、日用伦常中践行理学的价值理念，促成了后人的自觉担当，成为引导故里风尚的重要力量。

3. 反映了濂溪故里的繁盛场景。经过明代阳明心学的洗礼，以及清代汉学的兴起，濂溪在学术史上的地位造成不同程度的冲击。清代稳定统治之后，借助儒学经邦治国，在全国范围倡行程朱理学，并制定了一系列"尊者儒先"的文化政策，重振士风。顺治十年（1653），"崇儒重道"确立为国策。据《清朝文献通考》载："帝王敷治，文教是先。臣子致君，经术为本。自明季扰乱，日寻干戈，学问之道，缺焉未讲，今天下渐定，朕将兴文教，崇经术以开太平。尔部即传与谕直省学臣训督士子，凡经学、道德、经济、典故诸书，务须研求淹贯，博古通今，明体则为真儒，达用则为良吏。果有此等实学，朕当不次简拔，重将任用。"① 清初以程朱理学的经典趋势，御纂《性理精义》，重用理学大臣等措施，标示着濂洛之学的复兴。濂溪后裔积极推动故里风物建设，树立故里文化形象，传播理学经典，对考察理学发展的动因是极有意义的。然则，也正是这些周冕、周绣麟、周嘉耀这些"五经博士"的阐扬与积淀，得到皇帝的嘉许，康熙二十六年，御书"学达性天"匾额送至濂溪故里、岳麓书院等地，肯定了濂洛之学作为国家官方哲学的地位，亦显示出濂溪理学对社会的运动过程产生了一定影响，这种影响又进一步助长了儒学事业传续，推动了清代振兴儒学进程。

---

① 张廷玉：《清朝文献通考》，浙江古籍出版社 1988 年版。

第四编　濂溪文献溯源

《近思录》对周敦颐思想价值的建构

"博学而笃志，切问而近思，仁在其中矣。"（《论语·子张》）从切己之事来探究学问，推及至理学的"广大闳博"，这是朱熹与吕祖谦编纂《近思录》的初衷。淳熙二年（1175），吕祖谦访朱熹于寒泉精舍，切磋问辨，"相与读周子、程子、张子之书"，因四子思想"广大闳博，若无津涯"，把周敦颐《太极图说》与二程、张载等思想融为一体成《近思录》14卷622条，便于"初学者"拾阶而上，"盖凡学者所以求端用力，处己治人，与夫辨异端、观圣贤之大略，皆粗见其梗概。"但是，在这一编辑整理过程中，如何理解"近思"？因编辑次序朱熹与吕祖谦展开了争论，二人书信往来讨论颇多，争论的焦点在于卷首"道体"编次，成为理学发展的一个关键性问题，朱吕二人对"道体"的讨论是否兼有同异？围绕《太极图说》中的关键词发生了怎样的变化？在这一变化中，周敦颐的思想有着怎样的阐释张力？

一、《近思录》"道体"的两种不同记述

朱熹与吕祖谦围绕道体的讨论是理学发展中的重要问题，在这一过程中，"道体"逐渐被揭开、积累和推进。特别值得指出，《近思录》作为北宋四子思想集成的经典范本，成书未久，很快就风行一时，朱子在《答黄仁卿》中曾说道："看《春秋》外，更诵《论》《孟》及看《近思录》等书，以助其趣乃佳。"[①] 朱子将《近思录》注入《春秋》《论孟》的体系之中，作为儒学的基本经典。又向弟子陈淳说："《近思录》好看。四子，六经之阶梯；《近思录》，四子之阶梯。"[②] 儒家经典之间有着为学秩序的阶梯关系，学者如果要了解儒家的"六经"，就需要通过四子思想的诠释；而要理解北宋四子之道，则必须通过《近思录》。因此，"《近思录》好看"，这是初学者走进理学的"门径"，也是周张二程与孔曾思孟、尧舜文武的弥合。

令人感到奇怪的是，朱子在《答吕伯恭第四十一书》中，同时又提出《近思录》"难看"："《近思录》近令抄作册子，亦自可观。但向时嫌其太高，去却数段（如太极及明道论性之类者），今看得似不可无。"[③] 这似乎与朱子推崇《近思录》"好看"正相矛盾。又根据陈来先生考证，此书作于乙未八月，当时《近思录》业已成书，意在征求吕祖谦意见。为什么会有两种截然不同的看法？《近思录》究竟是"好看"还是"难看"？这是辑录者的错误还是理解偏差？还是背后有着怎样动因？

稍加考察就会发现《近思录》的"难看"，正在于"太极及明道论性之

---

① 朱熹：《答黄仁卿》，载于《晦庵先生朱文公文集》（卷第四十六书），四部丛刊景上海涵芬楼藏明刊本。
② 王懋竑：《朱子年谱》（卷二），四库全书本。
③ 朱熹：《答吕伯恭》，载于《晦庵先生朱文公文集》（卷第三十三），四部丛刊景上海涵芬楼藏明刊本。

类"上。淳熙三年（1176）四月吕祖谦在所作序中曾提出商榷："《近思录》既成，或疑首卷阴阳变化性命之说，大抵非始学者之事。祖谦窃尝与闻次缉之意，后出晚进，于义理之本原虽未容骤语，苟茫然不识其梗概，则亦何所底止？列之篇端，特使之知其名义，有所向望而已。"①按照吕祖谦的解释，《近思录》的次辑之意主要有二：一是学习"义理之本原"应该是一个自然而然的结果，因此《近思录》的篇端应该是统领思想的发展，使后学"知其名义，有所向望"。二是站在初学者难以理解的立场，"阴阳变化性命之说"义理高深，不便于后学的理解。从"太极及明道论性"的文本看，这属于《近思录》卷首"道体"的核心内容，但无论是"太极及明道论性之类"还是"阴阳变化性命之说"，视角都聚焦在《太极图说》的理解上。吕祖谦在《序》中非常清楚地表明了自己的担忧："若乃厌卑近而骛高远，躐等陵节，流于空虚，迄无所依据，则岂所谓'近思'者耶？"②近思就是思考所能接近之事，按何晏《集解》的解释"近思者，近思己所能及之事"，"厌卑近而骛高远"将义理高深的"道体"置于卷首岂不成了"远思"？这显然是从文本理解的角度考虑读者的接受能力。

如何弥合"太极""阴阳变化性命之说"的问题成为摆在朱吕编辑过程中的一道难题。朱熹在吕祖谦《答或人第十书》中曾给出过解释："《近思录》本为学者不能遍观诸先生之书，故掇其要切者，使有入道之渐。若已看得浃洽通晓，自当推类旁通，以致其博。若看得未熟，只此数卷之书尚不能晓会，何暇尽求头边所载之书而悉观之乎？"③道体作为义理思想的本原，虽然对于初读者而言是难以理解的，但却是统摄四子思想的基底。如果说，没有这样一个形而

---

①②　朱熹：《朱子全书》（第 13 册），上海古籍出版社、安徽教育出版社 2002 年版，第 165 页。
③　朱熹：《答或人》，载于《晦庵先生朱文公文集》（卷第四十六书），四部丛刊景上海涵芬楼藏明刊本。

上的根基，如何系统化地展现理学的内在逻辑结构？又怎样从根本上建立一个"近思"的思想体系？不难理解，围绕"道体"的确认在朱熹与吕祖谦之间存在着微妙的张力，这种争论的背后，潜藏着理学建构与儒学阶梯的理解差异。对于这个问题，朱子晚年时又反复提醒门人后学，"《近思录》首卷难看。某所以与伯恭商量，教他做数语以载于后，正谓此也。若只读此，则道理孤单，如顿兵坚城之下，却不如语、孟，只是平铺说去，可以游心。"①《太极图说》是构建形上体系的一个重要线索，朱熹的回答在一定程度上可以看作了对道体架构的回应。实际上，朱熹并没有否定因太极、阴阳五行、性命等话题义理深奥，而是将其作为理学思想架构的核心预设。因此，"看《近思录》，若于第一卷未晓得，且从第二、第三卷看起。久久后，看第一卷，则渐晓得。"可以说代表朱熹思想的成熟看法。在《答严时亨》也有类似的总结："《近思录》一书，皆是删取诸先生精要之语，以示后学入德之门户，而首卷又是示人以道体所在，编入此段，必不是闲慢处。"②尽管朱熹的诠释并不必然优于吕祖谦，但却与吕祖谦各自代表了一种诠释的路向。《太极图说》作为《近思录》首卷，重要的原因是理学思想的建构，以及理学话语的传输问题。饶有意味，这种判断在朱子门人黄榦那里，似乎也并没有一个相对合理的解决，黄榦在《复李公书》对这一思想统绪也有提及："至于首卷，则尝见先生说其初本不欲立此一卷，后来觉得无头，只得存之。今近思反成远思也。以故二先生之序，皆寓此意。"黄榦的立场，似乎是站在首卷难以理解"反成远思"的一边。

换个角度看，按照王懋竑《朱子年谱考异》的说法："（乾道）九年癸巳夏

---

① 王懋竑:《朱子年谱》(卷二)，四库全书本。

② 朱熹:《答严时亨》，载于《晦庵先生朱文公文集》(卷六十一第六十一书)，四部丛刊景上海涵芬楼藏明刊本。

四月，《太极图说解》《通书解》成……东莱书壬辰有改定太极图说解之云，则必不至于癸巳而后成矣。又按：己丑、己、亥皆订正太极、通书，不云有解也。丁未作通书后记：'戊申始出太极、西铭两解以示学者。'年谱以书解附焉。东莱与朱子书云：'太极图解近方得本玩味，浅陋不足窥见精蕴，多未晓处，己疏于别纸。'其书在戊子。又云：'太极所疑，重蒙一一镌诲。'"① 从朱子思想发展的整体脉络说，乾道淳熙年间是对北宋诸子思想整理最为集中的时期，将《太极图说》置于卷首并非偶然的现象，而是有意识地将其作为"道体"的资源加以利用。但此时吕祖谦却以"多未晓处""重蒙一一镌诲"求教于朱子，可见围绕《太极图说》已是分歧重重。从时间上看，《太极图说解》成书于乾道九年，比《近思录》早二年，因此将《太极图说》列于《近思录》卷首其实并非源于个人的别出心裁，完全是对周敦颐思想学说的建构目的。以此而言，朱熹将《太极图说》列入《近思录》卷首，实是朱子理学建构的应有之义。这也正是钱穆先生在《〈近思录〉随劄》中所说的，"朱子编辑《近思录》一书，凡分七篇十四目。首为'道体'，此两字亦有大讲究。"② 这一"讲究"既上达于太极天理，又下学于日用常行。在这一过程中，朱吕二人的定位终究是有所不同，尽管吕祖谦没有作出否定的回答，在这一冲突中似乎也接受了朱子的做法，但更实质的问题在于"后来讲学家力争门户，务黜众说而定一尊，遂没祖谦之名，但称'朱子近思录'，非其实也"，朱子对《近思录》的主导性建构意义，使得后世学者更愿意把《近思录》作为朱子的思想成果进行研读。

随着朱熹道统观的深入，朱吕二人编纂《近思录》本为"穷乡晚进，有志于学，诚得此而玩心焉，亦足以得其门而入矣"，成书之后却引起了极大的反

---

① 王懋竑：《朱子年谱考异》（卷一），四库全书本。
② 钱穆：《宋代理学三书随劄》，九州出版社 2019 年版，第 191 页。

响，正如葛兆光先生所概括的，"其实选本就好像是范本，也好像是标本，就好比教科书，一旦选进去，就等于承认了它的正宗性质，所以这就构成了一个真理的谱系"①，在这一"真理的谱系"中，正是朱熹坚持将《太极图说》置于"道体"之首，构成了宋代理学"道统"起源的内在资源。而相较于濂溪文集的传播情况，《太极图说》作为《近思录》集成形态的开篇，以一种变通的方式取代原来由附庸《通书》的单篇文献，极大地推动了周敦颐思想的传播。并经由朱子的阐释受到广泛重视，生发了层出不穷的续补注本，形成了各自不同的诠释道路。

二、南宋"道体"思想的递相阐释

《太极图说》作为考察"道体"渊源的标志，深入分析其中的思想范畴，不难发现，周敦颐用《太极图》来表示"天道"，作为一种"图语性"文本，并没有大幅的文字标示，只有无极太极、阴阳、五行、男女、万物五个圈，以及"太极图""乾道成男""坤道成女"的文字标识，因此，又作《说》联系起来阐释，用图像思维探索万物化生的路径。这一过程，可以说从内容到形式都丰富了儒学的传承方式与意义形态，这正是朱子道体建构的聚焦点。

特别是《太极图说》首句"无极而太极"给宇宙万物化生一个整体的解释，这是最具高度的枢纽话语。从思想话语来看，"无极而太极"中的"太极"，承接《易经》"易有太极，太极生两仪"阐发宇宙的本原的说法，将太极、阴阳系统地结合起来，作为天道性命治学的起点，以此阐发万事万物的终极道理。从周子原文主旨说，这些典籍讨论太极、阴阳等概念，既是承接《易经》

---

① 葛兆光：《思想史研究课堂讲录续编》，生活·读书·新知三联书店 2012 年版，第 61 页。

《中庸》学术的根基，也确是传统儒学的核心部分。

核心的问题在于，如果"太极"是理解宇宙万物的根本，但为何又出现了"无极"一语?《太极图说》本身并没有具体的交代，朱熹对这一原创思维，明确指出，"上天之载，无声无臭"，这就是"无极"的特殊用法。无极就是一种无形无象的存在，是指一种无限性，"既是指空间上的不可穷尽，也是指时间上的没有终始"①，朱熹对此可谓倾注了极大的心力，对于"无极"并不是否定，而是如何避免有生于无而走向佛道思想。站在主体的角度来说，朱子并不是一开始就有这样的认识，在"延平本"《太极图通书后序》中特别提到："如《太极说》云：'无极而太极'，而下误多一生字。"② 从形式上看，虽然字面上只有细微的差别，但这种文本上的差异其实意味着义理上的不同，有感于佛老害道，朱子以"故曰'无极而太极。'非太极之外，复有无极也"。③ 其中"而"就是"如"，直接否定了有生于无的表述。在一定程度上说，如果将"太极"解释为"造化之枢纽，品汇之根柢"，是化育阴阳、化生万物的起点，那么"无极"是宇宙尚未出现的寂然无为的状态。在朱熹的阐释中，显然包括了一个洞见，那就是无极与太极是一个等值的表述。无极就是太极，太极也就是无极，二者在语意上相互发明。因此，直接点出"圣人谓之太极者，所以指夫天地万物之根也。周子因之而又谓之无极者，所以著夫无声无臭之妙也。然曰'无极而太极''太极本无极'，则非无极之后别生太极，而太极之上先有无极也"。④ 称"太极"是因为它作为宇宙的本原，称"无极"则是因为它无形无象，以此揭示无极与太极的内在关联，这是作为理解道体思想的关键。结合朱汉民

① 朱汉民：《湘学通论》，高等教育出版社2016年版，第146页。
② 周敦颐：《元公周先生濂溪集》，岳麓书社2006年版，第75页。
③ 周敦颐：《元公周先生濂溪集》，岳麓书社2006年版，第2页。
④ 朱熹：《答杨子直》，载于《朱熹集》，四川教育出版社1996年版，第2154页。

先生对"道体"的相关解释来看,"《近思录》首卷的'道体',其基本学术任务,就是将早期儒家看作是'应然'目标的仁义之道、忠恕之道、中庸之道,统统论证为源于必然法则的天道。"①朱熹借此"必然法则"核定思想文本的权威地位,由此确立统一文本形态的阐释权力。

周敦颐《太极图说》以天道性命之学为主题,通过"太极-阴阳-五行-万物"这样的"同构互感"范畴中实现形而上化,但是朱熹在这一形而上架构中,表面上是突出无极与太极的关系,但实质则暗含"无形有理""本末体用"等彼此贯穿理学发展关键的命题,使得《太极图说》的典范模式发生了转移,上升到形上的哲理思考。这种阐释,朱熹在《太极图说附辩》也曾自述:"愚既为此说,读者病其分裂已甚,辩诘纷然,苦于酬应之不给也,故总而论之。大抵难者或谓不当以继善成性分阴阳;或谓不当以太极阴阳分道器;或谓不当以仁义中正分体用;或谓不当言一物各具一太极。"其中"阴阳分道器""体用""一物各具一太极"是义理争论的核心要点,尽管这些质疑来自对朱熹诠释《太极图说》的义理结构,但在诸儒的争论之中对太极阴阳五行的展开逐渐成为理气心性的探讨。一定程度上,为周敦颐学说的诠释提供了多重建构的资源。

淳祐元年(1241),周敦颐、二程等人从祀孔子庙庭,叶采、杨伯嵒等人围绕《近思录》展开了新的讨论,影响较大。杨伯嵒《泳斋近思录衍注》作为最早的注本,"伯嵒据晦翁曰:'上天之载,无声无臭',而实造化之枢纽、品汇之根柢也。故曰'无极而太极',非太极之外复有无极也。"(杨伯嵒《泳斋近思录衍注》)而对"主静"的解释,"[旧注]无欲故静。伯嵒据南轩先生《太极图解义》云:人而不能反其初,则人极不立,而去庶物无几矣。"(杨伯嵒

---

① 朱汉民:《〈近思录〉的道学体系与思想特色》,《北京大学学报》(哲学社会科学版)2022年第5期,第8页。

《泳斋近思录衍注》）以当时影响较大的朱熹与张栻《太极图说解》为基础，衍注自己的理解，由此朱张的诠释被当作《太极图说》接续的前提，形成了不同文本层次的积累。

与《泳斋近思录衍注》同时期的叶采《近思录集解》，"朝删暮辑，逾三十年"辑成，淳祐十二年上表《近思录》为"我宋之一经"，在《序》中提到"天相斯文，是生濂溪周子，抽关发朦，启千载无传之学"，高度肯定周敦颐的思想贡献，对南宋以后理学的发展影响最大。叶采从蔡渊、李方子、陈淳等人问学，以"无极而太极"为例，叶采转述蔡节斋的说法，并对朱子阐释的义理进行发挥。"故主太极而言，则太极在阴阳之先；主阴阳而言，则太极在阴阳之内。盖自阴阳未生而言，则所谓太极者必当先有；自阴阳既生而言，则所谓太极者即在乎阴阳之中也。谓阴阳之外别有太极常为阴阳主者，固为陷乎列子'不生''不化'之谬，而独执夫太极只在阴阳之中之说者，则又失其枢纽根柢之所为，而大本有所不识矣。"（叶采《近思录集解》）叶采在对"无极而太极"进行解释时，从"主太极而为言"与"主阴阳而为言"两个方面作了区分，阴阳未生之前，太极已然存在；阴阳生发之后，太极则在阴阳之中。无论是在阴阳之外还是在阴阳之内，太极作为一个万物生生的主宰，因道理流行而应接事物。并以"愚按"的形式进一步解释，太极与阴阳的先后上存在一种矛盾，"节斋先生此条所论，最为明备，而或者于阴阳未生之说有疑焉。若以循环言之，则阴前是阳，阳前又是阴，似不可以未生言。"（叶采《近思录集解》）指出蔡渊从太极和阴阳两个角度分别展开，所论最为完备。另一方面"阴阳未生之说"不无可议之处，并未完全照搬蔡节斋的说法，太极应是"具于阴阳之先而流行阴阳之内"，从中演绎出太极阴阳分先后，尽管如此阴阳动静始终离不开"太极"这个圆心的存在，但不能说太极在阴阳未生之前就不存在。从思想内涵上说，太极具有阴阳动静之理是朱子提出的命题，叶采从太极阴阳动静发展到未生已生之说，这是对《太极图说》诠释递相推进的发挥。但就主题来说，朱子对于太极、阴阳的理解固然可以概括为"体用一源"，与蔡节斋"阴阳未生"自是不同，但叶采的"未生""已生"之说虽类似于蔡节斋但实与朱子《太极图说解》有所差异，在这不同的出发点中，构成了宗朱学者对叶解批评的主要原因。

儒家学者对《近思录》的关注，推动了理学思想的传播，而《太极图说》由此成为儒学发展的经典依据。以朱子《太极图说解》的线索逐次展开，"太极"的命题在《近思录》中从多个层面得到推进。朱学门人蔡模续编《近思续录》《近思别录》，引证《朱子文集》中"'动静无端，阴阳无始'，天道也。始于阳，成于阴，本于静，流于动，人道也。"（蔡模《近思续录》）可以看到，围绕周敦颐、二程、朱熹等传承线索逐次展开，不仅有"无极太极之妙"的理解，还推导出程颐《程氏经说》中"动静无端，阴阳无始"的运行不止的说法，这是《近思录》接续发展的一个起点。从逻辑上看，尽管这些阐释对太极阴阳有比较细碎的论证，但大体都是沿着《太极图说解》的思想理路展开。随后，熊节编《新编音点性理群书句解》收录蔡模《近思续录》十四卷，"建安后学"熊刚大注对内容逐句注解，卷前作有题记："周张二程之格言，文公已分门类编集。今觉轩先生复取文公之格言，依其门类编作《近思续集》，理学之书尽在是矣。"（熊节、熊刚大《新编音点性理群书句解》）通过注文提升了对《近思录》的理解，例如，"其高极乎无极太极之妙"熊氏注解为"极具高妙，惟无定极之中，有至定极之理"。"而其实不离乎日用之间"注解为"探其幽赜，论其阴阳之变，合五行之顺布"。熊刚大本虽然没有单行刊刻，但从朱子《近思录》到蔡模《近思续录》再到"句解"，固然给"近思"注入了新的阶梯。

三、"道体"在明清传播中的多重转译

朱子将《太极图说》置于《近思录》卷首并作有《太极图说解》，这是《太极图说》传播接受中最为重要的一次变化。后世学者正是在朱子整理、诠释的基础之上理解《太极图说》，在这种接力棒式的过程中，《太极图说》作为思想资源成为促使理学格局形成发展的动力。

1. 集注集释。围绕"太极"与传统儒学的关系，乾隆元年（1736）茅星来按照考据学家整理文献的传统阐发《太极图说》，代表儒学传承的另一种思路，影响最大。基于《太极图说》中"太极-阴阳-五行-万物"的演化图示，结合朱子思想，"《易》所言太极，在两仪、四象、八卦之先。此所谓太极，即在阴阳、五行、天地、万物之中。彼处有次第，此处无次第也。盖彼处在圣人画卦上说，须是以渐生出，故有次第；此则直就阴阳五行天地万物自然之理言之，故无次第也。"（茅星来《近思录集注》）援用元儒吴澄等人的观点，"吴草庐曰：太极无动静，动静者气机也。气机一动则太极亦动，气机一静则太极亦静。故朱子释云：'太极之有动静，是天命之流行也。'此是为周子分解太极不当言动静，以天命之有流行，故只得以动静言也。"（茅星来《近思录集注》）吴澄以"气机"反证朱子"天命之流行"，指出动静的原因在于"气机"，反映出《太极图说》的认知差异与诠释演化。与茅星来同时期，黄叔璥编《近思录集朱》，在《序》中提到："诠释《近思录》所载者什之七八，有非系正条，以类而推，而其实理相通者又什之二三。"（黄叔璥《近思录集朱》）以朱子注释为"原注"，集朱语录"补以儒先成语"，揭示了《二程遗书》、朱子汇次之间《太极图说》的话语关联。这类做法与江永《近思录集注》的"采朱子之言"有着相似之处，将《太极图说》作为理学发展中的特殊标识，"历代朱子学者接连不断编纂出面目各异的《近思录》'集朱续录'，正是他们对朱子理学思想的认知差异和诠释演化的一个绝佳缩影。"①不断凸显在话语接续的意义，清儒汪绂《读近思录》以"融贯经义"的方式阐发了对《近思录》的理解，"孔子言'易有太极'，言交易、变易者，有至极之理存焉也。周子言'无极而太极'，言冲漠无朕之中而实有太极之理也；又言'太极本无极'，言此至极之理，本无朕兆之可窥、声臭之可得也。"（汪绂《读近思录》）从孔子到周敦颐到朱子阐释"太极"中"至极之理"，由这个"理"推导出"以在天言之，'万物资始'，可不谓极乎？'无声无臭'，可不谓无乎？以在人言之，'喜怒哀乐之未发'，可不谓无乎？未发之中，'天下之大本'也，可不谓极乎？君子近取诸身，夫亦大可见矣"。（汪绂《读近思录》）由天道推导出性命之学，反映佛道盛行的背景下回归儒学的融贯理解。

2. 续编补注。着眼于对义理的阐发，张习孔《近思录传》有着自己特别的问题意识。例如对"太极动而生阳，静而生阴"提出了详细的阐释，"此是周子立言，不能一齐并说出，故先说个动而生阳，阳极而静，静而生阴。其实一时俱有，不分后先，要看'互为其根'一语，非是待阳动极了然后生静。盖太极有动静，便有盈虚消长之理。"（张习孔《近思录传》）指出太极的动静不是"不分后先"，其中包含着"盈虚消长之理"，有着自己对《太极图说》关涉问题的理解。刘源渌《近思续录》中对《太极图说》有过总结："朱夫子《太极说》一章，凡五节。曰：动静无端，阴阳无始，天道也。始于阳，成于阴，本于静，流于动者，人道也。然阳复本于阴，静复根于动，其动静亦无端，其阴阳亦无始，则人盖未始离乎天，而天亦未始离乎人也。"（刘源渌《近思续录》）结合"动静无端，阴阳无始"的命题阐明天道与人道不相离，融合《太极图说》与阴阳动静的思想旨趣更为明显。

有关《太极图说》问题的阐释上，陈沆《近思录补注》可谓别具只眼。

---

① 严佐之：《〈近思录〉后续著述及其思想学术史意义》，文史哲2014年第1期，第56—65页。

"魏默深曰：'无极而太极'一语，自象山与朱子三书辨难，疑乎太极之不沦于无也。及罗整庵理不载气先之辨，亦以周子此语为首疑，盖疑乎太极之不滞于有也。千载聚讼，即主周子、朱子之说者，亦不过'无形有理'之言与夫'不离乎气''不杂乎气'之二语，然终疑其赘。"（陈沆《近思录补注》）从朱熹与陆九渊的辩论，到罗钦顺抵制阳明学说的辩论中修正朱子"理先气后"论，反对理的主宰说，提出实体是气，理只是这一实体的固有属性的说法，因此，围绕"理""气"的讨论，其实是《太极图说》关键的问题。在魏源看来，"说者不就卦画言，而第悬空说理"，希望回归到《太极图》上来，"故吾从而以圆者图之耳，自首节至第六节，皆指图中圈线而言。则无不一望了然，直捷简易，不独可释象山太极前有无极之疑，亦可解罗整庵乌生气之惑矣。"（陈沆《近思录补注》）以《太极图》来阐释理气问题，以"未有阴阳之前，先有一混沦之物以生天生地"的观点批判"整庵谓'理者只是气之条理自然不可易者而已，气外无理，阴阳之外无太极'"（陈沆《近思录补注》）的说法。魏源是"睁眼看世界"的第一人，将"说"与"图"相互配合论证理气向后的问题，以此否定罗钦顺提出的"气外无理""阴阳之外无太极"的观点，具有一定的时代意义。于此，陈沆在按语中说道："默深此说似浅近而实简易，较诸家争先后争有无、悬空揣测于无形无影之地者，有支离、切实之分矣。"（陈沆《近思录补注》）而陈沆以问题意识递相发展朱熹、罗钦顺、魏源的学说，这正是支撑《太极图说》深化的基础。

而另一位湖湘学者郭嵩焘著《近思录注》，作为读书劄记，主张以湖湘理学经世致用为务，从体用关系中进一步引申出讨论的问题：朱子的阐释是否与周敦颐《太极图说》有异？例如对"君子修之吉，小人悖之凶"的阐释，直接指出"修之则为君子，悖之则为小人。疑朱子以圣人、君子分等差，非周子立言之旨"。以"修"与"悖"的阐释理解朱子"圣人、君子分等差"，实际上是对朱子诠释的异议，体现出湖湘学人护卫周子理学的时代趋向。

  3. 仿编别录。"太极"之说出自天道本体，不少学者将"性""乾元"等学说联系起来用以说明"道体"。以朱子思想接续四子，汪佑《五子近思录》"取《节要》合编制，犁然五子，如五行之不可阙一矣。更取《学的》与《节要》合订焉，由五子而阶梯四子、六经，由群儒大成而阐释群圣大成，所称科级毕具"。在《近思录》中将"朱子精微之言吻合于四先生者，增入各卷篇末"，以"道体"篇为例，其中"原五十一条补三十一条"，集朱子之大成。"晦庵先生曰：太极只是一个理字。""阴阳只是一气，阳消处便是阴，不是阳退了又别有个阴生。"以"《学的》与《节要》"中的言论，解读"太极""阴阳"等话题，以朱子补辑北宋四子之"阶梯"，形成了接续发展的线索。针对汪佑《五子近思录》而来，施璜作《五子近思录发明》指出："迨读北平孙氏《学约续编》，亦谓薛、胡、罗、高四先生，羽翼周、程、张、朱五先生者也。于是汇萃其精要者，以附于各卷之末，盖即以四先生之言发明五先生之旨，而意益亲切，语更详备焉。"（施璜《五子近思录发明序》）罗列了薛瑄、胡居仁、罗钦顺、高攀龙四先生之言注解"五子"。在这一渊源脉络中，施璜特别表彰将《太极图说》置于卷首的做法："首卷便掇取《太极图说》冠于篇端，何哉？盖朱子教人从事圣贤之学，而圣贤之所以为圣贤者，不过穷理尽性，以至于命而已。"（施璜《五子近思录发明》）这种表述，突出《太极图说》贯通性命之学的价值，以周敦颐作为"四先生"的源头："故首列《太极图说》于篇端，使人粗知天理之根源，略明人物之始终，以正其趋向，而定其阶梯，不至于错走路头也。"（施璜《五子近思录发明》）按照这种说法，薛瑄等人思想也进入到"五子"传统而成为内在的构成。特别是，在第一条语录的卷尾，又附录《附太极图并解》并作有说明："此周子画图立说，揭出太极全体以示人，君子当修中正仁义，以求体夫在我之太极也"（施璜《附太极图并解》），从《太极图说》返归《太极图》以及朱熹的《解》，这是渊源式的追踪，关注的焦点在于以"四先生"的研究话题，贯穿起理学道统传承的基础。

沿袭朱子将"太极"作为形上哲学的归宿，儒家士人以朱子《太极图说解》为基础扩充演化，蔡模《近思续录》《近思别录》，并没有在《近思录》原本中寻章摘句，而是接续朱子的说法，进一步延伸，明代江起鹏作《近思录补》十四卷，在"道体类"中收录七条"太极"语录，包括晦庵、南轩、敬轩、敬斋等人，"（薛瑄）太极图，一言以蔽之，曰'理气'而已""周子之'太极'，即《中庸》之'诚'。"以时代关注为切入，成为《近思录》层累的接受史。以此思路，清儒张伯行以推阐程朱理学为己任，荟萃张栻等理学家语录为《续近思录》《广近思录》，延续"近思"阶梯之说的做法，从道统建构的视角进行建构，"这道体浩浩无穷。""道体浑然，无所不具。而浑然无不具之中，精粗本末，宾主内外，有不可以毫发差者。故虽文理密察，缕析毫分，而初不害其本体之浑然也。"（张伯行《续近思录》）以朱子"道体"的理解为总述，仅仅是儒学本体的一种复述，并没有甩开"太极"作为形而上天道性命之学的本质。又如，《广近思录》首条辑录"张南轩曰：太极，所以形性之妙也。性不能不动，太极所以明动静之蕴也。极乃枢极之义，圣人于易特名'太极'二字，盖示人以根柢，其义微矣。"（张伯行《广近思录》）用张栻的"性"等学说转述对"道体"的理解，从多个方面肯定太极作为道体思想的表达。

从《太极图说》到朱子的诠释，濂溪理学经历了一个积累的过程，周敦颐思想因此得以发扬光大，各种不同形态的集注、续补促进了《近思录》学术文化的深广进展，但无论是对《近思录》话题的接续，还是对理气心性话题的讨论，在本质上都是"无极太极""理气心性"的累积与延展，使得《太极图说》隐含的多重义理思想得到释放，在传播中不断衍生，在衍生中持续丰富，实现了《太极图说》作为儒学经典的理论建构。

《濂洛风雅》的文体建构与思想表达

以周敦颐、二程、朱熹等理学诸人的诗歌、散文荟萃为《濂洛风雅》,开启了道学家诗文的先例,成为宋元理学史上一部别开生面的文集。《四库提要·仁山集提要》称:"自履祥是编出,而道学之诗与诗人之诗千秋楚越矣。夫德行、文章,孔门即分为二科,儒林、道学、文苑,《宋史》且别为三传,言岂一端,各有当也。"① 宋元遗民金履祥编《濂洛风雅》,作为宋元诗人的一种选本,其"千秋楚越"的影响与其说在古诗之义上,不如说表现为"道学之诗"与"诗人之诗"的区别中,以致理学、文学与儒学由此分野,因此在思想表达与题材选择上有着特殊的典范性与代表性。尽管目前对《濂洛风雅》的文本性质、流派研究、史料研究,以及校勘、辑佚的研究皆有讨论,但"道学之诗"与"诗人之诗"的分野正可以作为文体建构与思想表达融合的关键点。

---

① 纪昀:《四库全书总目(集部)》,乾隆武英殿刻本。

一、"风雅之遗"：《濂洛风雅》的文体选择

《濂洛风雅》是周敦颐、二程等人诗文的具体指称，也是宋元之际的学术思想流派。尽管唐良瑞"元贞丙申（1296）四月既望"所作《序》说明编纂缘由："仁山金子吉甫翁馆我齐芳书舍，暇日相与纵言，至于诗，因见其所编萃有曰《濂洛风雅》者。"① 依其表述，金履祥作为南宋遗民隐居不仕，掌教齐芳书院，纵言诗书甚多，编有《濂洛风雅》。但是，对于成书的过程，并未说明"风雅"之题，给后人留下了较大的发挥空间。柳贯在《行状》中说："先生之学，以其绝禀济之精识，得于义理之涵濡，而成于践修之充阐，研究经义，以究窥圣贤心术之微；历考传注以服袭儒先识鉴之确。无一理不致体验。"② 金氏精于"圣贤心术"，以推阐程朱理学为己任，对于赓续道统谱系、承接成为连续稳固文明的内在潜流思想文明有着深刻的认识。又据《（万历）金华府志》载："（齐芳书院）唐良骥建。以延金仁山先生讲道而著述焉。其弟良知、良史、良瑞皆从先生学于是。而良瑞号石泉，尤知名，尝取仁山所编《濂洛风雅》，分其类例，梓传于世。"③《濂洛风雅》成书之后，并未即时付梓刊行，后由唐良瑞刊刻于世。从学理上看，《濂洛风雅》形成得益于金履祥宗仰濂洛的精思，但若从文本成书的过程上说，唐良瑞以与金履祥问学请益作为通向读书求道的要途，他才是具体刊印的操觚者。

作为宋代遗民，金履祥对朱子以来的道统谱系是熟悉的，因此卷首录有道统传承谱系，即《濂洛诗派图》，这是典型的宋明理学的道统观念，包含周敦颐、二程、杨时、张载、邵雍等诸儒姓氏目次。但仔细梳理，理学诸子的先后

---

① 唐良瑞：《濂洛风雅序》，载于《金仁山先生文集·濂洛风雅》，上海古籍出版社 2022 年版，第 351 页。
② 柳贯：《故宋迪功部史馆编校仁山先生金公行状》，载于《柳待制集》（卷二十），四部丛刊。
③ 王懋德、陆凤仪：《（万历）金华府志》（卷二十四），万历六年刊本。

次序中又有一条主线贯穿其中，这就是"周敦颐—二程—杨时—罗从彦—李侗—朱熹—黄榦—何基—王柏"的"诗统"谱系，形成以溯源王柏为主脉的叙述起点。另一方面，《元史》中所述，"（金履祥）知向濂洛之学，事同郡王柏，从登何基之门。基则学于黄榦，而榦亲承朱熹之传者也。"① 据唐良瑞《序》记载："龟山载道而南，伊洛宗派在中原者，自文公《渊源录》已难尽考。"② 自杨时传濂洛之学传至东南闽地，到朱子《伊洛渊源录》以后，思想学说需要有一个强大的基础和依托，这就是儒学道统的延续。又据唐良瑞《濂洛风雅序》记载"近闻许鲁斋师友传授之盛，然其文章皆未闻之闻，然其文字皆未之闻，虽文公诸门人文集亦多未出"③，与许衡为元朝兴教育不同，金履祥作为政治史上的"失语者"，《濂洛风雅》用诗歌的语言谱系梳理道学流脉，从师承传统中选择自己的精神立场，体现的是历史转向中的现实理想关怀。在某种程度上说，《濂洛风雅》所贯注的是金履祥作为南宋遗民的气节与心态，目的在构建一个濂洛之学共同的知识话语体系。正是这种对宋元更迭中道统逐渐衰退而代之以文学形式传道，内在自有一种精神构建的元素。

尽管《濂洛风雅》取材于理学家诗文，但文集却不以流脉为章节，唐良瑞在《序》中说"以师友渊源为统纪，而未分类例"。因此，如何处理这些资料？内在有一个思想重铸与文本阐释的问题。"第《风》《雅》有正有变，有大有小，虽《颂》亦有周、鲁之异体，则今日风雅之编，不可不以类分也。于是断取诗、铭、箴、诫、赞、咏四言者为风雅之正体，其楚辞、歌、操、乐府、韵语则风雅之变体，其五七言古风则风雅之再变，其绝句、律诗则又风雅之三变也。"④《礼记·经解》说"温柔敦厚，诗教也"，《诗经》作为周礼文化的建

---

① 宋濂、王祎：《元史》（传第七十六），百衲本。
②③④ 唐良瑞：《濂洛风雅序》，载于《金仁山先生文集·濂洛风雅》，上海古籍出版社 2022 年版，第 351—352 页。

构，秉持伦理教化的传统，展示的是尊重传统、温柔敦厚的正统之学。而《濂洛风雅》标榜的是《诗经》所开创的讲求"兴寄"的诗歌传统，因此以"四言"对应"正体"，"楚辞、歌、操、乐府、韵语"等四言体则是诗之"变体"，再后来唐宋时期诗体以四言到五言、七言可以成为"再变"，至"绝句、律诗"则为诗之"三变"。在具体的编类中，"古体"与"今体"作为主流，在"古体"中分为三种类别："古体""古体之次""五言古风"，严格遵循《诗经》的体例。"今体"则为"七言古风""五言绝句""七言律诗"，突出句势字数、音律的划分，从而梗概地总结了"以诗为经"的演变线索。

如果说，《诗经》从民间口头流传、采诗写定、孔子删诗到汉代的经典化，作为文本形成的四个阶段，那么相比于理学义理著作，《濂洛风雅》因理学与诗文的关联而具有了神圣性，但是，与"道统"作为思想正宗的过程相比，《濂洛风雅》在刻书之后却一直晦而不显，似乎并没有得到应有的关注。仅就目前所见，唐良瑞于元贞二年的刊本已经佚失不存。近来，上海古籍出版社重新整理"北山四先生全书"，重新发现"台北本"，提到"台北'故宫博物院'藏一明抄本七卷，四周双栏，白口，每半页十一行，行二十字。书首钤'真赏斋'及'沧江渔父'两枚藏印。此本文字精善，前为唐良瑞序，当系出元刻"。① 从弘治年间开始，《濂洛风雅》的传播发生了很大的变化，目前流传较广的是日本内阁文库的明抄本，有"嘉靖乙丑春顺天府开刊"牌记，完整地保存了弘治本七卷的原貌，其中的顺天府即为韩国全罗南道顺天市。这意味着，从潘府重刻到"顺天府开刊"，再到日本内阁文库收藏，获得了海外存续的空间。从序跋刊刻来说，"弘治庚申"潘府重刻《濂洛风雅》，对金履祥类编之例极为赞扬："自古言诗者，皆以《风》《雅》为宗，祖以陶靖节、杜子美

---

① 慈波：《濂洛风雅》整理说明，载于《金仁山先生文集·濂洛风雅》，上海古籍出版社 2022 年，第 349 页。

诸家次之。至元、元贞间,《濂洛风雅》一编始出焉,其诗冲和纯正,固皆道德英华之发见。""金、唐二君子类萃之精,有非浅儒俗学所能到,真近古之遗言也。"① 表明以濂洛诸子"道德英华之发见"逐步代表《诗经》以来的古诗之流,这是根植于程朱理学脉络的诗统谱系初步体现。正如北宋儒学复兴呼唤了道学隆盛一样,《濂洛风雅》促成了"道学之诗"逐渐在形态上的跨越,其广泛传播由此开始,发展为理学接受史上特殊价值的体现。雍正年间重刻《濂洛风雅》,进一步强化了这种思想旨趣,反映了清代学者对"风雅"的认识与看法:"窃尝隅举文公之诗,咏而玩之。如云'昨夜江边春水生',比也,'为有源头活水来',亦比也,皆宾也。吾心中有生生不息之春水,活活而来之源泉,则宾中主也。"② 他们对"濂洛之学"始终抱持一种崇敬的态度,甚至宣告濂洛之学已成为"风雅"的正宗。从文学接受的角度说,这是《诗经》的"风雅"上升为"濂洛"的"风雅"。"诗取其正,以风雅存濂洛,以濂洛广教学",在诗歌的宣传教化的过程中,"古体"作为"风雅"的主体,提出理学诗派作为一个专有流派进入到讨论的层面。另一方面,又从道统谱系的角度特别强调:"吾婺之学,宗文公,祖二程、濂溪。则其所自出也,以龟山为程门嫡嗣,而吕、谢、游、尹则支;以勉斋为朱门嫡嗣,而西山、北溪、㧑堂则支。由黄而何而王,则世嫡相传,直接濂洛。程门之诗以共祖,收朱门之诗以同宗。非是族也,则皆不录,恐乱宗也。"③ 以"收朱门之诗以同宗"代表着儒家正统立场的复述,从理学谱系接续上来讲似乎高于其他诗集而具有经典的地位,最终形成了以道德伦理为读诗出发点与归宿的诗说体系。光绪七年《退补斋文存》再次重刻《濂洛风雅》,胡凤丹《序》竭力表彰:"夫浴沂风雩,不废吟咏;孺子

---

① 潘府:《重刊濂洛风雅序》,载于《金仁山先生文集·濂洛风雅》,上海古籍出版社 2022 年版,第 353 页。
②③ 王崇炳:《濂洛风雅序》,载于《金仁山先生文集·濂洛风雅》,上海古籍出版社 2022 年版,第 356 页。

沧浪，圣人有取，因物观时，因时见道，谓讲学家不娴韵语，岂通论哉！"①借由"风雅"的精神展示理学家的文学形象，"不废吟咏"，在独特的文化渊源中表达着道学脉络阐释下的文学典范意义。

二、"文所以载道"：《濂洛风雅》思想表达的特色

在宋元递嬗的时空背景，《濂洛风雅》作为一部诗文汇辑文本，荟萃名篇佳作极为繁富，而文体建构与思想表达应该是贯穿其中的主题，可以说，金履祥不仅从文学形式方面构建了"道学之诗"的文体特征，也兼顾了内容特点上的各种体式的脉络线索。

与内容主旨相对应，"风雅"的逻辑起点在于周敦颐《拙赋》。"赋"作为一种文体形式，《汉书·艺文志·诗赋略》中说"传曰：'不歌而诵谓之赋，登高为赋可以为大夫'"。汉赋受儒家尊经崇古思想及当时文学观念的影响而产生，是传统文学史的"大宗"。以"赋"为起始，刘勰在《文心雕龙·诠赋》中说："赋者，铺也；铺采摛文，体物写志也。"其实是作为文学正宗的表达。在思想表达上，周敦颐着意突出"拙"字，不是因为不愿意为官，而是出于世风轻视为官重德的感慨，将作赋与为官心情的深度融合，"巧"与"拙"有着明显的差异，传达出官德思想中的兴发感动的力量。而点题之笔尤在最后一句"天下拙，刑政彻。上安下顺，风清弊绝"。辞巧而语妙，内部的道德"张力"极强，在一定程度上，既可以代表周敦颐辞赋之学的创获，也可印证其为官之道，因此不论是从其思想表达，还是文体结构来看，其中有一种多层次的微妙结合，由此奠定了《濂洛风雅》开篇的基调。

---

① 胡凤丹：《濂洛风雅序》，载于《金仁山先生文集·濂洛风雅》，上海古籍出版社 2022 年版，第 359 页。

从表面上看，以周敦颐为开篇，围绕周程渊源线索展开，有着通过文本选择建构理学道统的意图。但实际上，辑录细考察就会发现内部有着由古体向律体演进的线索。在《拙赋》之后，为程颢《颜乐亭诗》"千载之上，颜惟孔学。百世之下，颜居孔作"。如果《拙赋》组成了以"赋"为主体的第一层次，后以"寻颜子乐处"组成则为下一个层次，这样一种分体编排自然是按照道统展开而来。但从文献形态来说，《拙赋》与《颜乐亭诗》显然各有不同，"惟程子师周子，每令寻颜子乐处，而程子每自得于心目之间，故于此亭，因孔颜之胄裔，而深有感于师友之契"。金履祥直接以附注形式入题说明二者的思想逻辑关系，并以"颜渊问克己复礼之目，子曰：'非礼勿视，非礼勿听，非礼勿言，非礼勿动'，四者，身之用也……因箴以自警"展开辑次。也就是说，程颐《四箴》出自《论语》，三种文本涉及赋、诗、箴，题材实已不同。但金履祥热衷于考证人物与史事的细节，以"周程授受"为思想连续性的关节，作为体现"古体"承递流变的线索，显然颇具新意。又如，从所选朱子"古体"篇目来看，《小学题辞》《学古斋铭》《求放心斋铭》《尊德性斋铭》《敬恕斋铭》《敬斋箴》《读易》《静江府虞帝庙碑诗》，无论是思想谱系的编纂方式，还是以类相从的文本排列，在这些诗辞箴铭的背后，都贯彻着程朱理学影响下的道体建构，这不仅是理学家本位意识的体现，也是最为严格意义上的用诗文形成阐发道统脉络。因此，唐良瑞将"皆涵畅道德之中，歆动风雩之意"作为贯穿《濂洛风雅》的主旨表达，突出的是将程朱理学作为儒家精神的支撑，既体现"古体之变"的演化特点，也注重整体的思想理趣，更多的是国家更替之际的理学源流。

"古体之次"以四言为主，间杂五言，严格按照古次变通的转换展开，与"古体"形成差别。《李仲通铭》中，"二交运兮，五行顺施。刚柔杂揉兮，美恶不齐。"用《楚辞》句式变换义理思想，书写的主旨皆在天道性命之学，不能不说其赋作的精神与传统辞赋歌功颂德相异。由此说来，文体只是表面上的主角，真正的主角其实是文体背后的士大夫情怀。又如，朱熹为北宋理学家所作的"像赞"，是"古体"中标举的重点，卷一中《六先生赞》列举濂溪、明道、伊川等六先生，为接续这一思想又补充陈淳《晦庵先生赞》、何基《鲁斋箴》、王柏《三君子赞》。其中"三君子"分别题为朱文公、张宣公、吕成公，在笔法上略同于朱子《六先生赞》，但指向了道学接续的一个关键，即道统脉络的立场及思想文化担当的意义。这说明，在道统的整体布局之下，以"四言"为中心的脉络谱系，气脉相通，构成理学诸子凝聚向心的横剖面。随后，根据句式长短，又进一步扩展，"古体之次"中辑录朱子作《张敬夫画像赞》《吕伯恭画像赞》《书画像自警》与之相应，三篇"像赞"放在"古体之次"有些切割之感，但这些片段克服了以时间为线索的脉络，与"四言"像赞相互补充互见，却是《濂洛风雅》中多棱的图景。

　　五言、七言在唐宋诗文中是比较集中的，"今体"由"七言古风""五言绝句""七言律诗"组成。"七言古风"这种形式，从文字表面来看，这些体式都有理学家的雅趣所在，《濂洛风雅》将其界定为"今体"，一个重要原因是，《诗经》中有三言、四言和五言，却未见七言成篇者，可见，金履祥对理学诗歌有着深入精细的认识，严格遵守《诗经》的句式结构。以周敦颐《门扉》为例，"有风还自掩，无事书常关。开阖从方便，乾坤在此间。"此诗见于卷五"五言绝句"，虽是文学作品中的短小诗歌形式，但盛行于唐代且句句押韵，是唐宋诗歌发展的近源，这与《拙赋》"上安下顺，风清弊绝"并不协韵，已是歧出不同。尽管在道学话语中，清代学者卢文弨在《跋》中提出"首濂溪周子，八传而至王鲁斋，皆正传，其余源流所渐"，提出王柏以来的诗文为"正传"，其后皆为流脉。但是，唐代兴起的"七言律诗"，讲求声韵、辞藻、格律的绮丽之美，长于抒情而不擅于铺叙的特点，背离"大雅"传统愈来愈远，所以只能辑录在"今体"。

可以看出,《濂洛风雅》并不是简单的诗文汇辑,"味其诗而溯其志,诵其词而寻其学",对于儒学正统的感叹自来都是理学家讨论的主题,而内在却有一个隐秘在层层文献史料中的有机生命,也是对以诗为道的系统总结。卢文弨还列举了一个突出的例子,"仁山录朱子《静江府虞帝庙诗》,附记其后云:庙中旧有庳君像,南轩牧此州,举而投之水。"① 以儒学思想的发展来看,金履祥"庙中旧有庳君像"说得比较简略,实际上这条记载非常重要,涉及道德性命之说的一个根本问题,即如何理解舜帝封傲慢的象于有庳的问题。宋代儒学的发展是以回向三代之治为理学目标,尧舜之道在思想发展过程中必然受到重视。舜封象于有庳的典故,从《孟子·万章上》而来,"舜封象于有庳,所以富贵之也。"以象为人傲慢不敬却立祠祭祀,此说虽未必可信,却引起儒家学者的普遍关注,而且被用来处理仁爱关系的问题,而最早的出处则是《尚书·尧典》:"父顽,母嚚,象傲;克谐以孝,烝烝乂,不格奸"。《孟子·万章上》进一步突出"仁人之于弟也,不藏怒焉,不宿怨焉,亲爱之而已矣。亲之,欲其贵也;爱之,欲其富也。封之有庳,富贵之也。身为天子,弟为匹夫,可谓亲爱之乎",象一心要谋害舜,舜不仅没有怨恨反而封之于"有庳","仁者爱人"就是一种具有普遍意义的含义。因此,"象傲"被孟子重新书写,继起讨论者历来众多,朱子在《静江府虞帝庙诗》从儒家正统立场出发辩论道:"明灵弗蠲,淫傲骈伍。乃教纲纪,乃夷乃攻。"张栻牧静江府撤象祠表达了同样的观点:"象不得有为于其国,天子使吏治其国,而纳其贡税焉,故谓之放,岂得暴彼民哉?""谓傲即万恶之根,去之不为过。"从这一点上,张栻等儒家学者出于理学正统而刻意要与"象傲"划清界限,其实是以"天下后世

---

① 卢文弨:《濂洛风雅跋》,载于《金仁山先生文集·濂洛风雅》,上海古籍出版社 2022 年版,第 360 页。

之公义"作为检验标准的，拒斥"象祠"的背后是捍卫儒家正统的思想意识形态而不是"仁者爱人"的思想传播。接续朱张的理念，《濂洛风雅》以小字的强调此观点："淫傲，谓庙中就有武后香火及庳象之像也。南轩先生皆撤而弃之水，至象，有谏者曰：'帝甚爱此弟。'先生曰：'爱之者，帝舜一人之私恩；去之者，天下后世之公义。'"这也正是从一个特定的角度彰显《濂洛风雅》"发于其言，则作于其事，所关非细故也"的价值理念。

在一定程度上说，《濂洛风雅》解决了理学诗文两个重要的问题：第一，利用理学家特有的文化资源，传递根植内心深处的道统意识；第二，引入《诗经》以来的文体结构，思想表达与文体选择融合无间，促使《濂洛风雅》具有独特的文化渊源。

三、"羽翼圣经"：朴世采《增删濂洛风雅》的加工

"弘治庚申"潘府重刻之后，《濂洛风雅》流波东亚诸国。在捍卫程朱理学的古朝鲜，南溪朴世采围绕金履祥《濂洛风雅》重新更新风雅之道与正统之序，增删补遗，"尤有所补于古昔圣贤为学之遗意"，刊刻流传中最为广泛。特别值得关注，《增删濂洛风雅》书前有朴世采序文，题"时崇祯纪元之后五十有一年也。"① 尽管明朝已经覆亡五十一年，但《增删》仍旧沿用明代纪年，可见关于濂洛道脉的影响依然清晰。这就引出一个问题，朴世采对濂洛诗脉的整理有没有异同？增删依赖什么样的观察视角与思想取向？如何看待"增删"背后的思想文化背景？《濂洛风雅》刊刻的背后形成了怎样的思想文化线索？

从题材分类、文体结构方面来看，《增删濂洛风雅》与金履祥本有着高度

---

① 朴世采：《濂洛风雅增删》，朝鲜活字本。

的一致性，但在具体篇目选择上却颇有差异，以前面三卷"古体"为例，排比如下：

濂洛风雅	增删濂洛风雅	备 注
邵雍《君子吟》	增入范浚《心箴》	
朱熹《敬恕斋铭》	增入《书字铭》《写照铭》，题前有小注"删"	
朱熹《敬斋箴》	增入《调息箴》《易五赞》《原象》《述旨》《明筮》《稽类》《警学》《复卦赞》	
朱熹《六君子赞》	增入《聚星亭赞》	
朱熹《刘少传铭》	题前有小注"删"	
张栻《自新铭》	《增删濂洛风雅》无	
张栻《顾斋铭》	增入《主一斋铭》《消人欲铭》《长天理铭》	
张栻《诸葛忠武侯画像赞》	增入《主一箴》，题前有小注"删"	
陈淳《晦庵先生赞》	增入《蒙斋铭》《敬义斋铭》《心经赞》《勿斋箴》《夙兴夜寐箴》	
何基《蒲土斤周令君铭》	题前有小注"删"	
王柏《秋兰辞》	题前有小注"删"	
古乐府《鞠歌行》	增入《拟招》《祭伊川先生文》《朱元晦祝辞》	
朱熹《紫阳琴铭》	增入《感春赋》《白鹿洞赋》	
朱熹《招隐操》	增入《钓台词》《四斋铭》	
张栻《风雩亭辞》	增入《自修铭》	
吕祖谦《出门见明月》	题前有小注"删"	
朱松《微雨》	题前有小注"删"	
朱松《秋怀》	题前有小注"删"	
朱松《度石栋岭》	题前有小注"删"	
朱松《杂兴题永和壁》	题前有小注"删"	
刘子翚《饮租户》	题前有小注"删"	
刘子翚《种菜》	题前有小注"删"	

（续表）

濂洛风雅	增删濂洛风雅	备注
朱熹《远游篇》	题前有小注"删"	本注：十九岁所作
朱熹《酬敬夫赠言并以为别》	题前有小注"删"	
张栻《送杨廷秀》	增入《过胡文定公碧泉草堂》	
徐侨《竹门》	题前有小注"删"	
何基《和吴柴之石菖蒲》	题前有小注"删"	
王柏《和立斋踏月歌》	题前有小注"删"	
王柏《西倅厅冰雪楼次韵》	题前有小注"删"	
王柏《夜对梅花示彦恭侄》	题前有小注"删"	

从不同的视角观察，《增删濂洛风雅》呈现出三个方面的特色：第一，增补明代官学箴铭。"粤自圣学再明以来，其书盈架，至为后人纂要不严，独会之不深焉耳"，反映出选文定篇方面的差距。在这一差距中，对道学人物"风雅"进行增删，难免会涉及不同文本的区分以及等级高下的评定以及对"为学之道"的体认问题。诸如在"邵雍《君子吟》"条诗文之下，增入范浚《心箴》，表现得尤其突出，明臣顾鼎臣经筵进讲《心箴》，明世宗"注听嘉悦""亲自注释《心箴》，又注视听言动四箴，及制《敬一箴》"。这一增改，不仅仅是从学理的角度，更是在道统谱系上另立了一个价值尺度，即《心箴》在明代受到帝王的关注代表了对理学道统的认识，符合"温柔敦厚"的儒家诗教传统，这说明，朴世采的"增删"既为守住道学的学术边界，也隐现着对"风雅"诠释的另一面向。

第二，删除朱子等人的早期文献。按朴世采增删资料所举，朱子《敬恕斋铭》题前有小注"删"，并在后面增入《书字铭》《写照铭》二篇，切合着箴铭的主题，这是很耐人寻味的。究其原因，作者有一段小字说明："王文宪曰：

夫子答仲功问仁一段，即敬恕之道。此先生早年作。"很明显，为了在形貌上突出与"濂洛"的亲缘关系，这是在删除早年之作。朴世采可谓在传承道学的极端重视，大量删除了朱子早年所作《敬恕斋铭》《远游篇》等。而这类例子屡见不鲜，在张栻《送杨廷秀》后增入《过胡文定公碧泉草堂》，体会前贤之思，在知识秩序中执着地追问湖湘道统脉络，更深刻地呈现了对道统思想的追溯，"以备区区朝夕警戒之资，庶几无负于先生之教者"，促使《濂洛风雅》逐渐形成重新诠释的新视角。

第三，为海东文化寻根。无论是增入还是删减，其中的标准均来自是否符合程朱理学正统的脉络。"顾其所录颇广，或有未暇尽正；而讽咏之切实者，尤多放轶。"其中最重要的证据是，陈淳《晦庵先生赞》，题前亦有小注"删"，并增入《蒙斋铭》《敬义斋铭》《心经赞》《勿斋赞》《夙兴夜寐赞》，"删"的微意，颇可玩味。实际上，陈淳与何基同为朱子高弟，但二人关于"入道之序"上产生了分歧观点，朴世采谨守退溪以来的思想理路，补入《敬义斋铭》《心经赞》《夙兴夜寐赞》，与《圣学十图》中"敬斋箴图""夙兴夜寐箴图"等话语体系相互对应，在不同的主体形态中对退溪理解的道统谱系进行互注，从而打上了海东异域文化的烙印。

因此，从《濂洛风雅》趋向对道统谱系的认同，到以"增删"混合古朝鲜学者的阐释，既接受周程张朱以来的道德脉络，也以增删的形式建立起强大的精神权威，在创新的同时实现"风雅"内涵在海东理解的纵贯脉络。

四、诗学传承脉络中看《濂洛风雅》的意义

《濂洛风雅》以道学思想表达与《诗经》文体选择为关键重心，那么，在其发展过程中也带来了文学道统的三个问题：第一，如果说宋代理学是在思想

领域的突破，理学家的诗文是内容溢出形式，那么《濂洛风雅》是否为理学诗树立了可供仿效的范本？第二，理学家的诗文第一次以"风雅"的形式出现，这涉及孰为正脉的问题。第三，《濂洛风雅》构成了诗歌中"濂洛"的传统，怎样理解"道学之诗"与"诗人之诗"？

从宋明理学的形成来说，"北宋前期古文运动和儒学复兴中，抑文是与崇经联系的。而崇经则带来了两种结果，一种是士大夫纷纷注经，以推进思想开展，另一种是沉溺于经文训诂。"① 在"抑文""崇经"的背景下，宋明理学家延续韩愈以来的"文以载道"为根本，有意模糊文学的情感色彩。例如周敦颐《通书·文辞》中说，"文所以载道也。轮辕饰而人弗庸，徒饰也。况虚车乎？文辞，艺也；道德，实也。"道学之诗的目标是让"道"作主。《程氏遗书》以《诗》《书》载道之文"。张载的《经学理窟·诗书》说："诗人之情本乐易，只为时事拂着，他乐易之性，故以《诗》道其志。"都是将"文以载道"视为正统文学，围绕"载道"这个象征符号展开，而反对溺于文辞而不明圣人之道，故其诗文传承的界限非常清晰。这种观点与《文心雕龙》中"道延圣以垂文，圣因文以明道"相通，文学来自"道"，"道"是宇宙自然的根本，通过圣人体现为文。"载道"的标准就是正统的伦理道德观念，正是这种作为"载道"的文体带上了文人士大夫的情怀投射，串联起理学道统的"文以载道"，或者说，《濂洛风雅》是理学诗歌通过"载道"使理学得以纷繁呈现。

金履祥以追寻道统脉络的目的去观照诗文资料，虽然没有直接说明编纂目的，但显然是有自己的问题意识所在。从文体表达来说，金履祥以"风雅"为核心建构诗文谱系，与传统诗歌追求韵律等不同，围绕"古体""古体之次""五言古风""七言古风""五言绝句""七言律诗"的逐次展开，在文体建

---

① 陈来：《宋明理学》，生活·读书·新知三联书店 2011 年版，第 85 页。

构上从正体与变体中延续《诗经》的道路，形成以濂洛为中心的"风雅"诗史传统，无可置疑地表达出遭遇亡国之后的殷切期望，从而实现了从理学到文学的重新建构。清代张伯行、钱穆参照这种体例，编成《濂洛风雅》《理学六家诗钞》，"宋儒金履祥辑有濂洛风雅一编，'味其诗而诉其志，诵其词而专其学；言有教，篇有感。'余之斯钞，略近其意。"① 可以说，金履祥《濂洛风雅》其实就是理学诗脉的源头，给理学诗派的形成提示了核心要点。而从金履祥的辑录再到朴世采的"增删"，在理学共同体与异域文化差异中，促成了理学诗派的价值和视角分离，并在古朝鲜儒家士人中诵读流程，共同推进了《濂洛风雅》作为"同源文化"的传承与扩散，具有在东亚诸国交流史的意义。

从明清理学发展情况看，理学思想史的价值日益凸显，而理学诗歌史却不断被忽视，这难免使人质疑，《濂洛风雅》究竟该随从"载道"的思想方式还是延续唐宋诗歌的韵律？究竟该忠于"古体"还是"今体"？从而引申出"道学诗"与"诗人诗"两种不同理解。在兼采汉宋的清代学者眼中："履祥乃执为定法，选《濂洛风雅》一编，欲挽千古诗人归此一辙，所谓华之学王，皆在形骸之外，去之愈远。"② 在纪昀等人看来，《濂洛风雅》试图组合文本时，只是复制了唐宋诗文的骨骼，而并没有复制到诗文的灵魂，不能不引起四库馆臣的反复追问："言岂一端，各有当也。以濂、洛之理责李、杜，李、杜不能争，天下亦不敢代为李、杜争。然而天下学位诗者，终宗李、杜，不宗濂洛也。此其故可深长思也。"不仅如此，纪昀还把《濂洛风雅》作为殊举，"仅有纪昀在其文集中曾多次提及此书，且纪氏也恰好在不同场合中反复强调对此书同样采取鄙夷、不屑的态度。"③ 激烈地攻击《濂洛风雅》的做法，并列举了不

---

① 钱穆：《理学六家诗钞》，九州出版社 2013 年版，第 1 页。
② 《仁山集提要》，载于《四库全书总目卷》（卷四十七），武英殿刻本。
③ 陈启远：《〈四库全书总目〉"道学负面评价"文本的生成——以纪昀对宋代别集提要的修改为中心》，《国学研究》2022 年第 2 期。

少例子,《〈云林诗钞〉序》中"一则知'止乎礼义'而不必其'发乎情',流而为金仁山'濂洛风雅'一派"。① "《击壤》流为《濂洛风雅》,是不入诗格者也,然据理而谈亦无以难之。"② 发展为文学道义批评的专门术语。文学之诗与理学之诗虽是学术近代化的一个表现,但是把这一理解拓展到汉宋之学的背景上来,李白杜甫等人的诗歌是用情感去触摸深远的意境,注重华丽的色彩,突出的是"唐诗"的特点。那么,理学箴言似乎很难像唐宋诗文一样有生动的文采,其追求的是内窥性情,超越的境界。因此,在文化层面泛化出弥散出一个文学流派,即道学诗,这给传统文学增加了一个新的话题。

---

①② 纪昀:《纪晓岚文集》(第 1 册),河北教育出版社 1995 年版,第 199、271 页。

周冕《濂溪遗芳集》对濂溪学发展的影响

自南宋起，张栻、朱熹等理学家对周敦颐推尊，不遗余力，确立了其在理学思想史上的地位：嘉定十三年（1220）赐谥曰"元"；淳祐元年（1241），追封为"汝南伯"；淳祐十二年（1252），御赐九江"濂溪书院"额；景定四年（1263）赐"道州濂溪书院"额、"道源书院"额；延祐六年（1319），追封为"道国公"。承接宋元时期对濂溪理学的重视，明代肇建之时，明太祖在政治文化方面推行一系列措施优抚儒学后裔，后世帝王，一如太祖，崇儒重道，以孔孟儒学作为国家意识形态，将既具有士族背景，又有学问声望的儒士来树立国家的权威。在这样一种儒学发展与政治文化的背景下，周敦颐"上承孔孟，下启二程"，接续孔孟道统，赢得朝廷尊崇，在儒学思想史中具有特殊地位，其后裔也深受优渥，恩荣有加。自明代宗景泰七年，始授"五经博士"，延续100余年，而第一位受此封爵的是周敦颐嫡孙周冕。

《濂溪志》载："（周冕）字得中，号拙逸，郡庠生，景泰七年（1456）钦召至京，授翰林院五经博士，世袭札还道州奉祀。"[1]"为人孝友，勤学好善。

---

① 胥从化、谢阢：《濂溪志》（卷十），明万历癸巳刻本。

景泰中，朝廷以濂溪有功世教，录其子孙，授冕世袭翰林院五经博士。有《拙逸集》藏于家。"① 问题在于，"五经博士"的授予怎样反映、影响着理学的发展进程？周冕在传播濂溪理学上有哪些贡献？对濂溪学的阐扬如何影响着明代学术？尽管周冕在《明史》中有简略的传记，但于其生涯仍所知无多。作为地方乡贤，他并不是一个显赫的人物，其致力于弘扬濂溪理学难为世人所传颂。然而，也正是这样一位普通的"五经博士"，作为当时理学社会化的重要引导者、参与者，拉开了明代复振阐扬濂溪学的帷幕，在濂溪思想传播与发展中具有里程碑意义。

一、从明代濂溪学的发展看"五经博士"

濂溪学是宋代儒学传统相继的思想传承体系，与明清儒学有着一脉相承的学统。明正统元年（1436）顺天府推官徐郁上疏曰：

> 伏睹圣朝崇尚圣道，推恩及其子孙。孔子宗子承袭封爵，其余子孙皆免差役……及照先贤，道国公周敦颐，上继往圣，下开来学，有功圣门，后世是赖。虽已从祀庙学，顾子孙犹杂编氓，祠墓不免倾圮……令于所在儒学读书，择其才质可用者，量加甄禄。应有祠墓，官为修葺置守。

景泰六年十一月二十五日，司礼监太监王诚传奉圣旨："周濂溪他有功于世教，着礼部取他嫡长子孙一来京，传奉到部，钦此。"

钦遵行湖广布政司，转行永州府道州，官吏、里老人等勘审的实，周

---

① 刘道，钱邦芑：《（康熙）永州府志》（卷十六），清康熙九年刻本。

濂溪嫡长子孙一人，作急以礼起送，驰驿赴京，毋得稽迟。及将同姓疏远之人冒送，获罪不便。今据道州起送周濂溪嫡长子孙周冕到部……奉圣旨："照例着做世袭五经博士。钦此。"移咨吏部，查得翰林院设有五经博士，欲将周冕填注翰林院世袭五经博士，世袭，仍回原籍道州以奉祭。未敢擅便，谨具题请。①

由这则奏疏可见，"五经博士"人员的审定，有着严格的程序，实为极高的期望。首先，必须是濂溪"嫡长子孙"，强调"嫡系"血脉关系，并经"官吏、里老人等勘审"，不得冒名顶替。其次，"令于所在儒学读书，择其才质可用者，量加甄禄"，希望后裔能传承家学，在学业和事业上，展现出五经博士应有的光辉。对于周冕的成就，陈鉴在《赠博士周冕荣还序》中提道："冕字得中，实先生十有二代孙，其先人文裔两掌，名邑之教，过庭之训，得中盖习之旧矣。仆尝分教道庠，纳交于得中父子，间知其不忝为先贤后也。其膺是命也，岂不宜哉。敢蕲一言为行赠……得中以英妙之年，警敏之学，适丁其时，荐进光耀如此，岂惟时之人歆艳景慕，以为不可及，而凡为之祖以上承先生，亦将恨其生之太早矣。然则得中亦知所以无忝厥祖哉，元公之言曰：'士希贤，贤希圣，圣希天'，此得中之所当自勉，慎毋以宦成自怠，中道自画，则于斯言，庶几有征。"②从这个评定，可知周冕在其"仕宦"生涯中，"以英妙之年，警敏之学，适丁其时"，承祖辈余绪，恪守家规，深谙理学，以"士希贤，贤希圣，圣希天"为自勉，致力于儒家的价值理想，能诗善文，作为一个模范后裔，颇得好评。考诸史实，无论在吸引后代学者或对濂溪学的推广上，周冕也确实展现出深厚的学养，可谓无愧于先祖圣贤。再次，令周冕"回原籍以奉祭

---

① 吴大镕：《道国元公濂溪周夫子志》（卷十二），清康熙二十四年刻本。
② 胥从化、谢觊：《濂溪志》（卷七），明万历癸巳刻本。

祀", 以表达对濂溪道统的尊崇与传承, 弘扬乡邦文化。同时, 作为一种地域文化符号, 这也无形中确立了 "五经博士" 的皇家色彩。

授爵的 "五经博士", 印证了濂溪学为明代所重的史实, 使理学思想逐渐渗透到濂溪故里, 既顺应明代振兴儒学的演进趋势, 又向天下昭示濂洛之学是朝廷所认可、鼓励的学术方向。在这种背景下, 周冕及其后世博士, 备受恩荣:

其一, 获得御前召见。如前所述, "教着礼部取他嫡长子孙一人, 来京传奉到部"。陈鉴在《赠博士周冕荣还序》中提道: "即诏郡国起先贤之后以来京师, 命为翰林五经博士, 俾归奉祠事且延及于世, 视孔氏子孙甚盛典也。于是道之有司, 以儒士周冕为濂溪后, 具名以闻。"① 周冕由皇帝亲自召见, 受到极其隆重的礼遇, 将濂溪后裔与 "孔氏子孙" 并列, 虔诚之至, 可谓超越历代。就家世渊源上说, 周冕受袭后, 作为传播理学的先驱式人物, 又有乡邑声望, 依靠朝廷的权威, 树立起主流学术意识形态所规定的楷模, 呈现出明代濂溪学发展中的地域文化因素。

其二, 世袭授职。《道国元公濂溪周夫子志》作有《大宗承袭博士嫡长世次图》曰: "冕 (明景泰七年始受封博士) ——绣麟 (冕长子, 袭) ——道 (绣麟长子, 袭) ——联官 (道嫡子, 袭) ——治 (职官长子, 应袭, 引疾, 与子汝忠) ——汝忠 (治长子, 袭) ——莲 (汝忠长子, 明末袭) ——嘉耀 (莲长子, 康熙二十四年题准袭职)。"② 从 12 世至 19 世, 从未间断, 明代有 6 位后裔受此封爵, 作为濂溪血脉传衍, 保持了特殊的世家地位, 是当地最煊赫的家族。"按,《周氏谱》以从远为始祖, 则由从远而至嘉耀, 二十二世矣。今承袭文牒, 以嘉耀为十九世嫡孙, 盖自先生数之。《礼》所谓'有功德始封之君, 为

---

① 胥从化、谢赆:《濂溪志》(卷七), 明万历癸巳刻本。
② 吴大镕:《道国元公濂溪周夫子志》(卷十三), 清康熙二十四年刻本。

始祖也'。图系分明，瞭若列眉。《春秋》所以重与子之法，虽遗腹委裘，而名分素定也。考厥宗图，盖深得此意矣。"① 以文献记载来说，虽然清代标榜继承了明代以来的承袭制度，但并非像明朝那样备受重视，中间还有一段曲折，明末未予授爵的周莲以及周嘉耀，在吴大镕、吴延寿、姚淳焘等人反复奏议下，才得以批准为"准给世袭博士"，这也表现出当时儒者对康熙皇帝尊经崇儒政策的期许，同时也透露了清代濂溪学的发展远比想象中要复杂。尽管康乾年间又赐予周枚、周景濂、周邦泰等人为五经博士，但较之清代对周敦颐等儒家圣贤的重视，明代待之甚优，可谓历代之最，并将其载入各项官方资料，很大程度上意味着将"五经博士"的授予作为王朝政治义务予以实施。

其三，修葺祠宇。为适应"五经博士"地位的提升，明正统年间对濂溪祠宇、祭祀保持优渥。《道国元公濂溪周夫子志》载：

> 将道国周元公祠宇，如有损坏，官为修理完备，仍于本处访常稔田，置买顷亩，给与子孙奉祀，户内一应差役尽行蠲免。于附近民户金点佃扫门库之役，常川佃扫。其墓在九江府德化县，原系异省，程途远隔，子孙往彼祭谒，经过府州县、巡司、驿递等衙门，依礼供给禀食，应付船马人夫。其子孙聪明俊秀可教养者，送赴所在儒学读书。拨禀助赡，时加训诲，务获成效。若有资质端庄、学识明裕、堪为时用者，有司从实具奏，取自上裁。所司毋得视为泛常，不加优待，有负朝廷崇重先贤之意。②

"祠宇如有损坏，官为修理完备""置买顷亩，给与子孙奉祀""（祭谒）依礼供给禀食，应付船马人夫"等词，典型地反映了朝廷对濂溪后裔的优渥。明

---

①② 吴大镕：《道国元公濂溪周夫子志》（卷十二），清康熙二十四年刻本。

清时期，朝廷的恩礼约略记述如次：弘治十六年（1503），派"庠生周纶往九江，守元公墓"；嘉靖十一年（1532），"置买故里祭田"，用于修缮书院、完善祭祀等；正德十五年（1520），翰林院五经博士周绣麟呈"编银解送雇役""解赴书院收贮，听其雇人代当"；嘉靖二十一年（1542），鲁承恩"为褒崇道学事"，"废寺田拨入月岩书院"，以便祭扫；万历十九年（1591）"拨给鱼塘赡学"，优恤后裔，"送赴儒学读书"①等等，"褒崇之典，验于信史；承袭之荣，稽于前朝，固彰彰可考已。"诸如此类，其例甚多，这些措施不仅仅是对儒家理想的一种追求，也是凸显周敦颐在明清思想史中具有"圣贤"地位的最好注脚。

其四，修复门坊楼亭。蒙"五经博士"封爵而来的恩典，将修复门坊楼亭塑造成理学神圣的体验与见证。以《修复门枋楼亭祭器》的叙述来看："逮至我朝景泰七年，钦奉圣恩，特取曾祖周冕承袭翰林院五经博士。蒙金宪戚公建造恩荣枋、仰濂楼，续蒙上司并本州，建立光霁楼、圣学源流枋、继往开来枋，传至于今。"②从词义上看，"仰濂楼""光霁楼""圣学源流坊""继往开来坊"等，都是与濂溪"光风霁月""上承孔孟，下启二程"等名号相关的称谓，均在论述濂溪在思想史上的贡献，展现出浓厚的地域文化色彩。此外，据《（光绪）道州志》所载："（濂溪祠）正祠三楹，前为礼厅，左为御碑亭，即宋理宗所赐书院额及杨允恭谢表刻石，树丰碑焉。礼厅之前为像，厅有石刻，阳为元公像，碑阴为《爱莲说》，外为棂星门，门临通衢，左右二坊曰继往、曰开来。其右宗子居之，曰'文献世家'之门。前为仰濂楼，俯瞰濂水，后为太极亭、爱莲亭。"③这些门坊楼亭，以建筑方式表现出来，不但是祭祀濂溪的场所，而且是后裔等的活动空间；不但积淀了宋元时期的兴学传统，而且承担着

---

① 李嵊慈：《宋濂溪周元公先生集》（卷九），明天启四年刻本。
② 李嵊慈：《宋濂溪周元公先生集》（卷七），明天启四年刻本。
③ 李镜蓉，许清源：《（光绪）道州志》（卷七），清光绪四年刻本。

对后世传播、教化儒学的功能，具有景观性与教化性的统一，是理学发展的重要阐释物。

纵观明代对后裔的礼遇，无论在祠宇、楼亭等修复方面①，还是世袭授职，朝廷采取的一系列政治措施，无意中强化了对濂溪及理学的崇敬。正是在官方政治意识形态的支持下，保证了祭祀、授爵等制度的延续性，濂溪学获得了飞速发展空间，走向了一个繁荣发展的重要历史时期。

二、周冕月岩刻石与《濂溪遗芳集》

如果说，朱熹、张栻等人作为濂溪学术阐扬者，是理学在南宋的新发展，那么，濂溪后裔即五经博士"周冕"，则是周敦颐思想的"代言人"，使其在湖湘地域和明清儒学思想史上独树一帜。

近日，于濂溪读书悟道处的月岩，发现周冕《题月岩》一则，是濂溪后裔"五经博士"所刻的最早的一篇诗文，尤其值得关注。虽历时 600 余年，至今保存完好，既反映了濂溪学在理学话语权中的地位，又突出了主流意识形态对理学的重视，具有重大的历史文化价值。今据石刻，迻录如下：

> 宋家天子受周禅，历数相承逾百年。乾德雍熙迨天圣，端拱无为统绪传。五星奎聚文明兆，我祖应期生营道。来歌来游于斯岩，仰观造化生成妙。阐图著书授二程，千载绝学晦复明。圣朝崇重恩垂后，锡爵词林奕世荣。我今幸接置鸿翼，登临此境长兴喟。遗踪想像宛如昔，百拜谨刊岩石志。

该诗辞藻典雅，用典贴切，赞颂周敦颐在明代儒学发展进程中产生的影

---

① 王晚霞：《濂溪词堂考》，《南昌大学学报》（人文社会科学版）2011 年第 6 期，第 104—109 页。

响，可与史志文献相互印证。第一、二句，从一个特定的角度，彰显了近百年重视濂溪思想的传统，铺叙濂溪学作为明代学术的"学脉宗旨"，正是圣学的大旨所在。第三、四句，叙写并突出了濂溪生于道州，及不为外人所知的濂溪故里、月岩等的历史资源。第五、六句，重点说明濂溪学被推尊的原因，即阐发《太极图说》、著《通书》教导二程，传"千载不传之学"，并以"我今幸接置鸿翼"为收束，指出作为后裔的责任，吸引文人墨客"登临此境"，光大学术。这几句诗文，由濂溪故里到开启二程思想，由朝廷恩荣到理学文化据点，铺陈缕述，脉络条贯，环环相扣，层次清楚，具见作者的精巧用心。然而碑文与史籍相较，字句多同，所异者在于《濂溪志》等文献中并未提及该诗的刻石年代，惟有石刻的记叙更为详细具体："大明弘治壬子岁仲秋吉旦，明翰林五经博士、道国公嗣孙周冕得中题。"弘治壬子即弘治五年（1492），"翰林五经博士"周冕所刻，可见史志中这段文字乃袭自碑文。作为濂溪后裔，"五经博士"周冕读其书，见其故里，自然对祖先圣贤怀有特殊的感情。

受爵后的周冕，运用地方政治中的人脉和资源来扩展学术，把传承与弘扬濂溪理学为己任，将文本整理与祭祀活动并重，展开了"双重建构"：

其一，通过祭祀来扩大和深化理学的传统。据考证，《濂溪志》等文献中即存有《九江致祭》的祭文，为周冕获得皇帝召见后所作："迨至圣明崇德象贤，子孙袭爵，冕等今承檄召，来自乡国，祀守先陇，孝思维则。"①这种通过颂扬祖先的德行和功绩，唤起族人对祖先的敬意，无疑对加强家族内部的连续性和凝聚力有着重要作用。随着明代以封赐来承认与奖励理学，以及在周冕等后裔的影响之下，祭祀也由此纳入官方名册，鲁承恩、周子恭、唐琡等地方官员先后祭谒濂溪，典礼隆重，作有祭文，建立了相应的祭祀空间，其独特的意

---

① 胥从化、谢贶：《濂溪志》（卷八），明万历癸巳刻本。

义即此可见：祭祀濂溪作为一种尊崇道统、弘扬乡邦文化的方式在故里普遍传播开来，将儒家经典的思想和规则纳入民间社会的轨道，自上而下的推进到民间社会，变成民众活动的习惯以及宗族生活的规则，普行"教化"的思考，维持国家与个人之间的平衡和稳定。而周冕"回原籍湖广永州府道州以奉祭"，传递着皇权和理学所提供的传统知识，则象征着国家道统延续，传承斯文。

其二，修纂《濂溪遗芳集》，寻找本土渊源，建构濂溪学为中心的后学图谱。虽然《濂溪遗芳集》正文已佚，但是方琼《序》并不稀见，据其记载："十二世孙翰林博士曰冕者，手录一册，名曰《濂溪遗芳集》，出以示予，且属以序。"① 周冕之所以要著《濂溪遗芳集》，一方面，固然要彰显濂溪在理学发展中的地位，虽未直接涉及学术思想的探讨，但繁荣故里文化，其核心仍是濂溪学发展的动力与背景；另一方面，则又与作为后裔无愧于祖先圣贤密不可分，通过汇集、编纂先人文献，极尽搜访之能事，展示故里风貌。

> 图书虽天下所共究，濂溪虽天下所共闻，然我舂陵之所谓濂溪，所谓月岩与营道者，人未之见。爱莲有池，池上有亭，亭池上下有光风霁月，人未之玩赏。我祖吟咏性情，爱莲有说，示拙有赋，思亲之类有诗。及其既往，上而追封有制，下而奉祀有祠，或序或记，不一其文，是皆散在群书，或传录于家者，人未之悉究。他如世之文人才子，经舂陵睹遗迹，而慕濂溪者，称赞有佳句。②

目前文献中仅存方琼序文 1 篇，作于明弘治四年（1491），由此推测，《濂溪遗芳集》的成书时间应在此前后。虽然周冕《濂溪遗芳集》具体内容已无从

---

①② 胥从化、谢贶：《濂溪志》（卷七），明万历癸巳刻本。

得其详，但从"然我舂陵之所谓濂溪，所谓月岩与营道者，人未之见"等词可以看出，《濂溪遗芳集》的特点在于：在《濂溪集》等早期文献的基础上，网罗历代宗周、尊周学者对濂溪学说研究的著述文献，纳入后裔与文士的酬唱诗文等。恰如方琼《濂溪遗芳集序》所记载："若夫爱莲之说，吟咏之作，及古今人之赞咏而赠及其后裔者，乃其芳中之余芳，是犹孔经之外复有所谓家语，实又六经大芳中之余芳也。"①倾力搜求，广为采撷，并结合源自自身生活的社会空间，探赜钩沉，展现不为世人所知的濂溪故里、月岩等文献资料，开启濂溪学术在故里的传播。这样，先人一步地完成故里文本的更新，从而开创了一个新的典范——遗芳集，集"芳中之余芳"，使得后世学者翕然相从，文献的探讨亦由此生发，成为尔后编撰方志文献的津梁。

遗憾的是，周冕的《拙逸集》《濂溪遗芳集》等文集今亦难见，无从考核，但从仅存极少的一些诗文、序跋中可以看到，他不仅在各个方面推进濂溪学，而且也令彰而不显的故里阐扬复振，凸显了濂溪一脉的正宗地位，是理学在明代振兴的基础。

三、《濂溪遗芳集》与濂溪故里的学术传承

以周敦颐为"开山鼻祖"的宋代儒学，作为治理国家的指导思想已经成为明代的一种符号与标志，而"五经博士"则"复活"了以故里为中心的文明，在理学振兴与区域传统的互动中，文献典籍与故里修建并驾齐驱，衍生出多元的发展路径。

作为学术理路的延续，《濂溪遗芳集》由家乘史料转化为官修史志。明嘉

---

① 胥从化、谢昵：《濂溪志》（卷七），明万历癸巳刻本。

靖庚子（1540），鲁承恩等修撰《濂溪志》，就是以《濂溪遗芳集》为"原型"而逐步拓展与深化。"嘉靖己亥承恩奉命来永，同知郡事"，以才学主持其事，编纂《濂溪志》。虽因文献遗佚，不清楚《濂溪志》的具体内容，但从鲁承恩的序跋中可见其有两个方面的特色：其一，"考先生始生之迹于故里"，汇入了《濂溪遗芳集》的重要成果："先生之道，昭如日星，《书》不尽言，《图》不尽意，则濂溪一志，虽非先生之精蕴，而可以无成书，而供后学之取则哉？乃取而修之。既成，先生之孙博士绣麟，请授诸梓，承恩知是志也，匪一家之书，当出为天下共之。"① 这则题跋中提到的"博士绣麟"，即周冕之子周绣麟，"字圣兆，号酸斋，庠生，袭翰林院博士"②，与鲁承恩交往甚多，交情甚契，均作有《濂溪三亭记》等诗文。从"先生之孙博士绣麟，请授诸梓"可知，受家藏《濂溪遗芳集》刻书影响，鲁志吸收了《濂溪遗芳集》的诸多内容。其二，广搜文献，"凡一言一字关于先生之道，而足为斯道之发明者"。在《濂溪遗芳集》的基础上，首次以方志的形式编纂濂溪文献。"首之图像，以正其始。次之序例、目录，以明其义。次之御制，以致其尊。次之遗书，以昭其则。次之著述、践履，以纪其迹。次之事状、事证，以详其实。次之谱系、谱传、谱稽，以衍其裔。次之奏疏、公移，以取其征。次之表、说、辨、赋、诗、记、序、跋，以备其考。次之祭文、附录，以稽其终。"③ 从这份目录看，鲁志紧随《濂溪遗芳集》，形成了以周子文集为始，历代褒崇、歌咏附之的编纂体例，使得濂溪文献不再局限于家承史料，而被地方典籍所替代，是官方政治的取向与地方历史的记忆，真正实现"流芳百世"。反过来，也恰恰是周冕《濂溪遗芳集》记录了不为世人所熟知的故里、宗族文献，并经鲁承恩等人的不断增添补

---

① 吴大镕：《道国元公濂溪周夫子志》（卷十四），清康熙二十四年刻本。
② 胥从化、谢昵：《濂溪志》（卷十），明万历癸巳刻本。
③ 胥从化、谢昵：《濂溪志》（卷七），明万历癸巳刻本。

辑，成为史志文献固定下来，渗入到濂溪学的传播之中，故而对理学的发展产生了深远的影响。

至周冕《濂溪遗芳集》后，寻求濂溪典籍、文献成为传统。据目前所知，《濂溪遗芳集》作为明代最早的濂溪学家藏典籍，引领着时代思潮，考王会《濂溪集序》曰："癸卯岁，拜道州之命，意故里家塾，当必有之，幸当获睹其全。既抵任，拜先生祠下。退而访其嗣孙翰博绣麟，求家传遗书，出《濂溪遗芳集》一册相示。荒杂不伦，并《年谱》及先生述作，亦复阙遗。因叹文献凋落，当图改刻，乃复出《年谱》抄本及搜录诗文凡若干。会受归而读之，其间又多讹脱。乃谬以己意，略加考定，而编次焉。"① 可见，当时明代濂溪学的发展存在这样一种矛盾：一方面，崇儒重道，理学逐渐成为官方学术的正统，对理学的认识正逐渐明朗、深化；另一方面，经历宋元两代，濂溪文献遗存无多，濂溪及其后续著作却没能在濂溪故里流传，晦而不显。尽管南宋时期，朱熹、张栻将濂溪学推向了顶峰，朱门弟子度正考寻遗迹，于嘉定十四年（1221）作有《年谱》，使濂溪故里区域特色得到推广，但是，真正与月岩、濂溪故里等有关的遗迹却甚少被提及。至《濂溪遗芳集》以降，王会等人以更宏大开阔的思路，于嘉靖甲辰编撰《濂溪集》，更新了《年谱》及诗文著述，强化周敦颐在文化地理中的特殊地位，完善了地方文献阙典之遗憾。然其史志早已失佚，憾不能披见，但从时间相距不远的明万历癸巳（1593）胥从化编订、谢赈编校《濂溪志》中可以看出诸多痕迹。明嘉靖、万历年间的《濂溪志》，均以濂溪故里为核心，对《年谱》等进一步完善，正如胥本《濂溪志·叙例》所述"年表，宋山阳度氏所撰，小有遗误，今搜补而考正之，诸野人诞语不使冒而入焉"。随后，后裔又对《年谱》进行了诸多补充，例如"宋真宗天禧

---

① 胥从化、谢赈：《濂溪志》（卷七），明万历癸巳刻本。

元年丁巳五月五日，先生生于道州营道县之营乐里楼田保。""（天禧）八年庚午，先生年十四。濂溪之西有岩，东西两门，中虚，顶圆如月出，人仰视若上下弦，名月岩。先生筑室读书其间，相传睹此而悟太极。"① 这些记载，如濂溪生于"五月五日"、月岩悟道等记载，均不见于宋版《濂溪集》。在这个意义上说，后裔周冕编纂《濂溪遗芳集》的目的，其实已经远远超出了文化典籍的整理，从后世编纂的《集》《志》等记载中可以获知，这是一种复兴濂溪学术的使命感。诸如明万历年间，"周子十七世孙与爵辑其先世著述事迹，自周子四世孙兴裔以下，为《遗芳集》。凡历代褒崇诏谕及传志、记序诸作，以次附焉"②。周与爵得益于家藏典籍，补辑大量文献史料，又促进了濂溪及其后世文献在苏浙一带的传播，发展为理学传播的另一重镇。

濂溪故里成为明代文明的核心，文人墨客争相题咏刻石。"士大夫亲见我朝崇儒重道，为我祖而赐冕以博士之官；其垂爱及冕者，亦赠有佳什。"③ 因传世文献有限，周冕与文士的唱和诗文已不可考，仅《濂溪志》中存有《拜先子前韵》载："度越诸贤擅大名，五星奎聚应期生。遗容百世勤瞻仰，绝学千年赖阐明。宋代褒封崇上爵，孔庭从祀侑东楹。《图》《书》包括天人蕴，谁谓言词不尽情。"④ 该诗表现了后裔对濂溪学说的探索，体现出对理学的认知。同时，周冕又依靠身份的荣耀，影响着当时士风和学风，使得地域性的士人活动不断加强，如前文所述《题月岩》，即开明代题诗刻石之先河。在此背景下，其子绣麟，悉读家藏，承其家风，与当时官员、士人等来往甚密，他以德行学业相号召，一时间从者云集，赋诗题咏随之渗透于文人的日常生活，为这一时期濂溪学的发展提供了良好的氛围。月岩不仅有周绣麟《游月岩次陈宗师韵》"陈公乘

---

① 周诰：《濂溪志》（卷三），道光十九年爱莲堂刻本。
② 《周氏遗芳集》，载于纪昀：《四库全书总目提要》（史部），河北人民出版社2000年版。
③ 胥从化、谢赈：《濂溪志》（卷七），万历癸巳刻本。
④ 吴大镕：《道国元公濂溪周夫子志》（卷十五），清康熙二十四年刻本。

暇游佳境，幸得追陪共一临"，即与湖广提学副使陈凤梧的酬唱诗文，也有徐爱、顾璘、黄佐、颜鲸等阳明后学慕名前来刻石，他们拜访遗迹，深挖濂溪思想的内在意蕴，因月岩自然环境展开地域性的文化诠释，但又蓄含着另一种价值取向：把朱熹解"太极"为"理"的思路转向了心性之学，诸如胡直"如月之中"、张乔松"太极岩"等题跋，均是从阳明"心学"的角度进行解读，并以此拓展为明代学界极具影响力的学术运动，标举着濂溪理学在明代中期学术场域的迅速崛起。值得注意的是，在嘉靖年间的政治环境中，程朱理学趋于僵化，阳明心学因背离程朱学术，遭到中央朝廷压抑，认为与皇权为代表的政治意识形态存在冲突，并禁止其传播："自今教人取士一依程朱之言，不许妄为叛道不经之书，私自传刻以误正学。"[1] 从这一层面来看，阳明学人在濂溪学中注入"心学"的因子，对濂溪学的诠释采取一种既依赖又批判的关系，作出了新的延展与开拓，不仅调和心学与理学之间的矛盾，确立阳明心学的正统性，又使得理学在官学化的同时，蕴含着复兴的契机，这亦是濂溪学术在嘉靖时期备受关注的主要原因。受此影响，后世文人、阳明后学以濂溪故里为正宗，著书题咏，弦歌不辍，产生了不可忽视的冲击与改变，月岩遂定型为一个地景符号，成为当时探讨濂溪学术的核心话题，留下了大量的石刻文献。

从这个意义上说，周冕对濂溪学的阐扬，极力发掘、利用地域文化资源，为濂溪学的传播提供了充实的、多样的文化资源，而迅速崛起、不断演变的濂溪理学则通过文化诠释，实现文化体系的转型与更新。因此，周冕对濂溪学的贡献既在故里文献资料的搜集与整理，也在于推动了明代儒学的繁荣，以前所未有的广度，反映了濂溪学在湘赣区域独特而丰厚的文化价值。

---

① 夏燮：《明世宗实录》，载于《明通鉴》，上海书店 1990 年版。

韩国奎章阁庋藏鲁承恩《濂溪志》的文本隐微

嘉靖十九年（1540）永州府同知鲁承恩纂集《濂溪志》，是迄今最具"原生态"且以"志"命名的濂溪文集，内容涵盖了周敦颐诗文、传记、历代纪咏等资料，五册一函，部帙较大。藏于韩国首尔大学奎章阁，是现存唯一一部最早的濂溪文集，一线孤悬，在文献上具有珍贵的价值。然则，在仅庋藏于"首尔大学奎章阁"的背后，《濂溪志》如何从 南宋濂溪文集中转型而来？

（首尔大学奎章阁图书藏《濂溪志》）

为何海东朝鲜会存有该本？钤有"帝室图书"之印的《濂溪志》如何反转触发了早期濂溪史志的认识？对鲁承恩"推而极于天下"编纂理念产生了怎样的回响？

一、"帝室图书"：最早濂溪"志"书文集的庋藏考索

鲁承恩《濂溪志》典藏于"首尔大学奎章阁"，由韩国高丽楮纸装订，文集封面左侧用墨笔题"濂溪志"，右侧各卷目录，精要地提示了各卷宗旨，从左到右依次排列，显示出规范化的朝鲜时代图书登记标识。五眼线装，右下有图书馆"番号"和"书册番号"："共五"，"奎章阁图书""图书番号：4041""一部册数：4""首尔大学校"，透露出该文献在奎章阁所存已是残缺不全。版心刻"濂志"，下有卷次页码。封面上有图书馆的收藏印记，首页钤有"帝都图书馆之藏""朝鲜总督府图书之印""迁邑大学校图书"方印三枚，记录图书的辗转递藏次第，反映出文献收藏的官方背景。每册卷端题"濂溪志"，次行题署"梅崖书屋编次""芝城书院校正""濂溪书院刊行"，属湖南地方州县所汇编刊印。全书每半页 10 行 20 字，四周双边，白口，双鱼尾，无遮挡、避讳等痕迹，卷末偶有书页缺损。卷三至卷五卷末署"永州府零陵县儒学教谕陈谟校正""永州府儒学训导张世器同校"①，记录了此本的校刊人员，恰好与鲁承恩所纂《序》文记载前后呼应："志成，同寅渭北赵公儒、乡彦石北朱子裒，见而诵之，慨然欲校正，以广其传于天下。"②但就目前所见，仅有卷三至卷五末端题署校刊，这说明文集各卷的刊刻自有先后。

检索历代公私藏书书目，该本在明清时期罕有著录记载。追本溯源，《（光

---

① 鲁承恩：《濂溪志》，嘉靖十九年刻本。

② 胥从化、谢赆：《濂溪志》，万历二十一年刻本。

绪）道州志》透露了失载原因："嘉靖间，宗子翰林博士周绣麟于棂星门内建楼阁，藏《濂溪志》书版，后皆毁于火。"也就是说鲁承恩《濂溪志》刻印不久就东传到了韩国，因道州濂溪书院惨遭火厄以致藏版尽失，嘉靖以后在国内日渐湮没无闻。直到朝鲜王朝改成帝国之后，帝室藏书涌出，久已失传的《濂溪志》被辗转移交收藏，遂得以重新面世。据《韩国所藏中国汉籍总目·史部·传记类》的著录，"（《濂溪志》）梅崖书屋（清）编次，芸城书院（清）校正。木版本 /［刊地未详］［刊者未详］万历年间 /4 册（零本）27.4×17.3 cm。印：帝室图书之章。藏本：卷 1 ～ 2（1 册）缺。"[1] 由著录信息看，无论是奎章阁的书目信息还是《韩国所藏中国汉籍总目》的版本著录题解，均比较粗略，抑或不熟悉《濂溪志》编纂情况，或许在流传过程中又出现了散佚卷首及前二卷，提供了较多的错误信息：其一，将《濂溪志》误解为"清"编次、校证，"刊地""刊者"不详，基础性的问题尚未澄清；其二，"芝城书院"辑成"芸城书院"，这些疏误错漏或语焉不详，无疑给《濂溪志》的传播以及后人的研判造成了较大歧见。

即便是《濂溪志》卷帙缺佚，但从现存鲁承恩所作《序》文中，也可以窥知原书基本面貌："首之图像，以正其始；次之序例、目录，以明其义；次之御制，以致其尊；次之遗书，以昭其则；次之著述、践履，以纪其迹；次之事状、事证，以详其实；次之谱系、谱状、谱稽，以衍其裔；次之奏疏、公移，

---

① 全寅初：《韩国所藏中国汉籍总目》，学古房 2005 年版，第 353 页。

以取其征；次之表、说、辨、赋、诗、记、序、跋，以备其考；次之祭文、附录，以稽其终。"①其中"昭其则""纪其迹""详其实"等都是分类的坐标，也就是说，这些文献史料有着不同的分组：前三卷是周敦颐图绘与著述诗文；卷四至卷七为朱熹等人所集事状、事证，以及谱传、魏了翁等请谥奏疏，为历史地位的确立与源流；卷七至卷十系后人纪咏诗文、祠记，搜罗时代学人的担当使命，足见其复杂、多样。在这一番记述中，虽不能完全脉络分明，但可以推知佚失三卷分别为：图像、序例、目录、御制、遗书、著述。

通过《序》文考索，《濂溪志》作为濂溪故里文献的发轫之作，永州府同知鲁承恩倾注了极大的心力。据其自言，先是"（嘉靖乙未）出守和阳，幸受教于师门，窃淑先生绪余"，而后"考先生始生之迹于故里"，从庐山濂溪墓到武昌濂溪书院，由衡岳再到濂溪故里，亲至其地，数度寻访濂溪遗迹，收罗甚勤，"近述远讨，凡一言一字关于现实之道，而足为斯道之发明者。"在简略的记述中，鲁承恩以弘扬濂溪理学为己任，一生花费许多精力于地方文献的整理。"是志也，始创于嘉靖己亥孟冬，续成于嘉靖庚子季秋"，刊刻时间是一个关键，似乎经过一年的时间就已接近完成，即始纂于1539年，迄至1540年已近完成，但是否付梓行世却难以考证。可以肯定的是，在卷末又有"嘉靖丙午（1546）岁仲秋月既望，但零陵后学钱尚青"所作《刻濂溪志序》跋文，以及成书于"嘉靖庚子"以后的多篇文本，该书经历了一系列补刻印刷过程。补辑包括李发《游月岩一首》《太极亭》《谒濂溪先生书院祠》等八首诗文、颜鲸《谒濂溪祠》《游故里》《游月岩》三诗，其内容与"诗类""祭文类"的旨趣完全相同。其中，"最晚一文是李发《谒元公奠文》，格式完全相同，时在'万历十七年'即1589年"②，这是为何？从《刻濂溪志序》跋文来看，"虽欲以其

---

① 胥从化、谢昵：《濂溪志》，万历二十一年刻本。
② 粟品孝：《历代周敦颐文集序跋目录汇编》，上海古籍出版社2020年版，第54页。

向慕者而贻之人人，吾惧夫览之者之难于会通也"，看其表述，是承接鲁承恩"宜人人能知之，亦宜人人能言之"的做法，希望将濂溪理学发扬光大。另一方面，在鲁承恩书稿编成以后，"后学钱尚青"以赓续学脉的方式补充了《濂溪志》的记载，补刻成书已距鲁承恩编刻四十载，这似乎有理由推断，因鲁承恩政务繁忙，或在永时间颇短，抑或文集搜罗尚有不足，延续至万历年间才得以最后付梓呈现。在这一过程中，《濂溪志》从稿本到定本经历了一个复杂的成书刻印，一方面筵请儒学教谕、训导等人校勘，表达了对濂溪学术的敬意；另一方面鲁承恩政务繁忙或未及如愿而离永，后由弟子钱尚青承袭文集体例付诸剞厥，正式确定并最终"欲授诸梓"。

二、从"集"到"志"：《濂溪志》的纵横展开

鲁承恩"慕先生之道"为宗旨，不囿于文集的辑存，借助史志的载体，力图以"类"为构架进行取舍拣择。从表面来看，将"图像"作为起点，续之以著作，到家传谱系，再到奏疏公移、赋诗记序，类聚辑录，在广泛搜罗中共时呈现文集的宏大系统。但在本质上，每卷按照时代先后进行卷帙编排，对周敦颐一生行迹、思想、遗踪有着详尽的记载，诸如"著述类""历履类""事传类""事证类"等等，将众多散见的记录以"类"的形式组合在精微严谨的框架结构中，充分展现《濂溪志》的重点取向。以"著述类"为例，下分为"诗""说""文""赋""序""书"卷等细节，注重关心各个文献史料之间的横向联系，从类到卷，体现出"体系化"的建构特点。具体来看，"诗"的纲目之下，分别统辖"五言绝句一首""五言六句二首""五言律诗五首""七言绝句六首""七言律诗三首"等 27 首诗作，这种分门别类、以类相从的统摄方法，使《濂溪志》形成了一个彼此关联的结构网络。

如果说，由最早的淳熙十年叶重开在春陵本《通书》基础上汇编的《濂溪集》，"参以善本，补正讹阙，并以南轩、晦庵二先生《太极图说》，复锓木郡斋矣。"① 濂溪文集反复刊刻，融入新的时代元素。那么鲁承恩《濂溪志》作为考证周敦颐生平的地域文本，隐藏着变化的搜剔遗佚，其选录了大量相关文献，增补《任所寄乡关故旧》《牧童》等诗文，突出文献的连续性，变化界限重构濂溪文献的篇目。以宋刻本《元公周先生濂溪集》的《夜雨书窗》一诗为例，肇始于宋刻本的《夜雨书窗》本为三联诗文共构而成。但在文本流传演变中，《濂溪志》辑录为《书窗夜雨》《石塘桥晚钓》二首，并以"五言六句"为标题，呈现出层累转移的端倪。尽管该诗最早"从《濂溪遗芳集》过录而来的周子《书窗夜雨》和《石塘桥晚钓》二诗"②，但是在文本传承的维度上，由宋刻本收录的诗文，到后裔周冕《濂溪遗芳集》、周木《濂溪周元公全集》拆分辑录，在形貌上突出地缘关系，再到鲁承恩《濂溪志》的渐次变化，蓄含了流传过程中的"分化"传承样态。

随着濂溪理学的官学化，思想文化传播的范围也逐渐扩大，《濂溪志》的编纂并不为宋本所限，辑录了大量纪咏、祭文等文本类型。如果说"夜雨书窗"是周敦颐诗文"原生型"文献的分裂演变，那么历代文人的题咏衍生则可称为"再生型"文献。据统计，卷七"诗类"中收录历代文人记咏濂溪诗文就高达119首，数量极为可观，可以说是这一时期文人士风的核心。析而言之，这些诗文以地缘关系为助推，是对周敦颐精神主流的接引，以此构成接续濂溪学的"动态链接"——从南宋本以傅著《和周茂叔席上酬孟翱太博》为始，黄庭坚将《濂溪辞》参与其说，形成以纪咏周敦颐为中心的同一时代"交游圈"。

---

① 粟品孝：《历代周敦颐文集序跋目录汇编》，上海古籍出版社 2020 年版，第 1 页。
② 粟品孝：《历代周敦颐文集的版本源流与文献价值》，《河北大学学报（哲学社会科学版）》，2020 年第 1 期。

透过比较，既增入了沈庆《爱莲亭》《望濂溪》、姚昺《谒元公》《爱莲亭》《濂溪》《月岩》等流寓文人作品，也有后裔周绣麟《和邵公韵》《谒元公》《题月岩》等诗文，濂溪纪咏处在一种极大的繁荣之中。从内容上说，这些赋诗感慨的核心是追慕先贤，而非抒发地域的感受，因此不断衍发，连绵相生。在一定程度上，这种将时人的观察和体验都参与到史志文献的辑录中，构筑一个切近真实的"当下"，导出"文本—文献"两种形式的转换：一面濂溪著作诗文与历代文人题咏互动再生；一面又承接现场书写与历史文本传刻的交互呼应，二种形式透过《濂溪志》媒介细密地联结起来，形成重视学术渊源流变的趋势，由此将濂溪文集引向了包罗万象的集大成阶段。

《濂溪志》如何作为彰显时代气度的新标识？鲁承恩注重搜集多方文献，自然是离不开家藏文献的支持。在《濂溪志》宏大的史志构架中，"卷五"专门辟出"谱系类"一帙，作为族群情感的"黏合剂"，增补了不为世人熟知的故里、宗族文献的稀见文献。透过"谱系类"，既有清晰的树图形式简要而系统地呈现家族谱系，也有周冕作《周氏支系》《濂溪宗派后图》，以及胡训《拙逸先生像》、何天衢《翰林五经博士拙逸先生行状》等"谱稽类"数则，这既与濂溪后裔特殊的家学背景有关，也包含着鲁承恩"于先生之道有所发明"编纂理念。鲁承恩自己在《跋濂溪谱》中曾说道："先生之道，诚不系谱之有无。因谱究实，真知先生犹夫人也。"这种为后裔存传，将从周敦颐到十二世周冕史料一一对应起来，这一超越传统文集的新视野，不仅可以看到从二十二世周敦颐到三十三世周冕的"世传"，回置五经博士周冕等人的生平事迹、仕履学行具体历史语境，较大地弥补正史记载之不足，而且"（周绣麟）闻而力请授诸梓"的慷慨襄助，更为清楚地显示鲁承恩作为地方官员与纪咏诗文、家族关联的相关线索。因此，从文献搜集的角度来说，鲁志正好体现濂溪故里的社会关系网络，呈现了濂溪文集由"集"到"志"的转向侧面。

　　《濂溪志》提供众多的历史细节成为解开宋明时期已经消逝文集刊刻的"钥匙"。在卷十"序类""跋类"，荟萃很多前贤的文集序跋，既有朱熹《太极图解总序》、张栻《太极图解序》《太极图解后序》，也有度正、游九言《书太极图解后》、朱熹《通书前跋》的延续，还新增宋圭《重刻濂溪集跋》、仇熙《太极书院重刊周子书跋》等首次刊发的篇章，在这些"序""跋"之中，不仅暗含着叙刊刻、讲递修之要义，也折射出很多文集刊刻的细节。其中嘉靖十一年（1532）潞安府（山西长治）太极书院刻有《周子书》，就是这样一个例子。尽管明代藏书家徐渤著《徐氏家藏书目》中仅有简略介绍，"周子全书二卷，吕柟演。又《周子书》，宋圭刻。"①《周子书》是从嘉靖五年吕柟所刻《周子抄释》而来，并在卷尾署"嘉靖壬辰秋七月戊申，保定后学宋圭谨跋""嘉靖壬辰冬十二月癸丑，后学潞安仇熙谨书"等字样，但由于宋圭刻《周子集》一直佚失未见，不为世人所知，《周子书》与吕柟《周子抄释》是否为同一本书？似乎尚存疑问。鲁本《濂溪志》存有的两篇《序》文，"刻《濂溪集》者何？重道教也……其历代之追尊，崇道也，儒先之论赞，羽翼乎道也。"从序文内容来说，宋圭与鲁承恩《濂溪志》的编纂目的特别相似，希望以文集"崇道"，复述"有补于后学之传播"的目的，以此说明《周子书》的价值意义。这意味着，鲁承恩《濂溪志》刊刻不仅记录同时代人"现场见证"的场景记录，而且也可出追踪到更多宋明刻本的内在线索。

　　可以说，鲁本《濂溪志》以类汇编，从濂溪文集的著录到故里遗风的展延，从家藏文献到文集的补遗，层叠累积，纵横了两条发展线索，开启了由"文集"到"史志"的转换模式：一是以濂溪思想的纵贯历史传承脉络，由周敦颐著作文集、刊刻版本到新发现的履历、事状、事证等，这是一条"时间

①　马泰来.中国历代书目题跋丛书新辑红雨楼题记徐氏家藏书目［M］.上海：上海古籍出版社，2020：266.

线";一是横贯的濂题咏文献脉络,这是一条"空间线",建构包括纪咏诗赋、风教文移、书跋祠记、谱稽规约等文献。在经纬相织中,隐含着相互影响的因素,共同串联起宏大的"思想—文献"格局,格外引人注目。

三、心学离合:《濂溪志》中的文本焦虑

《濂溪志》搜罗裒集以"近述远讨"为宗旨,提供很多文献中的"删减"资料,但在刊刻之中又埋藏着意味深长的"隐然"线索。鲁承恩"举先生之道而询诸永,道多士及先生之裔",应当对濂溪故里、月岩石刻是有所寓目的。但在《濂溪志》中却既没有正德九年阳明嫡传弟子徐爱在月岩刻《濂溪》《月岩》名篇,也没有同时代人嘉靖四年刘魁题刻《月岩》等却不见提起,不能不说这是一个遗憾。然而,为什么大量"谱系类"文献被收录而这些共时存现的石刻文献却未被收录,这是出于巧合还是出于有意无意的疏忽?究竟暗含着怎样微妙的"思想密码"?

让人始料未及的,在卷十"附录类"中辑有颜鲸《谒濂溪祠》《游故里》《游月岩》三首诗文及《谒元公奠文》,似乎是个很特别的现象。从思想渊源看,颜鲸从学于阳明后学王畿,隆庆戊辰(1568)"以六月庚辰行部至于湖南,由永郡竣事趋郴州",途经道州,拜谒濂溪祠,在月岩题有诗文,"盈虚弦望犹凡眼,闲境空明是圣胎",这似乎是当时最为热衷的话题。

确实,正德年间阳明心学的兴起后,其思想学术是复杂而又鲜活的。他们从濂溪、月岩寻源,屦履所及,必有吟咏,所谓"混沦一窍自天来,参两分明此地开""何人千载下,独契元公心",使濂溪学术重新焕发了新的活力与生机,成为儒学话语的"发酵剂"。阳明后学从经典中寻求心性义理话题,发掘到更多的文献资源,创造性地阐释"太极""主静"等概念,为儒学话语转型做了最

好注解。但是从学术文化的角度说，理学和心学自是儒学发展的两端，不可避免地影响着《濂溪志》编纂中的思想选择问题——思想认同的危机。据《明世宗实录》等呈请禁止的文献记载来看，"嘉靖元年十月乙未，礼科给事章侨言：'近有聪明才智足以号召天下者，倡异学之说，而士之好高务名者，靡然宗之，大率取陆九渊之简便，惮朱熹为支离。'"鲁承恩所处之世正是阳明心学泛滥成灾之时，如何面对心学流布所引发的凌虚蹈空的世风？如果说，儒士官员以程朱理学经由官方权力的支持悬为科举审视正统，那么阳明心学与从经籍中追溯理学正统不同，这些心学家追溯先儒踪迹，更注重道德修炼的超越感受，从逻辑上被理解为瓦解官方学术的"腐蚀剂"，扬此抑彼，必然遭到官方学者的反复上疏抵制。据此而言，《濂溪志》在"政治与文本"的存在中，隐隐透露出崇朱黜王的警惕，即撇清徐爱、刘魁等人的诗文，站在"政治正确"的立场——考量着阳明心学思想取向与政治局势的微妙关系，以此作为检验道学正统的实证。

颜鲸三首诗文及谒奠文的掺入不啻留下一个问题，《濂溪志》到底是打破与心学收录之间的壁垒还是延续正统的轨迹？换句话说，颜鲸三诗是心学时代的社会学术生态，还是官方儒学背景下的思想传承？若从位置看，仅仅存在于卷十"附录类"的钱尚青《刻濂溪志序》后，这是一种在《濂溪志》基础上进行增补的特别形式构成了复杂的关联。即便是"后学钱尚青"有所安排，但也是在"附录类"的另外刊刻。这说明，不同的身份意识标志着在文集编纂中的不同价值立场——"永州府同知"鲁承恩所固守的是官方意识形态的立场，辟王崇朱；而"后学钱尚青"所维护的是鲁公"记载之功不诬"的使命，就算它是阳明后学又怎样呢？何况退后一步，假如遭到申斥质疑，作为"附录"也可方便随时撤版，或者直接删除。无论如何，在当时政治语境中，对阳明学术作为"异端"之学的背景，固然有着理性与感性的双重性考虑。而《濂溪志》的收录，正突出理学在地性的多重复杂趋向。

随着阳明心学思想在官方权力的制约下走向平淡，而文献的繁荣却恰恰相反，《濂溪志》催生了大量的衍生文献，这正是传统以《太极图说》为中心的理学图示研究典范在发生转移。仅就卷七"说类"中王会所辑录《濂溪书院说》《濂溪故里说》《月岩说》等文献看，"（王会）癸卯岁，拜道州之命"，也就是说，嘉靖二十二年（1543）始官道州知州，时间略晚于文集序文的嘉靖十九年（1540），为后学所补辑。此外，周绣麟为表彰方进等人兴建濂溪故里风月亭、濯缨亭、有本亭而作有《濂溪三亭记》，并请永州府同知鲁承恩同作记文，以及同时期的周子恭《游濂溪故里记》、鲁承恩《谒元公祭文》等等。似乎可以推知，至卷六"奏疏公移"开始，钱尚青有所累积并渐次呈现"嘉靖十九年"以后的文献资料，一直到隆庆万历年间又有颜鲸、李发等新的增补，以濂溪理学为中心的思想变成了常识。质言之，置身于濂溪故里，文人学士题咏拜谒，理学与心学之间复杂的学术竞逐走向平淡，而单篇的记文、祭文则通过文集编纂汇聚为史志，在这种"搜集—补辑"之间，彼此承递推进，兼具文本生成与文献刊刻的双重属性：作为适时文本，指向于结合时代发展需要对濂溪资源的更新，推扇为文人题咏的风气。作为历时文献，遵循鲁承恩尊奉濂溪传播的思想趋向，"由表章以笃尊信，而底躬行之实者"。最终，这种动态更新使得不同价值理念在《濂溪志》这一空间汇聚，划分出一条史志文献发展的轨迹，从而为明代文集编纂提供了一个资料丰富而又个性鲜明的案例。

四、"黄鲁直谨记"的疑惑：
《元公家本行实》是否为黄庭坚所撰？

卷四"事状篇"中有一篇《元公家本行实》，自署"黄鲁直谨记"，仅见鲁本《濂溪志》，很值得注意。这是否为鲁本《濂溪志》发现的新资料？然而，为什么其他的濂溪文献中却没有提及这一资料？这是出于编纂的疏忽失收，还是后世的托名羼入？

"黄鲁直"此文亦不见于传世各种黄庭坚的文集，黄庭坚自己也不曾提及，似乎找不到为黄庭坚所作的明确说法，这无疑是令人费解的。道光十九年周诰编纂的《濂溪志》的记载，为探究《行实》渊源问题提供了一个契机："（周寿）尝与黄山谷同僚，相友善，故山谷称其'纯粹动金石，清节不朽，虽与日月争光可也。言语文章，发明妙慧'。"黄庭坚与周敦颐之子周寿家族关系醇厚，可以获得其支持。在当时，黄庭坚不仅为周敦颐书写《濂溪辞并序》，还与周寿唱和中存有《周元翁研铭》《寄怀元翁》《古风寄周元翁三首》等诗文，这都证实二人的亲密复杂关系。然则，从文本内容来看，《行实》的部分文字与朱子《事状》相同，也就是说，这是关于周敦颐思想行迹的一篇著述。但是，署名"黄鲁直谨记"的《元公家本行实》文本中恰好采入了一则"黄庭坚"的记载："豫章黄庭坚曰：'茂叔人品甚高，胸中相当于落，如光风霁月，好读书，雅意林壑，不以小官为耻，职思其忧。'"黄庭坚"光风霁月"的记载糅合在黄鲁直《行实》，虽然周黄关系不无可议，但全文上下多处自相矛盾，难以解释。其次，卷七"诗类"辑有黄庭坚《濂溪诗》以及黄鲁直《濂溪辞》，文集编纂中黄庭坚与黄鲁直各种说法不一，在文本上似乎很难自圆其说。这个问题还不是最要紧的，更严重的问题是，篇尾有"元仁宗朝皇庆二年癸丑，建崇文阁于国子监，以宋儒周敦颐居首十贤，从祀孔子庙庭。延祐六年十二月，追封宋儒周夫子为道国公"。《行实》的撰写时间明白无误的持续到了延祐六年（1319），质而言之，黄庭坚于崇宁五年（1106）业已辞世，在《行实》中自然不会出现崇宁五年以后的作品。那么，这篇《行实》的书写是否可以理解为后人的托伪呢？由周敦颐与黄庭坚思想渊源来说，黄庭坚《濂溪辞》以"光风霁月"传达周敦颐的精神品质信息，可以作为一个补充的证据，撮其大意如下：其一，权舆仕籍，不卑小官，"所至辄可传"；其二，超然处事，"进退官吏，得罪者自以不冤"；其三，雅好山水，"平生之志，终在丘壑"，并以"短于取名而惠于求志，薄于徼福而厚于得民，菲于奉身而燕及茕嫠陋，于希世而尚友千古"，高度称赞周敦颐志向人品与日用涵养，这一评价历来为学者所称道。作为周敦颐思想精神的弘扬者，"苏门四学士"之首的黄庭坚尽管不是最早的推动者，却是最为重要的导引者，留下的文化烙印最为深刻，因此一个很自然的判断是署名"黄鲁直"当然最能吸引人们的注意，便于表彰先祖的地位及影响，但从《行实》内容来看，黄庭坚对周敦颐其人其学的了解并非是泛泛而谈，这些经不起推敲的问题，可以判定出混用不分、内里疏漏的《行实》绝不可能出自黄庭坚之手。

《行实》不仅署名、时间交错混乱，抑且对周敦颐生平增衍了不少传奇性情节，追述出一番别出心裁的想象描述："天禧元年丁巳五月二日夜，郑氏沐浴更衣，至夜五鼓，闻空中音乐嘹亮之声，将曙，五星县辉于庭后，化为五土埠于洞中，三日正午而公生焉。时南方天星当书见，宋真宗问其故，司天监张奎运奏曰：'今南方必诞生贤哲，故天象垂照。'"在"化为五土埠于洞中""南方天星"词下，潜藏的正是一个神话般的想象。换而言之，《行实》推想濂溪先生的出生时，已经把驰骋东西的联想羼入到文本之中，这不仅造成了内在意味上的偏差，并且与黄庭坚"光风霁月"的精神意趣大相径庭。又如"公年八九时，为儿嬉戏桥间，以沙排八卦圈、太极图形于桥上，识者过之，知其非凡"等等，这一方面固然是濂溪文献文化的特殊背景所致，另一方面利用神秘形象塑造其出生，在某种程度上也起到了单向度地建构了周敦颐思想地位的作用。沉浸于这种家族风气的影响，在仅存于鲁本《濂溪志》的弘治癸亥（1503）郑满所作《濂溪遗芳集后序》中也有类似想象之词，"五星聚奎，实诞英豪，其生禀既异，而又博观远探，实践心得"，二者如出一辙，固然是濂溪形象虚拟揣摩的源头。在这一意义上说，《元公家本行实》与其说是依据诸儒议论、朱子《行状》等诸多段落附会而成，还不如说是糅合濂溪相关述论及家传文献杜撰拼凑而成，更多地出于后裔等刻意求索的心理。在这种附会和猜想中，鲁本"谬误颇多""诸记郡邑参错"的问题不断呈现出来，不能不使后来文集编纂者对伪托其名、放大原貌等问题及时纠正，以致《行实》最终作为鲁志中的孑遗之编。

其实，名家附益在鲁本《濂溪志》中恐怕不是一个孤例，在卷七"说类"中不仅有《五行说》、"辩类"中也存有《无极而太极辩》，作者均署名为"程颐"。这促成了同一个问题的反思：是否同为名家的一种"附益"或文本搜集的疏忽呢？此外，在嘉靖十四年周伦、黄敏才编刻的《濂溪集》中，也有类似的记载。可堪注意者，胥从化、谢觊《濂溪志》又重新追问文献的可靠性："如五行、太极二说，本黄榦所作，而以为程颐。"在这个意义上，"说""辩"二文与"黄鲁直"的《元公家本行实》的改写是殊途同归的。围绕史志文献的编纂，鲁志出现了较多的"名家附益"，这些没有凭借的文献，成了后来者编纂文集时选择的焦点。除了名家附益的情况外，其实还存在页面错乱缺佚、文字排列局促、部分文字漫漶不清、细节尚未处理等问题，譬如朱熹《北山纪行二首》存在错排、高毂《赠周翰博荣归》缺少标题等。也有不少疏漏的情况，诸如《（弘治辛酉）谒元公》作者仅刻"赵"，还存在不少卷帙错乱、阙佚，如《褒崇道学公移》，不注出处，缺少标题，即是其中例证。在某种程度上说，《濂溪志》中存在穿凿附会以及不少疏漏错讹，浮现出文集编纂中的一些新问题，胥从化、谢觊所编纂的《濂溪志》中专列"叙例"批评，"谬误也，重复也，款次之舛紊也"等等。当然，鲁志作为史志定型过程中的最早文本，这些"错简性"文献的指瑕，揽镜自鉴，有着对濂溪学文献的回溯深思意味，这是否恰恰是明代文集编纂中一种饶有意味的暗示呢？

五、"推而极于天下"：《濂溪志》环绕交错的影响

从学术思想发展来看，《濂溪志》给嘉靖以后的儒学带来怎样的文化讯息？为什么万历年间会产生大量濂溪理学的文集？其背后的动力是什么？而在朝鲜时代的异域语境中，形成了一种新的性理思想，这与《濂溪志》等文本的传播有何关系？

鲁本《濂溪志》是濂溪学编纂史上第一部以"志"命名的文集，内容庞杂丰富，带动周敦颐思想文献刊刻的"中兴节点"。鲁承恩在《序》文中特别作了一番解释："先生之道，昭如日星，流如江海，容光必照，群饮俱适，宜人人能知之，亦宜人人能言之"，《濂溪志》以呈现濂溪精神真貌为己任，保存了不少佚文佚篇，诸如濂溪书院《春秋二次丁祝文》、濂溪故里《春秋二仲次丁祝文》的首次收录，也有重新发现了久已亡佚的郑满《濂溪遗芳集后序》，此外还有"公移类"的物质形态记文《褒崇道学公移》《崇先贤以励风教文移》《修盖先贤书院碑》《崇儒重道事》《书院再复公移》等，就地方积累的原始文本而言，已经足够串联成一个网络文献体系。既是明代理学繁盛的表现，也承载着深刻区域文化背景资料，其接续理学文献的意义应该得到充分肯定。从渊源来说，即使是《濂溪志》并不是最早辑录故里文献的文集，弘治年间五经博士周冕编纂《濂溪遗芳集》才是最早者。弘治辛亥（1491）弋阳方琼在为《濂溪遗芳集》所写的"序"中作了说明："若夫爱莲之说，吟咏之作，及古今人之赞咏而赠及其后裔者，乃其芳中之余芳，是犹孔经之外复犹所谓《家语》，实又'六经'大芳中之余芳也。"虽然目前并没有看到《濂溪遗芳集》，但是方琼与郑满两篇序文的公之于世，足以向世人宣示久佚的《遗芳集》的存在。"盖

欲发明周子之所以生于舂陵，而明其道以著其芳者"。如果说景泰七年（1456）周绣麟之父周冕被赐封为五经博士，由区域影响催生了文化繁荣，溯源芳躅吟咏诗文者络绎不绝，周冕、周绣麟等五经博士发扬祖考伟业，将"以著其芳"的问题意识钩沉纪咏文献为"芳迹"，恰切地生发了荟萃"濂溪遗芳"的思绪。那么，鲁承恩作为"永州府同知"修纂《濂溪志》，极力突出"不徒秘之为家乘"的光大使命，则在逻辑上总结了濂溪故里文献的经典性。

从"遗芳"深入到史志的文献传统，构成濂溪理学的时间性碑界，这一渊薮在很大程度上刺激濂溪文集的关键推进，并影响和辐射思想学术的发展趋向。为什么？对比嘉靖、万历年间文集编纂寖成风气，接踵而起数量极夥的《濂溪志》——万历三年（1575）永州府知府王俸、署道州事推官崔惟植编《宋濂溪周元公先生集》，万历二十一年（1593）永明县知县胥从化、道州儒学署正事举人谢岘编《濂溪志》，万历末年赐进士第嘉议大夫李桢编《濂溪志》等系列"同质性"文本——"析之为元公遗范，为芳迹，为遗书，为杂著，为年表，为事状，为诸儒议论，为历代褒崇，为纪述，为题咏，为祭谒，为濂溪世系，款凡十有二。"① 就编纂者的圈层看，王俸、胥从化等人都是地方儒士先贤，都从鲁承恩修纂史志这一源头肇始，在得天独厚的地理空间中，希望为地方政治与理学延续的互动中建立一个支撑体系。但在内在理路上，以鲁本《濂溪志》为滥觞，尽管在具体选目上略有差异，修纂经历也各有特点，但却都与鲁本《濂溪志》互相参照，既将历史文献与现场文本相互交织，又挖掘大量故里文献，在深化文集内蕴中突出地域化趋向。这一过程，不仅没有取代鲁本格局的理论构架，而且恰恰是在原有的传统中挖掘历史时间、地理空间与文人群体的认同感，在某种程度上，鲁本《濂溪志》刊刻传世，促使着作为濂溪思想

---

① 胥从化、谢岘：《濂溪志》，万历二十一年刻本。

学术背景深度传播的时代转折。

《濂溪志》具有东亚文明的色彩，在彼此交错的海东思想文化中塑造濂溪理学复杂、多维的镜像。《濂溪志》兴起于阳明趋盛之时，文人学者从写实角度拓宽了文集的范围，积淀了许多文献史料。而在海东朝鲜恰恰相反，性理学迅速推进，程朱理学本来作为朝鲜时代官方学术的正统，散发着源源不断的经典魅力，从《中宗实录》等记载可以获知，明正德十三年（1518）工曹判书金安国等不遗余力地搜集程朱理学书籍的情况，"所谓《张子语录》《经学理窟》《延平问答》《胡子知言》等书，皆濂洛诸贤之所著也，皆要切于圣学，故敢进。"① 透过这份书单不难发现海东朝鲜购书的重点，以"切于圣学"为宗旨，在性理学与阳明学并存的多种交集中，由朱子学的崇高地位发端推进了濂溪理学"书籍之路"的交流传播。一方面，朝鲜官方固执地坚守朱子主流思想立场而拒斥阳明心学，濂洛之书作为朝鲜时代的一种特殊的背景与动力涉入到治国理政的意识形态。另一方面，环绕朝鲜开创时期文人文集的相关记载，聚焦性理学的渐次展开，在思想与文献之间形成无数交叉联结点：其一，晦斋李彦迪（1491—1553）与忘机堂曹汉辅曾围绕周敦颐著作开展"无极太极论辩"，可以作为濂溪思想传播的时代标志，他们不是照搬《太极图说》的说法，而是潜研性理，通过"论辩"串联起"无极""太极"体系演变的内在机理。其二，周敦颐是朝鲜时期性理学家终身推重的人物。河西金麟厚（1511—1560）是海东朝鲜最崇仰濂溪的儒者，一生立言行事，与周敦颐接近，自谓"适来春陵翁，寓目心怡然。徜徉惬幽期，竟夕忘回旋"。这段文字不仅有对前贤的崇敬，更有体味濂溪思想精神的悠然神往。因此，朝鲜君王正祖以"海东濂溪"赐其名号，切实呈现了濂溪理学思想旅行中的"在地性"。其三，朝鲜性理学家的思

---

① 《朝鲜王朝实录》，日本学习院东洋文化研究所 1953 年影印，第 493 页。

想言行深深带有濂溪理学的核心烙印。大儒退溪李滉（1501—1570）有明确论说："如庭草一闲物耳，每见之辄思濂溪一般意思也"，其中"与自家意思一般"正源自濂溪"窗前草不除，与自家意思一般"，将思想精神反馈到内心体验之中，是义理思想主导下内外融通精神境界的"转换"，穷理潜性，容于涵德，此类融合构成了朝鲜时代性理学发展的重要特色。其四，在文字解说之外，开创"图示说明"儒学经旨的文本，诸如退溪李滉向君王呈献的《圣学十图》之《太极图》，南冥曹植（1501—1572）《太极与通书表里图》等等，"以图为解"作为一种特别的思维方式，发生了图像学的转向。如果把这些零星的证据汇集起来，说明的正是濂溪理学在海东的发展趋势以及嘉靖万历年间的影响速度。

韩儒特别关注濂溪文集，其实是在为本土文化寻根。尽管目前没有坚实的证据说明《濂溪志》传入海东朝鲜的记录，而且这一新文献的发现也并不必然是上述性理学推进的交叉点，但是不能否认的，奎章阁藏本中金属活字（甲寅字）编排刻印之迹仍然昭然可见，以及卷末钱尚青《刻濂溪志序》以及颜鲸、赵贤、朱应辰、李发等人的奠文为朝鲜活字印刷。这些文字实不同于鲁本原刻字样，至少可以作为海东影响的一个旁证。在一定程度上说，两种不同刻字的文本交融，说明海东学者对其中的内容进行了深入整理，使得鲁志作为经典得到补修、重刻，无形之中透露出"书籍之路"的交流背景。从某种角度来说，鲁志从道州濂溪书院到首尔大学奎章阁的"帝室图书"，再到近年《韩国所藏中国汉籍总目》收录，被中国学者再次发现，地理空间从中国到域外，又从域外在中国"合璧"，无论作为"帝室图书"还是"海东濂溪"传衍，无论是精神气象或是图示现象，在明末"理学—心学"多元交错的背景与朝鲜"理学向心"的萌发中，海东诸儒以辩论、图示等视角构建出对理学独特的运思与表达，这固然是濂溪学交流互鉴中内在理路的流转，恰恰说明了濂洛书籍传播对思想更新与文化衍生的重大反响。反过来看，这也正是鲁承恩将濂溪理学的传播空间投射到"推而极于天下之大，万世之远，无一而非（濂溪）先生之道之所在也"的回音。

概括而言，由鲁承恩主修的明代大型官修文集《濂溪志》，明版典籍、理学传播和域外汉籍等多个维度，叠合为濂溪理学接受中的"三重话语"：周敦颐著述文集加上纪咏志绪，传统与实时的接续，在文本生成与文献刊刻中黏合大量"同质性"文献，溯源史志，开创了濂溪文集编纂新的"起点"；宋明理学与阳明心学的交错与融汇中，深刻实现了濂溪内在精神与学术传播的"双向性"建构；从道州濂溪书院到奎章阁"帝室图书"再到回环中国，横跨时空间距，互为镜像。《濂溪志》在编纂、选择、流传过程中的种种人事交集，共汇成濂溪理学传播的立体矩阵。

中国台湾地区"国家图书馆"藏 王会《濂溪集》的成书与传播

王会《濂溪集》刻于道州濂溪书院，嘉靖二十三年（1544）编定，三卷本，仅藏于台北"国家图书馆"与故宫博物院，是理学思想史上的重要文献。王会本历来传刻较少，国内学者鲜有触及，海外亦较为罕见，存世刻本弥足珍贵。

一、从道州到中国台湾地区"国家图书馆"：
王会《濂溪集》版本的流散

嘉靖二十二年（1543）王会官道州知州，修建学宫和濂溪书院，纂修地方史志。在《濂溪集叙》中，表明编纂目的："癸卯岁，拜道州之命，意故里家塾当必有之，幸当获睹其全。既抵任，拜先生祠下，退而访其嗣孙翰博绣麟，求家传遗书，出《濂溪遗芳集》一册相示。"①《濂溪集》的编纂始于王会"既

---

① 王会：《濂溪集》，嘉靖二十二年刻本。

抵任"道州，修建书院，拜谒先贤，并从后裔家藏文献中获得《濂溪遗芳集》。因"叹文献凋落""荒杂不伦""其间多有讹脱"，故重修考定编次。编辑成书之后，"刻置书院，以备是邦文献之阙。"就文本流传来说，道州濂溪书院于明嘉靖年间刻有鲁承恩《濂溪志》、王会《濂溪集》多部濂溪文集。遗憾的是，"嘉靖间，宗子翰林博士周绣麟于棂星门内建楼阁，藏《濂溪志》书版，后皆毁于火。"或许是藏版遭到火厄，其后似乎未见重版，文本散失，以致流传不广。

从篇幅体例看，《濂溪集》共三卷，但包罗甚广，卷首下有王会《序》、故里图说、像赞等条目，卷首收录的是故里、月岩、书院图像，濂溪先生图像，朱熹、宋濂像赞，卷一遗书，包括濂溪遗书，包括《太极图说》《通书》、诗文、书简、事状。卷二年谱，卷三历代褒崇，卷末附录故里记文。按照时代先后编排，内容重在阐发濂溪遗绪，突出记咏之繁。出人意料的是，在王会《濂溪集》原本中，《叙》并没有落款。王俸、崔惟植于万历三年（1575）编《宋濂溪周元公先生集》，收录王会叙，并在末尾署"嘉靖甲辰五月既望，后学漳浦王会识"，其辑成梓行当在嘉靖二十三年五月，即《濂溪集》成书是在王会到任道州的第二年完成的，持续了一年的时间。或许是没有看见其他版本的原因，台湾图书馆根据"癸卯岁，拜道州之命"，题署"嘉靖二十二年道州濂溪书院刊本"，导致编纂时间有些淆乱。

王会《濂溪集》流传仅有二部，均藏于海外：一藏于台湾图书馆，封面题签"濂溪集"，封皮背面有图书馆的收藏印记，"国立中央图书馆藏善本"，著录"集部别集类""濂溪集""明王会编""三卷二册""明嘉靖二十二年道州濂溪书院刊本"。此书书首钤有"五砚楼"，书尾钤印"五砚楼袁氏所藏金石图书印"，始为明代苏州袁褧所收藏。明代以后，鲜有记载。在台湾图书馆书中，存有夹片记录聚散历史："南巡带来《濂溪集》原一套三本。四十六年五月二十五日，畅春园发来，去衬纸，改插套一本，系宋儒周敦颐所著文集，无序刻年代、人名，明板。"①此夹片显然是出自收藏者之手，可知此书曾在书肆流通。后归吴兴刘氏嘉业堂，书首有"吴兴刘氏嘉业堂藏书印"，藏者屡易，多次辗转，最终存于中国台湾。一藏于台北"故宫博物院"图书馆，原本三卷三册，后改装为一册。首尾完帙，但有部分错简、缺页。据《藏园订补郘亭知见傅本书目》记载："明嘉靖刊本，十行二十字，黑口，左右双栏。有嘉靖二十三年甲辰漳浦王会序。"②民国藏书家傅增湘在清点图书曾寓目该本，在《藏园群书经眼录》中说明"徐梧生遗书"，并于"丁卯"（1927 年）寓目。

随着近年来濂溪文献整理的广度与思想研究的深度不断推进，四川大学粟品孝教授苦心求访，寻得王会《濂溪集》二部，一是"台北'国家图书馆'"藏本。一是"台北'故宫博物院'亦藏有一部"，重新唤醒了濂洛之学的历史记忆。此外，燕山出版社影印"宋周濂溪全编"，收录了台湾图书馆所藏《濂溪集》，不仅使文献资源的获取得到极大方便，而且使流散的古籍拥有了自己的身份归属。

在这个意义上，王会《濂溪集》积累的种种信息，在文本流传与文集增补中，呈现不一样的文献资源，正好给予我们重新认识《濂溪集》，以动态的思想学术演进与静态的经典文本诠释进行融合延伸，这无论是激活海外对濂溪理学的认识，还是对传播中华文脉、增强文化自信都具有特殊意义。

二、"首之图像"：《濂溪集》文本的内在价值

从《濂溪集》编纂内容看，王会并未沿袭宋刻本的窠臼，他以寻找现实遗迹为背景支撑，辑录了与众多地域文化相关的文献资源，颇具时代发展的

---

① 仝生扬：《宋周濂溪全编》，北京燕山出版社 2021 年版，第 32 页。
② 莫友芝：《藏园订补郘亭知见傅本书目》（卷十三上），中华书局 2009 年版，第 51 页。

特点：

1. 将"图说"生成作为文集的起点。《濂溪集》的一个重要洞见是图绘史迹，"以图为说"。正如周敦颐被认定为"道学宗主""理学开山"的渊源一样，濂溪故里亦被视为宋明儒学的精神故土。《濂溪集》根植地域文化的土壤，卷首绘有"故里图""月岩图""书院图"，用"图说"传达历史场景，具有区域文化构成的特色。以"故里图说附"为例，在图绘中家庙、牌坊、亭台、石径等都清晰可见，"濂溪先生实生于此，山之西石壁上有古刻'道山'二大字，下有石窦，深广不可穷，有泉溢窦而出者，濂溪也。""泉之山为有本亭，迤东为风月亭，沿流而东为濯缨亭。又东为故居家庙在焉。"在这个图像记载与附说文字的相互释证中，详细记录"道山""有本亭""风月亭""濯缨亭"地理位置记载，图说互文，很好地呈现道州濂溪书院的整体样貌，颇见巧思。如果说濂溪故里是儒学道统的神圣性来源，那么图说中的月岩、书院可以说是沐浴在故里的重要遗迹，在"月岩图说附"中，王会提到"此山不生于他而生于先生之故里，则谓之'太极洞'也。亦宜因摩崖刻之曰'太极洞'云。洞高可四五十丈，宽可容数千人，中有濂溪书堂"。一方面将周敦颐在月岩悟道物化为"太极洞"的自然景观，赋予传播濂溪思想意涵的象征意义。另一方面，讲学传播筑"濂溪书堂"，摩崖题刻"太极洞"，构成一个传承濂溪文化内涵的地景网络，后人不断跟随题咏，太极洞成为书写理学的历史母题。因此，从《濂溪集》的图录记载中可以看到，王会在"图绘"时是有实际的观察和体会的，虽然目前在《濂溪集》中"书院图"缺少"说附"，但王会对濂溪地理"原点"范围的传承弘扬，这正是作为地方官员关注于濂溪思想内涵的弘道意识。

从表面上看，在嘉靖十九年鲁承恩《濂溪志》刊刻过"图像"，在序文中有即有"首之图像，以正其始"，这说明图绘已不是偶然现象，已从文集文本的编纂进一步发展到图文互说。然而，其中"图像"为周敦颐像赞，抑或故里图像？因"图像"佚失已难以考证，但是就王会《濂溪集》而言，"使后之人有考，并图其山川书院在卷首"，并非简单附图，而是按照传统舆图方法绘制并配有文字说明，对弘扬濂溪故里、书院等的自然地形、人文风貌的推广，这本身就是新的文献文本。这种将图像纳入史料范围与传统史料搜集明显不同，图文互释，彰显理学地域化的特殊性，遂成为濂溪文集的一个重要类型，对后来者有着垂范效应。

2. 从地域视角增补《年谱》遗绪。《年谱》在《濂溪集》的编纂中处于核心地位，是统摄整部文集的总纲。王会早年研读周程之书，深切体会到濂溪思想在当时的影响，因此《序》中开宗明义的提到《年谱》缺佚的问题："会官太学时，尝得《濂溪先生年谱》一书，为友人借去，竟失之。犹记题引者为张元桢氏，云曾得《周子大成书》于某处，缺其中《年表》一帙，欲检中秘书抄补之，以史事严不及。"其中"尝得《濂溪先生年谱》一书"，反映出《年谱》在嘉靖时影响很大。而翻检濂溪文集，王会所说的"大成书"，在《郡斋读书志》中有记载："《濂溪先生大成集》七卷，《濂溪先生大全集》七卷……道守萧一致刻先生遗文并附录七卷，名曰《大成集》。进士易统又刻于萍乡，名曰《大全集》。"① 从"大成书"的编刻看，有感于周敦颐思想地位的影响，使得濂溪文集在南宋时刻印颇广。但是，战乱多舛，至明初时已"阙其中《年表》一帙"，检索文献，诸如嘉靖五年吕柟《周子抄释》，均缺少《年表》的记载。

王会对濂溪文献渊源是相当熟悉而且重视的，"略加考定而编次焉"，既有对度正《年表》的阐发，也挖掘出一些新的文献资源，其特别贡献主要体现在两个方面：一方面，在度正《年表》中注入编刻细节。其《年谱》编排内容与宋刻本基本相同，所不同者在卷二《年表》末尾有度蕃《周元公年表后记》跋

---

① 晁公武：《郡斋读书志校证》，上海古籍出版社1990年版，第1186—1187页。

文，尾署"嘉定十四年九月二十有五日，弟蕃百拜谨跋。"此跋出自"弟蕃"之手，时间略晚于度正《年表》。换言之，《周元公年表》的编纂除朱子门人度正之外，似乎还出于他人之手。而在这篇《后记》中，又提到"性善兄顷在成都，夜读《通鉴》，其后常患目昏，不能多作字，其类编《濂溪家世年表》，蕃执笔从傍书之"。也就是说，"弟蕃"对《年表》的修纂有着重要贡献。经王会辗转考索，辑佚了宋刻本"子弟执笔从旁书之"中"子弟"为度蕃，前后本末的问题由此呈现。

另一方面，编年排次，抉发濂溪行迹遗绪。粗略来看，王会《年谱》源自度正《年表》，在版心却没有"度正"署名，两种文本在文字上如出一辙。然而，经过仔细比照，宋刻《元公周先生濂溪集》附录《年表》中"治平四年"条记载"自永州移文营道言之，因携二子归春陵展墓。三月六日与乡人蒋瓛数人同游含辉洞"。王会充分利用本地特有的文化资源补辑《年谱》资料："因归故里，经澹山留题岩局云：周惇颐携二子寿、焘归春陵展墓。三月六日，与乡人蒋瓛、区有邻、欧阳丽、理掾陈赓同游含辉洞。洞在今营道县二里，刻石其阴。"文本中记载的同行之人"蒋瓛、区有邻、欧阳丽、陈赓""刻石其阴"，就是出自周敦颐本人的第一手石刻数据记载，不仅呈现了同行的人物关系之"图"，也提供了"现场感"的资源。尽管这些记载未必完全是王会所掘发，在宋景定四年杨允恭所作《（道州濂溪书院题额）谢表》中，亦有"林壑一丘，治平之题墨尤在"一条，以周敦颐"治平之题"催生挖掘周敦颐主题本身的"原生型"文献。到弘治年间周冕辑《濂溪遗芳集》"使天下后世之景仰先哲者，悉于是有所考正"。而《濂溪集》"乃复出《年谱》抄本及搜罗诗文凡若干"，作为一种地方性的遗迹，王会应曾经寓目该石刻文字。一个关键性的证据是，含晖岩至今存有"嘉靖丙午仲夏望"王会与萧山黄九皋、顺昌廖庚、全州唐廷颢等人同游的诗刻，可以说是含晖岩文献集成中不断生成的学术积累。

在这种文献的层层积累中,"治平四年"这则记载的产生从周冕到周木《濂溪周元公全集》创始,再到王会将濂溪故里的石刻史料文献追摹传刻,为同游含辉洞、路途经澹山岩等文献资源确立了相互认同的线索,再到清康熙四十七年张伯行本、乾隆二十一年董榕本又有新的题注补充"治平四年后,蒋瓛仕至朝议大夫、区有邻仕至大理寺丞",使得濂溪文献不再是单一的线索,文集文献与思想传衍相互补充,呈现出新的立体感与纵深感。而王会《濂溪集》不仅包括度正《年表》、周冕《遗芳集》以来的传承接续,也在流传过程中不断"在地化",正是濂溪文献生成、集成中的关键节点。

从文本价值的角度说,《濂溪集》以"道州知州"身份补辑濂溪故里资源,追寻到周敦颐的交往踪迹,不仅使得佚文遗迹被一步步发掘出来,也对周敦颐生平事迹有更深刻的认识。如果说围绕周敦颐自身文献的挖掘,含辉岩、淡岩等集成"原生型"的核心圈文献,那么后人拜谒、题咏故里又传递着"再生型"文献的发展线索,王会作为道州知州实地考察地域风物,在月岩也留有其手泽,显示出"濂溪遗绪"的现实文本转化为历史文献的属性。实际上,王会《濂溪集》起源周敦颐年谱佚失的现状开始,追溯年谱及故里情况的更新,列举"历代褒崇"的编纂宗旨,卷末收录鲁承恩《濂溪三亭记》、周子恭《濂溪周氏世业田记》的记文,这两篇记文书写刻石与王会文集刊刻时间间隔不过三年,但故里祭文、田记等多重哀集,充分反映出王会《濂溪集》刊刻的背后接续理学发展的演变:从文集编刻到故里遗绪文献延伸的过程,折射出历代濂溪文集不断拾遗、传抄的特点。

3. 瓦解程朱依附确立区域话语。复合朱张阐释是宋代濂溪文集的突出特点,不过,当这种线索在阳明心学等的冲击下发生改变时,那么又用什么思路切入这些文献?王会《濂溪集》不同于宋刻本《元公周先生濂溪集》,一个重大区别在于多维地展现文献编辑的时代语境。尽管说濂溪理学的追溯根柢由朱张等学者推动，而《濂溪集》收录是建立在宋版濂溪文集基础之上，但是，与宋版濂溪文集注重收录朱子及同时代儒家学者《太极图说解》《通书解》明显不同，王会《濂溪集》在卷一"遗书"中，并没有附载朱、张的阐释文字，而仅仅收录《太极图》《太极图说》《通书》《拙赋》《爱莲说》《养心亭说》《邵州迁学释菜文》《吉州彭推官诗序》几篇周敦颐自作文章。何以如此？追问原因不难发现，这与明代学术背景有着重大关系，王会在《序》中特别指出："若乃先生之学，则《图说》《通书》固与《论》《孟》并行于世，无待于斯而后传矣。"实际上，由周敦颐发端阐发心性义理精微，以《太极图说》为蓝本，从"无极—太极—阴阳—五行—化生万物"建构宇宙生成论，另一方面，以"无欲""主静"为内容建立"立人极"的原则，构筑起程朱理学与阳明心学的共同思想框架。在理学与心学两者交错影响和演变中，实际上王会更为关注周敦颐思想"与《论》《孟》并行于世"的经典性，尽管两种学术思潮的视域交错转化值得重视，但王会似乎更注重"濂溪学"内部隐含的文化力量——既没有关注朱熹等人对《太极图说》的诠释解说，也未辑录诸儒序跋记文；既离心于程朱诠释为中心的取向，也摆脱了明代中期阳明心学发展变化的影响，在理学与心学的同质流转中，将关注目标推向周敦颐《图说》《通书》所独有的思想价值，重新界定周敦颐思想与儒家"圣人之道"的开启，这标志着：一方面，濂溪文献在嘉靖以后似乎更为突出地域的特色而非道统的建构；另一方面，随着宋明的更递，纪咏、祠记等文献日益走向细致深化，以故里为线索的《濂溪集》走向了时代的转型。

特别值得一提的，"杂记"中考证二程言行语录，仅收录了濂溪师友渊源的 10 条文献，而不见朱子资源，亦是搜寻立足濂溪定位、反映时代特点的典型例证。其中，最后一条"邢恕和叔叙述明道先生事云'茂叔闻道甚早'"。此外还存有"或云荆公少年不可当世，士独怀刺往，见濂溪三往三辞焉，荆公绝然曰：'吾独不能自求之六经耶！'遂不复求见"。这2条"事状"源自《伊洛渊源录》，为邢恕所言，但历来后世学者辩驳甚多。从渊源来说，无论是"内怀猜猾，而外持正论"的二程高弟邢恕，还是以现实政治为重的王安石新学，这些语录均与内圣之道为重的程朱在政见学术、精神风貌有很大差别，却在《濂溪集》得到了重现。显然，在多元文化的选择中，《濂溪集》有意祛除朱子话语体系的影响，收录朱子《事状》中并未提到的王安石、邢恕等人的遗事，充分反映出文集生成及流传过程中的"回改"现象，形成为不同文本层次的累积。

寻源溯流，《濂溪集》从"遗书""年谱"到"历代褒崇"，基于学术发展的内在理路不断延续，文集的发展一方面已摆脱了程朱理学的构架，另一方面从理学形而上体系论证转变到辑佚纪咏、祭文等资源的路径，外延不断扩大，其编纂选择有着明显的深掘累筑意涵。

三、源流传衍："台北故宫博物院"本《濂溪集》的补辑

"台北故宫博物院"藏有《濂溪集》一册，除三卷文本外，增补阳明后学胡直的两篇记文，引人瞩目。四川大学粟品孝教授对此事叙述较为详细："题署、序言、卷次、版式、行格均通'国家图书馆'藏本，唯言'全一册'，且附录的最后多出万历三年（1575）、四年胡直的记文颂文两则，显非原本所有，应属后来的补刻本。"① 这说明，在嘉靖万历年间，至少有两种王会《濂溪集》版本在流播。而各卷版式相同，仅增补两篇记颂文，显然是出于后人之手，从某种意义上说，中国台湾图书馆的版本是"源"，而故宫本则是"流"。

---

① 粟品孝：《历代周敦颐文集序跋目录汇编》，上海古籍出版社2020年版，第70页。

从题意来看，《重修濂溪故里祠堂记》《重修濂溪书院三君颂》是关于胡直万历年间修建濂溪书院的重要记载，时间略晚于王会编纂的"嘉靖二十三年"。就内容来说，二篇记颂文是濂溪书院、濂溪祠重建的文献资源，既是碑石文体的时代记录，也是万历年间兴盛濂溪的重要体现，具有较高的文献价值。第一则《重修濂溪故里祠堂记》主要记述故里祠堂，"创始万历二年六月，至三年二月竣工"，"寻即构庙堂一区，会觐行崔君摄守，慨然有表章作新之志。既奉公檄，殚力夙夜，与罗君先后增修正堂，并列五楹，中妥旧像，又前埤辟仪门大门，凿沼艺莲，以识遗爱。"涉及崔惟植、罗斗等人，体现了地方文人重建故里的特色。第二则《重修濂溪书院三君颂》重在阐发重修濂溪书院的贡献。其中的"三君"指道州牧罗斗、永州司理崔惟直、永明邑令何守拙，他们相互交往甚密。"方予寻元公罗田旧址，属州大夫罗君某祠之。""崔君又刻公集郡斋中""永明邑令何君念永明去道州故里最迩，已请废寺崇构仰濂书院，配用二程先生，存国故以兴邦人。"三君主持重修濂溪祠、刊刻《宋濂溪周元公先生集》、新建永明仰濂书院，使得濂溪故里形成为濂溪历史记忆的聚集地。

胡直是活跃于濂溪故里的人物，二篇记颂文插入的背后有着"表章作新"周敦颐思想的渊源。万历元年，胡直在迁广东按察使的途中，曾转道濂溪故里，题有"如月之中"榜书，在《刻濂溪先生集序》中指出，"今先生遗书具在，其旨尤彰彰较著，亦未闻外心而专求物理也。异时学者怔惑影响之间，眇忽道心之旨，谓理不生心而出于物，乃至鳃鳃睍睍，博求诸物，以有涯随无涯。"胡直对濂溪故里风物重建影响甚大，后裔筵请胡直作有《序》文。然而王会《濂溪集》的增补中只见《重修濂溪故里祠堂记》《重修濂溪书院三君颂》，而不见《刻濂溪先生集序》，这是为何？有着特殊的意涵蕴藏其间？从学术发展谱系看，胡直作为王学脉络下的重要人物，问学于阳明后学欧阳德、罗洪先，《明儒学案》中列在《江右王门学案七》，突出"理"生于"心"的基本立场，并不必然低于传统理学的诠释。甚至，"（濂溪）先生家孙博士周道命其子生员周联芳、周联官走予山中，以新刻寄，且曰：'道州故刻，亦漫漶久矣。今州大夫罗君斗且图复刻，请为之序。'予闻之跃然，因推本学术，重有感于本末古今之异，而妄欲为天下谬，且以念崔君，并刻之。"①将胡直奉为儒学发展的重要学者而尊仰着，"家孙博士"并未关注到理学与心学的学术分化，因此该序具有从弘扬地域化儒学的角度的意义。事实上，程朱理学与阳明心学本来各自为政，而在濂溪故里却达到了一种多元的融合。何以如此？这当然跟濂溪故里的受容有关，但无论如何，这也正是濂溪思想在地性的一个特例。

　　问题在于，"国家图书馆"的《濂溪集》之所以没有胡直的文章，在很大程度上是由于心学的渊源。那么，胡直的记文是否打上了心学的烙印呢？透过"眇忽道心之旨"的思想精义看，"古今之异"，胡直的说法有着明显与朱子理学对举之意。不能不说，尽管《濂溪集》的编刻重视文献资源，但却并没有辑录《刻濂溪先生集序》，而是仅仅收录两篇故里记颂文延续濂溪文献编刻传统，背后无疑有着深刻的政治、社会文化背景。表面来看，崔惟植、罗斗等都同在一个交友圈，但万历三年编《宋濂溪周元公先生集》，却同样没有收录胡直序文。这个事实足以说明，在官刻诸本濂溪文集中深刻地标示着官方学者与阳明心学的一个共同性考量，即阳明思想的政治敏感性以及时代风气的转折。

　　就补辑逻辑而言，立足濂溪学术地位的立场，胡直记颂文无疑增强濂溪文集分量。如果说王会《濂溪集》卷三搜集胡铨、欧阳玄、龚维蕃、滕巽真等道州濂溪祠祀文献，组合成为濂溪祠、濂溪书院的内在路线，那么胡直记颂文的陆续增补，外延进一步扩展，构成了濂溪渊源文献资源的"链接"，亦符合王会"贤士大夫先后表彰著在纪述者亦附录之"的编纂初衷。这种重视故里

---

① 胡直：《胡直集》，上海古籍出版社 2015 年版。

文献的搜集，开拓濂溪文献搜集的视野，使得《濂溪集》呈现出"别样"的意义。

四、"溯是而求"：《濂溪集》刊刻传播的价值影响

尽管《濂溪集》记载简略远，"虽未能萃先生之大成，然学者溯是而求焉，亦可以得先生之大致也"，但是著作、年谱与历代褒崇兼备，建构一部简明有力地围绕濂溪思想与遗迹传衍为主线的典籍，呈示了明代文集的自由发展之路。

《濂溪集》是明代濂溪文集刊刻高峰中最为重要的观察资料。如果放宽文集编纂的视野，"道州濂溪书院"还刻有鲁承恩《濂溪志》，与王会本比肩而立，相互呼应，濂溪理学文献的发展走向了一段集成式的过程。仔细比勘，两种文本有没有关联？王会辑《濂溪集》是在刻意追随鲁承恩《濂溪志》还是构建特殊的话语体系？从纲目结构看，鲁承恩《濂溪志》原本 10 卷 24 子目，因辗转流传，现存鲁承恩《濂溪志》缺少第一册，以致结构脱落。而从鲁承恩《序》中"首之图像""次之序例""次之御制""次之著述"等序文判断，其收录的重要特点在详尽广泛，于著作、族谱、褒崇等无不采撷。就《濂溪志》阙佚文献来说，佚失三卷的内容"图像""御制""遗书""著述"，反映了文本递嬗变化中的"连锁"现象：其一，都以周敦颐图像、著述为开端，接续理学思想的"连续性"的话题。特别在鲁志已经残缺的情况下，正好"合璧"为明嘉靖年间两种分散藏于海外的濂溪文献。其二，两部文集融合又都融合了故里的元素，王会收录鲁承恩《濂溪三亭记》，而鲁承恩又辑录王会"图说"，选取了相互影响的文献资料，恰恰是嘉靖年间濂溪文集繁荣所彰显的多元趋势，由此也在文集发展中形成一股重要力量——对濂溪理学的重视与周边风物的关注。

不过，对比两种文献的记载，鲁承恩《濂溪志》始于嘉靖十九年（1540），时间上略早于王会，并与王会侧重以道州故里的简明主线不相同，在万历三年（1575）王俸、崔惟植刻的《宋濂溪周元公先生集》中蒋春生《序》提到两种版本优劣："（鲁承恩）志则博而泛，其失也杂；（王会）集则简而朴，其失也疏。"一志一集，一纵一横，恰成桴鼓相应之势。同时，又包含着多元而交错的时代背景下，超越地方性的知识而在海外交流传播的价值意义。

《濂溪集》开图说互文的时代风气，为嘉靖以后文集著述提供了一种新的潮流，造就了独特的文献文化意义。从王会本以后的文集发展来看，万历三年王俸、崔惟植《宋濂溪周元公先生集》、万历二十一年（1593）胥从化、谢觊《濂溪志》、天启三年（1623）黄克俭《宋濂溪周元公先生集》、天启四年（1624）李嵊慈《宋濂溪周元公先生集》、康熙二十四年（1685）吴大镕《道国元公濂溪周夫子志》等等，这一大批文集的刊刻或重绘或增刻，有什么理由不承认这种图说互文不是起源于王会呢？以王俸、崔惟植本为例，卷首即刻"濂溪故里次宇书院图""濂溪在州祠宇书院图""月岩图"，并署有"万历二年仲春鼎建"，不仅均是图文合璧的形式，而且图画地理坐标都关联着书院、故里与月岩，其意义内核没有发生改变，由此使得图文合璧成为呈现理学繁荣时的一种符示工具。无独有偶，明万历二十一年胥从化、谢觊编纂《濂溪志》，在"叙例"中突出："芳迹攸寓，肖图在前，而光霁遗仪，必冠卷首，固志体然哉。"经过后人的递修，一图一文互为解说用以传示濂溪学精蕴，不断扩散着地域景观的影响。另一方面，在相互参阅中，王会致力于爬梳濂溪故里文献的史实，"图说附"是后世《濂溪志》编纂中最值得重视的表意符号，诸如李嵊慈《宋濂溪周元公先生集》、吴大镕《道国元公濂溪周夫子志》收录王会"图说"三则，并辗转在日本内阁文库、美国华盛顿大学图书馆等地收藏，在汉文化圈中产生了重要影响。

括而言之，王会《濂溪集》联结了明代文集编纂中最为重要的几个理念：第一，以周敦颐《年谱》遗佚为发端，梳理与濂溪行迹、思想、诗文相关的文献，设定濂溪学新的起点；第二，揭示《太极图说》《通书》"与《论》《孟》并行于世"的经典性质，建立思想传播的自家文化传统，留下了时代的印记；第三，增补题咏濂溪故里、书院的"历代褒崇"，图像绘制与文字对照印证，传世文本与刻石记载并重。这三层因素，不仅标示了明代理学发展的多重面向，也折射出濂溪文集编纂的重要转折。

第五编　时代价值转换

永州濂溪思想文化的开发与构建

岳麓书院文庙庑廊上有一幅王闿运所作楹联:"吾道南来,原是濂溪一脉;大江东去,无非湘水余波。"濂溪即周敦颐,是宋明理学的开山鼻祖,位居"北宋五子"之首。宋元明清以来,湖湘学人在追溯湖湘文化的历史与传统时,都将周敦颐作为湖湘文化的奠基者,这一历史积淀成为永州地区乃至全国理学思潮发展的推动力量。因此,对濂溪文化旅游融合发展进行全面调研,不仅能有效推动濂溪理学的广泛传播,而且对提高湖湘区域文化的知名度、美誉度有积极推动。

一、濂溪故里与月岩

道县楼田为濂溪故里。宋真宗天禧元年(1017),周敦颐出生于道州(今湖南道县)的楼田村,并在此度过童年时代,直到十五岁父亲周辅成去世,才随母离开故乡。张栻《道州重建先生祠记》指出:"先生姓周,字茂叔。晚筑庐山之下,以濂名其溪,故世称为濂溪先生。舂陵之人言曰:濂溪吾乡之里名也，先生世家其间，及寓于他邦，而不忘其所自生，故亦以是名溪，而世或未之知耳。惟先生仕不大显于时，其泽不得究施。然世之学者，考论师友渊源，以孔孟之遗意，复明于千载之下，实自先生发其端。由是推之，则先生之泽，其何有穷哉！"濂溪故里依山傍水、风景秀美，自北宋初年始，周敦颐及其家族在此繁衍生息。

（王会《濂溪集》中"故里图"）

濂溪故里作为宋明理学的人文渊薮，以故里风物为原点，遍布着从自然景观到亭台楼阁扩散的建筑风物。楼田村有圣脉泉，即濂溪之源，傍有"圣脉"、"寻源"二石刻。圣脉近处道山石壁上，并排刻有两处"濂溪"榜书，为道州知州方进与永州知府黄焯所刻。作为后人题咏濂溪的衍生，通过不断增刻强化了濂溪故里的文化意义。《光绪道州志》记载："泉之上为有本亭，迤东为风月亭，沿流而东为濯缨亭。又东为故居，家庙在焉，先生子孙居之。又东为大富桥，先生幼钓游共上，濯缨而乐之，即其地也。"有本亭、风月亭、濯缨亭、濂溪家庙、大富桥等等，赋予故里文化原点的象征意义，从而构成了传承理学象征的内涵。至清嘉庆十一年（1806），又刻有《封禁一带龙山》等摩崖石刻，强化对理学圣地的强烈保护。

围绕濂溪故里的传承线索逐次展开，月岩是离濂溪故里不远的空间场域，因纪念周敦颐读书悟道之处，成为探究濂溪理学的佳境。"自东望之如月上弦，自西望之如月下弦，就中望之如月之望"，故称月岩，又名太极岩。旧有读书亭，传为周子悟道处。现有宋代至明清民国摩崖石刻63方，其中题榜显见者，有"道在其中""理学渊源""豁然贯通""参悟道真""悟道先迹""广寒深处""清虚洞""风月长新""如月之中""浑然太极""乾坤别境""月岩"等题刻，反映了宋以后湖湘士人对周敦颐及理学思想的推尊。从时空的角度而言，月岩独特的自然景观，加上后人的跟随题咏，这正是接续濂溪思想精神发展的契合点。

可以说，濂溪故里、圣脉、月岩等从不同角度书写对濂溪思想的传承，成为一个理学传承内涵的地理关系网络，正好反映出濂溪故里的多元文化色彩。

二、永州濂溪文化遗迹

周敦颐喜欢游历山水，留下了大量摩崖石刻。王国维在《宋代之金石学》说道："缘宋自仁宗以后海内无事，士大夫政事之暇，得以肆力学问，其时哲学、科学、史学、美术各有相当之进步，士大夫亦各有相当之素养，鉴赏之趣味与研究之趣味，思古之情与求新之念，相互交错……其对古金石之兴味亦如其对书画之兴味，一面鉴赏的一面研究的也。"[1] 宋代文人的这种题刻意识是诗

---

[1] 王国维：《宋代之金石学》，载于《王国维先生全集》，大通书局1976年版。

文创作的动力来源，周敦颐的不少诗文著作都与题刻有关，如《行县至雩都，邀余杭钱建侯拓四明沈几圣希颜同游罗岩》等。目前永州境内在朝阳岩、华严岩、澹山岩、九龙岩、含晖洞等地，存有周敦颐摩崖题刻真迹，文化价值较大。

周敦颐治平二年抵永州，此间游历题刻不少。据周诰《年谱》记载：

"（治平三年）四月六日，与尚书都官郎中知军州事陈藻君章、郡从事项随持正、零陵令梁宏巨卿，同游澹山岩。十二月十二日，又与荆湖南路提点刑狱公事、尚书职方郎中程濬治之、尚书虞部中知军州事鞠拯道济，同游朝阳岩，均题名刻石。"

（治平四年）"正月九日，与荆湖南路转运判官、尚书屯田郎中沈绅公仪、知军州事鞠拯，同游华严岩，题名刻石……三月六日，同乡人蒋灌、区有邻、欧阳丽、理掾陈赓游含晖洞，题名刻石……十三日回永州过澹山岩，将家人辈偕游。侄立、男寿、焘，侄孙蕃侍。十四日，鞠拯、项随、梁宏暨前录事参军刘璞、司法参军李茂宗、零陵县尉周均来澹山，又与先生同游，题名刻石。五月七日，往权邵守，同家属去永州百里，过洪陵寺，游九龙岩，题名刻石"。

神宗熙宁元年（1068）"五月五日在永州，适零陵进士廉州判官蒋忱撰《九龙岩记》，零陵主簿张处厚书，尉韩蒙亨篆额，先生（周敦颐）上石，署衔即称新广南东路转运判官"。

这些题刻是周敦颐为官之余游历山水的记载，虽记载较为简单，但延续了一千多年，基本较好地保存了下来，可作为旅游资源开发。然而，令人疑惑的是，这些石刻记录并未全都出现在《周敦颐集》《周子全书》、度正《年谱》等文献中。事实上在史料记载中，周敦颐本来就是一个"淡泊名利，喜爱山水的志趣"的超然物外的人物，具有浓厚的道家思想性格色彩。蒲宗孟所撰的《墓碣铭》记载其出入佛道的经历："生平襟怀飘洒，有高趣，常以仙翁隐者自许。尤乐佳山水，遇适意处，终日徜徉其间。酷爱庐阜，买田其旁，筑室以居，号曰濂溪书堂。乘兴结客，与高僧道人跨松萝，蹑云岭，放肆于山巅水涯，弹琴吟诗，经月不返……吾尝谓茂叔为贫而仕，仕而有所为，亦大概略见于人，人亦颇知之。然至其孤风远操，寓怀于尘埃之外，常有高栖遁逃之意，则世人未必尽知之也。"蒲宗孟为周敦颐继配夫人之兄，所述内容为濂溪学研究的一手资料。然而，这种超俗思想并不为程朱学派所赞赏，所以朱熹在整理周敦颐著作时都删掉了。

周敦颐纪念遗迹的记载。道州建有最早的濂溪祠，当时士人有很强的振兴乡邦文化的意识，在元、明、清各朝得以修复，延续祭祀传统："绍兴己卯五月，太守向子忞奉祀于州学之稽古阁，编修胡公铨记之。淳熙乙未，郡博士邹専迁于敷教堂。戊戌，太守赵汝谊以其偪，更创堂四（程）[楹]，并奉二程先生像，南轩张公为记。庚子，郡士胡元鼎与其乡人何士先、孟坦中、欧阳硕之，创舍设像，教授章颖为记。故居有祠昉乎此。距遗址十余丈，中隔小溪，卑漏湫隘，岁久不复迁。至嘉定癸酉，郡守方信儒求濂溪之裔，得兴嗣之子钥，以为学宾。"[①]景定四年（1263）二月，道州获御赐"道州濂溪书院"额，并建有"御碑亭"。《康熙永州府志》记载："御碑亭，宋理宗书濂溪书院六大字，在濂溪书院前。"2017年周敦颐诞辰1000周年，在濂溪故里按照民国时期的样式修建濂溪书院，"祠门对联为'心传承孔孟；道学启程朱'。祠有二进，第一进供奉周敦颐塑像，柱上贴'千年道学兴吾宋；万世宗师首此翁'（朱

① 龚维藩：《道州重建故祠记》，载于《元公周先生濂溪集》，岳麓书社2006年版。

熹题）、'道冠群儒，太极亭前春不老；名垂后世，光风台上月常明'（张栻题）、'自尧舜禹汤文周孔之传，汉董唐韩，总未窥先生项背；读诗书易礼乐春秋之旨，张铭邵数，无非参太极根源'（王夫之题）三副对联。祠上横梁悬有'万世宗师'、'学达性天'和'孔孟后一人'匾额。四周粉白墙体分别写着《周敦颐简介》《太极图说》《通书四十章》及《周氏家训》等。第二进，供奉着周氏历代祖宗牌位，墙上贴有周敦颐诗词及黄庭坚、苏东坡等仰慕濂溪先生的诗词。"

（民国道州濂溪书院图）

濂溪学的传承和开展，主要是通过开展讲学活动、广立祠堂以及湖湘地域学者的大力传扬等，得以盛行并传播开来的。根据《濂溪志》等地方志及《中国书院辞典·中国书院名录》的记载，永州各县都建有与"濂溪"名号有关的书院，例如，南宋时期黄大明在宁远、明嘉靖四十一年（1562）董翰在零陵、明万历元年郑之韶在蓝山、明万历二年（1574）蔡光在宁远、清顺治十四年（1657）知府魏绍芳在永州都建有濂溪书院，此外，东安、江华、新田等地也都有濂溪书院，并建有爱莲亭等，如《弘治永州府志》记载："（道州）爱莲亭，在州学后，濂溪书院东北。颓废已久，正统初，宁远卫指挥佥事李源建、金宪刘虬撰记，凡藻宪京臣丰文儒登览赋诗，以发元公道学之渊懿，尽刻于楼，以示永久焉。""濂溪书院北为爱莲池，朱文公诗：'闻道移根玉井旁，花开十丈是寻常。月明露冷无人见，独为先生引兴长。'"（《乾隆永州府志》）另外，在零陵还建有故里坊。《康熙永州府志》："濂溪故里坊，在北门内。为周濂溪先生设，旧名道学里坊。"这些纪念遗迹的建立，既促进了理学的社会化，推动了周敦颐在理学史上的学术地位，更彰显了湖湘地域文化色彩，为湖湘学的迅速发展提供了契机。

周敦颐在永州题写了《拙赋》等名篇："巧者言，拙者默；巧者劳，拙者逸；巧者贼，拙者德；巧者凶，拙者吉。呜呼，天下拙，刑政彻；上安下顺，风清弊绝。"《任所寄乡关故旧》："老子生来骨性寒，宦情不改旧儒酸。停杯厌饮香醪味，举筋常餐淡菜盘。事冗不知筋力倦，官清赢得梦魂安。故人欲问吾何况，为道舂陵只一般。"直接告诉父老乡亲，自己虽然做了官，但仍淡泊名利，不趋炎附势，不追求荣华富贵。当时永州建有拙堂、思贤堂纪念周敦颐，"先生在永三年，尝作《拙赋》。既去，永人思之，为立祠，题曰'康功'。胡宏仁仲（别本作胡寅明仲）有诗云：'千古濂溪周别驾，一篇清献锦江诗。'"当时张栻作有《永州州学先生祠记》、曾幾作有《永州倅厅拙堂记》，表彰周敦颐官德。这些文化遗迹的恢复，不仅有助于塑造周敦颐廉政文化品牌，在全省乃至全国推广周敦颐廉政思想，而且对于推进"悠久的历史文化"都具有十分重要的社会实践价值。

位于永州的周敦颐后裔所建的"周家大院"，传承濂溪理学精神，成为明清古民居的代表。周氏后裔以"忠孝廉节"为核心，秉承"一等人忠臣孝子，两件事读书耕田"的家风，倡扬耕读文化。明清时期出现"两朝四进士"：明万历进士周希圣、清乾隆进士周圭、嘉庆进士周道、同治进士周崇傅。大院始建于明代宗景泰年间（1450—1457），建成于光绪三十年（1904），以"莲花"为主题，传承濂溪家风，建筑布局按照"丰"字形结构由中心向四周扩散，从而发展为"房房相连式"的庞大居住空间，成为湘南古民居的典型代表，国内外前来旅游、考察人数众多。

三、濂溪文化产业旅游发掘与开发

（一）濂溪文化开发建设的定位

1. 做好现有濂溪文化遗产的保护与旅游开发。周敦颐生于道州，并在永州为官，其文化遗迹自然以永州为最，但由于缺少保护，有的遗迹已经十分荒芜，而且相距甚远。因而，对于濂溪文化遗产的旅游开发，首先要做好濂溪文化整合，形成品牌。

其次，既要注重遗迹风光的推介，又应当注重对文化遗迹的保护。例如，濂溪故里应当注重对古建遗存的修复、保护工作，并不断整合遗产资源，根据《濂溪志》等方志资料，重建濂溪故里旧有的濂溪书院及濂溪祠、爱莲亭、文塔、风月亭、濯缨亭、有本亭、太极亭等。对于濂溪书院、濂溪祠堂，以重建本来历史面貌为主，力争保持传统儒家士人典雅的风格，重现传统书院讲学、藏书和祭祀三位一体的建筑格局，并广泛收集历代濂溪祠、濂溪书院留下的匾、碑、古籍等反映地方特色的文物。

2. 推动濂溪学在现代新形势下的发展。对濂溪书院遗迹的保护与恢复，不能仅停留于建筑遗迹的恢复，更重要的是复兴古老书院积淀千年文化底蕴的教书育人的优良传统，实现濂溪学术传统的继承与创新。一方面，充分挖掘濂溪学的传统资源，可采取与高校共建的方式，整合濂溪学的人文资源，汇集一批优秀的理学研究人才，开展学术界的高层对话。另一方面，传承濂溪理学精神，以拓展知识视野、增强学术活力为目的，打造成一个有现代学术活力的人文讲堂。例如湖南教育电视台 2011 年邀请深圳大学文学院王立新教授在濂溪故里拍摄的电视文化节目——《理学开山周敦颐》，不仅宣传濂溪故里，推动旅游资源的开发，而且普及濂溪思想，将周敦颐打造成了永州最响亮的文化名片。这种开办模式，值得借鉴。

（二）濂溪文化开发的战略措施

从濂溪文化旅游线路的设计来看，一是以濂溪及南宋理学家的遗迹为核心，旅游线路可设计为"濂溪故里及月岩—拙堂旧址—朝阳岩摩崖石刻—零陵张浚张栻故居—澹岩摩崖石刻—周家大院—九龙岩摩崖石刻"，将濂溪遗迹与濂溪精神、理学思想与石刻记文结合起来，以及周敦颐与南宋胡安国胡寅胡宏父子、张浚张栻父子遗迹连接起来，形成理学文化旅游精品带；二是以濂溪故里及月岩摩崖石刻为主导，利用濂溪文化的影响，整合旅游资源，如可以加强与邻近的九嶷山舜帝陵、江永女书园、千家峒、零陵周家大院等旅游路线的对接，将邻近知名景点所吸引的旅客引入永州濂溪文化旅游区。三是以濂溪故里为导向，向全国濂溪文化遗迹辐射，包括江西、四川、广东等地的濂溪遗址，形成良性互动，不断打造湖南文化旅游的黄金通道。

从弘扬地方文化的角度来看，可结合地方特色开展文化旅游节。据周诰《濂溪志》记载，五月五日为周子生日，而这正是屈原投江的端午节，可将这一天固定为濂溪祭祀日，将传统划龙舟等民俗经济活动与濂溪祭祀、讲学活动联系起来，举办濂溪文化旅游节。民国学者钱基博曾在《近百年湖南学风》中，将周敦颐和屈原称为湖南的"两巨子"："一为文学之鼻祖，一为理学之开山，万流景仰，人伦楷模，风声所树，岂徒一乡一邑之光哉！"通过开展濂溪文化旅游节，聚集人气，进而让人们慕名而来，成为寻访湖湘文化的源泉的标志性景点，不仅使永州发展为有历史记忆、地域特色的地方，促进永州区域经济的发展，而且为湖南"文化强省"大发展注入活力，推动湖湘文化的传播。

从旅游纪念品角度发掘产品价值看，周敦颐的《爱莲说》，脍炙人口，众所周知，我们可以莲花的风格设计旅游纪念品，如莲花水晶、扇子、伞具等；濂溪故里、书院、古民居，可按照比例缩小做成古民居模型；现存的摩崖石刻可拓片后装裱成画，或做成邮票、信封、明信片等等，全方位展示濂溪文化信息。

（三）濂溪文化的宣传战略

一是制作专题宣传片。重点以濂溪文化遗迹和修身立志的精神文化影响作为主线，把濂溪遗迹画面作为专题片的本体，将介绍周敦颐及《湖湘廉吏》、《拙赋》等千古名篇作为解说的主要内容。

二是通过数字媒体宣传。利用网络媒体受众面广、传播速度快的特点，将濂溪故里、月岩、濂溪祠堂、摩崖石刻等景观在网上展出、推广，普及濂溪理学思想，吸引更多游客前来实地参观。例如，以周敦颐的相关事迹为题材，相关遗存为场景，通过教导二程、断狱事件等视频传播，还原周敦颐为学、为政、为人的客观场景。

三是通过书籍传播。在濂溪学的研究群体中，既有湖南省濂溪学研究会、湘南学院周敦颐又有学术刊物开设的"濂溪学"专栏，还有每年一次在湖南召开的"周敦颐理学思想"学术研讨会，整合国内外学术研究资源，学术气氛活跃，在国内影响较大，形成了濂溪文化的繁荣局面。

四是国际交流。邀请韩国、日本、美国等国内外学术名家来湘开展学术交流活动，策划会讲、研讨、祭祀等系列活动，确保其学术的纯正性、高端性、代表性。参与传统古书院的研学活动，在"走出去"与"请进来"中，不断复原周敦颐在中国传统文化中的圣人地位。

"旧学商量加邃密，新知培养转深沉"，以融通接续濂溪理学发展为底色，从新时代背景出发，致力于濂溪理学指向未来新的知识形态的阐扬，激活周敦颐理学为核心的湖南悠久的历史文化研究。在"第二个结合"背景下构筑中华文明价值系统的核心要素。

郴州濂溪思想文化的开发与构建

从生平仕宦看，周敦颐一生"三仕郴阳"，教导二程，使得郴州成为理学过化最多、影响最大的地方。后人将"过化存神之妙"作为周敦颐与郴州地域的历史节点，不仅主导着周敦颐与二程学术的关键，而且也标示着北宋时期郴州的时代思想风气与影响。以此而言，周敦颐于郴州的文化记忆不仅仅是儒家文士的寓贤之地，更重要的是有着周敦颐与二程"过化"的思想精神底蕴，这一底蕴恰恰是文旅发展的制高点。

一、从周敦颐"三仕郴阳"说起

周敦颐"三仕郴阳"可以说正是意气风发的年代，虽其诗文、行迹等记载不可见，但在朱熹高弟度正所作《濂溪先生周元公年表》中可略窥其面貌，今按时间先后逐录如下：

（庆历六年丙戌）以转运使王逵荐，移郴州郴县令。长沙王民极云：

先生首修县学，有《修学记》。

（庆历八年戊子）先生时年三十二，为郴县令。知州事职方员外郎李初平知其贤，不以属吏遇之。尝闻先生论学而叹曰："吾欲读书，如何？"先生曰："公老，无及矣。某请得为公言之。"初平遂日听先生语，二年而后有得。

（皇祐元年己丑）李初平卒，子幼，先生曰："吾事也。"为护其丧归葬之，往来经纪其家，始终不懈。

（皇祐二年庚寅）为郴州桂阳令。

（皇祐五年癸巳）先生在郴桂皆有治绩，诸公交荐之。①

在这五则记载中，周敦颐自庆历六年（1046）始为"郴县令"，致力于了解地方的民情政治，以积极入世的儒家精神——"首修县学"，推行思想教化，将复兴学校与地域文化传播联系在一起，受到了社会的广泛注意。湖南大学朱汉民教授曾指出，"他在湖南做官时不仅留下了很好的政声、名望，尤其是他作为一个宋朝'循吏'对儒学传播做出了不懈的努力。"②从其行迹看，无论是郴州修学还是邵州兴学，周敦颐一直沿着儒家内圣外王的人格理想，推行儒学文明教化以此感染社会风气。

从桂阳为官的记载也不难发现，尽管《年表》关于具体"治绩"记载较为简略，但其中"某请得为公言之""为护其归葬之"，在没有功名利禄的驱使之下，周敦颐却以一种深厚的儒学修养教导上属，乐善助人，这种清新儒雅的士人形象似乎比起思想学说更能透露内心深处的处世之道。所以，潘兴嗣在《先生墓志铭》称赞道："君笃气义，以名节自处。""士大夫闻君之风，识与不识，

---

① 《元公周先生濂溪集》，岳麓书社2006年版，第233页。
② 朱汉民：《周敦颐的历史记忆与文化诠释》，《求索》2012第6期。

皆指君曰:'是能葬举主者。'"① 其所言行践履的君子之风的背后，隐隐包含着周敦颐作为地方官员以读书办学为职志，深度传达儒家士人担当有为的精神理念。

周敦颐这种积极有为的思想精神，不仅在为官为政方面，就是在日常的读书求道上，也有着极其充分的表现。早在来郴州的庆历六年（1046）"大理寺丞知虔州兴国县程公珦，假倅南安，视先生气貌非常人，与语，果知道者。因与为友，令二子师之"。② 在程珦的引导下，二程拜见周敦颐，以一种精神吸引与学术创造走上了"求道之志"的道路。然而，从南安"授学"之后，二程是否跟随周敦颐来到郴州？不免让人心生疑问。但从《宋史》的一则记载可以看出："侯师圣学于程颐，未悟，访敦颐，敦颐曰:'吾老矣，说不可不详。'留对榻夜谈，越三日乃还。颐惊异之，曰:'非从周茂叔来耶？'其善开发人类此。"③ 这意味着周敦颐善于开启后学，二程及其弟子一直追随周敦颐请益受业，同时也使得于郴州"周程授受"毋庸置疑地拥有了合理性。

周敦颐给二程带来什么样的学问使得二程及其弟子反复追随周敦颐？据《濂溪先生周元公年表》记载："先生手以《太极图》授之"④，一方面，阐发天地万物深邃玄远的思想，将推寻万物化生背后的超越理论教导二程。不仅构筑《太极图》为本体的宇宙图示，而且开启"立天之道""立地之道"与"立人之道"等同的学说，这正是宋代理学形成的基础。特别值得指出的，从最早的《太极图说》《通书》版本流传来看，"绍兴甲子（1144）春正月"二程后学祁宽所作《通书后跋》已有记载:"《通书》即其所著也。始出于程门侯师圣，传之荆门高元举、朱子发。宽初得于高，后得于朱，又后得和靖尹先生所藏，

① 《元公周先生濂溪集》，岳麓书社 2006 年版，第 136 页。
② 《元公周先生濂溪集》，岳麓书社 2006 年版，第 132 页。
③ 脱脱:《宋史》，中华书局 1985 年版，第 12712—12713 页。
④ 《元公周先生濂溪集》，岳麓书社 2006 年版，第 232 页。

亦云得之程氏，今之传者是也。""或云图乃手授二程，故程本附之卷末也。"①
这说明，周敦颐著述最早由二程门人弟子侯师圣、尹焞"手授"传出，换而言
之，二程最早潜研寻思周敦颐的著述，并以此教导弟子。另一方面，周敦颐并
非"五经"中寻章摘句，而是以一种天地大道与人生追求，突出"慨然有求道
之志""周茂叔窗前草不除去"等回归纯粹至善的本然状态，这种清雅超逸的人
生意趣，"河间刘立之叙述明道先生事曰：'先生从汝南周敦颐问学，穷性命之
理，率性会道，体道成德，出入孔孟，从容不勉。'"②在弟子看来，程颢受周
敦颐的影响"从容不勉"，已进入到孔孟所向往的精神气象。

　　这些零星的资料都表明，周敦颐以精深的思想回归到孔孟以来的儒学主
流，其所透露的恬和澄明精神气质，在寻求真理取向与内在心性调整中有着独
特的思路，这一思路无疑拓宽了二程对"道"的理解，而后来二程成为理学的
奠基人物，"天道""性命"之说皆是从《太极图说》以义理之学为特征推阐而
来，正如朱熹以"周程授受，万理一源"所述，高度肯定"周程授受"的根本
意义。近代以来，美籍华裔学者陈荣捷先生进一步考证这种说法："二程兄弟
一度受业于其门下（1046—1047 年），深受其影响。因其影响，二程兄弟不入
试、不猎。"③在这一论述中，陈荣捷先生对"周程授受"是相当熟悉而且重视
的，他认为二程兄弟于庆历六七年跟随周敦颐来到郴州问学，并由此影响了宋
代思想趋向的变化。

　　当然，最引起争议的是第三次仕履郴阳，究竟是什么时候在郴州为官？
为什么在《濂溪显示周元公年表》等文献中均没有说明？实际上，在历代濂
溪文集、史志等文献有较多文献可以佐证，具体来说，这些文献记载可以

---

① 《元公周先生濂溪集》，岳麓书社 2006 年版，第 72 页。
② 《元公周先生濂溪集》，岳麓书社 2006 年版，第 111 页。
③ 陈荣捷编著，杨儒宾等译：《中国哲学文献选编》，江苏教育出版社 2006 年版，第 398 页。

分为三类：其一，官方史籍的《宋史·列传》有云："熙宁初，知郴州。用
抃及吕公著荐，为广东转运判官。"① 其二，周敦颐史志文集，周诰《濂溪
志》："时先生有知郴州之命，会赵清献在谏院，吕正献公著在侍从，交荐先
生，遂擢授广南东路转运判官。"邓显鹤《周敦颐年谱》延续"爱莲堂"濂溪
文献："时先生有知郴州之命，会赵清献在谏院，吕正献公著在侍从，交荐先
生，遂擢广南东路转运判官。"其三，郴州本地记载，诸如清高佑釲《重修濂
溪书院记》："熙宁元年，先生知郴州军。赵抃及吕公著荐为广南东路转运司
判官。"清王喆生《郴州重建濂溪书院记》："宋周元公三仕郴阳，故建书院于
州学。"这几类文献都说明了一个事实：熙宁元年（1068）受好友力荐，周敦
颐三仕郴阳，任郴州军知军。但是由于未来得及上任，又擢升广南东路转运判
官，使得"二仕"与"三仕"变得扑朔迷离。这从另一个角度证明周敦颐有着
独特的人格魅力，得到文人朋友反复推荐。正如好友吕公著称述："操行清修，
才术通敏，凡所临莅，皆有治声。臣今保举，堪充刑狱钱谷繁杂难任使。"② 黄
庭坚的《濂溪辞并序》也有："人有恶茂叔者，赵公以使者临之甚威，茂叔处
之超然。"③ 周敦颐不仅在官场颇有政绩与声望，其"处之超然"的为人为官态
度深受赵抃等人赏识，同僚反复举荐，在一个又一个州县流转。

正因为如此，《（嘉庆）郴州总志》中专列"周敦颐传"凸显其思想地位，
"宋濂溪周子三治郴，以大儒学术发为政事，过化存神之妙，夐乎尚矣，何郴
之幸欤！"④ 尽管对周敦颐在郴州的情况较为简略，但其精神理念已通过遗事影
响到郴州的文化。也正是这些非常简单的记载，别具怀抱，以一种别开生面的
形式昭示周敦颐独有的精神内蕴，为后人的诠释留下了广阔的文化空间。

---

① 脱脱：《宋史》，中华书局 1985 年版，第 12711 页。
② 《元公周先生濂溪集》，岳麓书社 2006 年版，第 112 页。
③ 《元公周先生濂溪集》，岳麓书社 2006 年版，第 122 页。
④ 朱偓、陈昭谋修纂：《嘉庆郴州总志》，嘉庆二十五年刻本。

二、濂溪祠与书院：郴州文人对周敦颐的价值诠释

在这个"首修学校"的历史发生地，周敦颐思想学术的生命力与影响力日益滋长，后人不断开发、利用传统教育资源建构地域文化，在郴州、汝城、永兴等地新建濂溪祠、濂溪书院，广泛发掘其思想理念；文人儒者吟咏濂溪，强化对周敦颐精神气质的理解；濂溪阁、爱莲池等一系列历史遗存，成为矗立于郴阳大地的文化灯塔。

1. 郴州濂溪书院。追随周敦颐的思想行迹，嘉熙三年（1239）州学教授王湜在郴州创建了濂溪祠，提供了郴阳崇仰濂溪的范本。王湜在《新建濂溪祠堂记》指出"将筑室待学子，为祠奉濂溪先生，而以二程朱张四先生配，以寓希濂之意"[①]，"希濂"作为祠堂修建的主题，不仅借助"周程授受"来提升地方教育的影响，而且以周敦颐思想传播作为媒介形式，"人之于道，未论到之浅深，先观所志之高下。志苟高，则循序而进，始见其弥高，终见其卓尔。"其中"先观所志"的渊源正是"士希贤，贤希圣，圣希天"的思想理论，并列举"明道先生年十五六，闻濂溪论道，慨然有求道之志。肆能光昭师训，为斯文宗"[②]支撑对地域文化的传播。也就是说，从熙宁元年（1068）至嘉熙三年（1239），距离周敦颐离开郴州仅隔171年，郴州修建濂溪祠，其中既有"首修县学"的崇仰之意，也有"见其大则心太""君子以道充为贵"理学传播的价值意义，形成儒家道统影响下哲学思想与精神意涵的双重建构。宝祐四年（1256）在祠堂旁建希濂书院，陈兰孙撰有《新建希濂书院》说道："辨必明，行必笃，穷之养，达之施，庶乎可以入圣贤之道，而希濂之名不徒

①② 嘉靖湖广图经志书（日本藏中国罕见地方志丛刊）：通志（卷十四），书目文献出版社1991年版，第1233页。

立矣。"① 与濂溪祠的初衷一脉相承，确立起"辨明、行笃、穷养、达施"为宗旨的书院内涵。质而言之，这种文化上的认同，从周敦颐"三仕郴阳"中发掘着历史记忆，并以"慨然有求道之志""以道充为贵"为价值基础，在这种历史记忆中凸显着地理空间认同感。作为后来者，明弘治六年（1493）郴州籍士人何孟春在《郴州濂溪祠记》感慨道："史载先生为郴令，治绩尤著，则郴之感沾德化为独深。"正是在"德化"这些资源的支援下，建构为一个儒家士人崇仰的空间，成为郴州作为"过化存神之妙"的象征。为使先泽遗迹不泯于世，书院屡坏屡修，康熙三十五年"（濂溪书院）堂中设韩文公、周元公两先生木主"。② 光绪二十二年"宋周元公木主外层尚闲，气宇闳秀，实可修整移供"③，附入北湖书院，与升格道统论的韩愈同祀，郴州的书院成为唐宋名贤的联结点。

2. 桂阳濂溪书院。嘉定十三年（1220）桂阳县令周思诚、主簿萧允恭始建濂溪祠，是郴阳濂溪祠建立的先驱，主祀周敦颐，并以二程等诸儒配享，"以希圣希贤为效力之地，使穷不失义，达不离道，则尧舜伊周孔颜相传之旨，岂外是哉"④，从"希圣希贤"与"尧舜伊周孔颜相传"两个方面标举儒学正统与地域文明的双重意义，因此，周思诚在《桂阳濂溪祠记》特别突出仕履郴阳的具体情况："邑之士尚能记盗火前，县厅有木柜一，其高四尺，其阔视其高加尺焉，以贮官文书，其上锓'庆历四年置，桂阳县令周'，凡十字，而书押于下，实先生时旧物。"⑤ 经考证，此处的"庆历四年"应为"皇祐四年"，即周敦颐为"桂阳县令"时所置，祠记通过当时邑士的观察视角，公务之物只有简

---

① 嘉靖湖广图经志书（日本藏中国罕见地方志丛刊）：通志（卷十四），书目文献出版社 1991 年版，第 1233 页。
② 朱偓、陈昭谋修纂：《嘉庆郴州总志》，嘉庆二十五年刻本。
③ 刘专可：《郴州金石录》，中国文史出版社 2012 年版，第 16 页。
④⑤ 钱绍文、孙光变、朱炳元、何俊：《桂阳县志》，同治六年刻本。

单的木柜说明周敦颐为政为官的事业担当，这种廉洁奉公的君子之道，可谓是一个相当敏锐的观察，也恰好与潘兴嗣《先生墓志铭》相互补充，"在南昌时得疾暴卒，更一日夜始苏"，朋友为其料理"后事"，翻检家什，竟然只有一个破旧的箱子，"钱不满百"。"虽至贫，不计赀恤其宗族朋友。分司而归，妻子饘粥不给，君旷然不以为意也。"① 周敦颐不慕荣华富贵，把钱财分给需要帮助的宗族朋友，在官场中洁身自好的生活态度，可谓真正践履着儒家的君子人格。因此，朱熹在《先生事状》中称赞："自少信古好义，以名节自砥砺，奉己甚约，俸禄尽以周宗族，奉宾友，家或无百钱之储。"② 言语之中，充满了对周敦颐在地方为官的清廉之道的赞誉。

延续周敦颐为官为学的传统，书院"分隶六斋，挟册吟咏，多能读书，通道德性命之说"③ 以"道德性命之说"深度传递着书院办学的主题，使得崇仰周敦颐思想学术与精神传统的思潮投射在教育之中。洪武六年，书院立像而行祭祀之礼，反复增修，一直没有停止，这从另一侧面映衬出周敦颐在郴州的影响力。特别是在嘉靖三十三年（1554）增设讲堂学舍，筵请"王学正宗"罗洪先作有《濂溪书院记》："尝闻先生之学，以主静为要，言乎其静，举天下之事物概于其心，一无所欲也。"④ 从"道德性命之说"到"以主静为要""概于其心"，将学术根底确立在对"主静""无欲"理解上，内在则是儒学更新的细节——从理学到心学的重大转折。经由祠记书写传递思想精神，这种立场取向变化构成了鲜明的对照，证明无论是理学还是心学，均溯源周敦颐为思想学术"宗主"。至清代书院又超越心学价值，回归到"日讲习于道德性命之说"⑤（高佑釲《重修濂溪书院记》），传承理学精神，在复杂变迁中延续书院生生不息的办

---

① 《元公周先生濂溪集》，岳麓书社 2006 年版，第 137 页。
② 《元公周先生濂溪集》，岳麓书社 2006 年版，第 139 页。
③⑤ 钱绍文、孙光变、朱炳元、何俊：《桂阳县志》，同治六年刻本。
④ 朱偓、陈昭谋修纂：《嘉庆郴州总志》，嘉庆二十五年刻本。

学理念。

3. 桂东、永兴等濂溪书院。继郴州、桂阳濂溪书院之外，《（嘉庆）郴州总志》记载："以桂东为先生施化之境，流风余韵，至今犹存。"①《（光绪）永兴县志》云："（永兴濂溪讲堂）在县东按察司行署，宋周元公过此讲学之所。"②桂东、永兴等地纷纷效仿，以"讲学""过化"为基点修建濂溪书院，周诰《濂溪志》中也记载鱼峰山存"周茂叔书堂"等等。原本只是对周敦颐"三过郴阳"的延续，但在历代积累中逐渐提升到一种理解濂溪精神的观念，作为周敦颐精神传续的参证，高度彰显儒家学者相互认同周敦颐精神理念的特殊话语，在一定程度上不仅回应着周敦颐于郴州"首修县学"，也凝聚成郴州传承濂溪的思想与精神取向。

三、"大儒过化之区"：郴州濂溪思想文化建构的主题元素

"三仕郴阳"与历代文人学者反复修建濂溪祠、濂溪书院密切相连，一方面，周敦颐为官郴州，丰富了郴州的文化内涵；另一方面，历代文人又重多种形式表达对周敦颐思想价值的认同，开辟郴州历史文化的新境界。

1. "圣化"作为为学的主题。周敦颐尤为重视地方教育事业，特别是二程跟随周敦颐在郴州求学，《二程遗书》有记载"尝见李初平问周茂叔云：'某欲读书，如何？'……初平遂听说话，二年乃觉悟"。二程以"尝见"说明周敦颐与李初平的关系，可以说是一种"双重"的"尝见"③。二程曾问学于周敦颐，但从时间来看，周敦颐庆历六年任"郴县令"，李初平此时间任知郴州，也就

---

① 钱绍文、孙光变、朱炳元、何俊：《桂阳县志》，同治六年刻本。
② 吕凤藻、李献君：《永兴县志》，光绪九年刻本。
③ 许毓峰：《宋周濂溪先生惇颐年谱》，台湾商务印书馆 1986，第 333 页。

是说二程"尝见"二人是在郴州,郴州就是"二程授受"的过化之地。钱穆弟子的许毓峰在《宋周濂溪先生惇颐年谱》说得很清楚,"(庆历八年)先生为郴县令。明道与伊川至郴县复从学先生。"① 杨柱才教授论文《二程师事周敦颐考论》也有同样的结论:"从时间上说,二程师事周敦颐在庆历六年至八年间,其中庆历六年较集中。"② 在这一过程中,"大儒过化"的印记成就了郴州地域文化的高度。因此,在《(嘉庆)郴州总志》《(同治)桂阳县志》反复说明,"郴与桂,盖已三沐先生之遗爱焉"③"自濂溪周自弦歌斯土,开阐理蕴,提倡宗风,洛阳程子折节来学,遂为大儒过化之区,发蒙振稚,人皆知乎学问"④,在这一过程中,宋明儒学也因有了"周程授受",有了郴州而引人注目,因此将周敦颐独特的思想精神以及二程受学于郴州渗透在地域文化本身,造就了独特的地理识别与文化象征。更重要的是,在《宋元学案》将李初平列为问道师友,还有"濂溪讲友"之说早著令闻,至今桂阳宜城乡一直还保留着周敦颐与李初平讲学处的遗址,作为一种本土语境的文化认同,一种得天独厚的历史遗存,不仅是明清文人学习的楷式,也是郴州文旅开发的重要"打卡点"。

2."吏治"形成为政的主题。周敦颐"首修县学"以教人,以修学劝学改善教育环境为起点,在内心深处有着儒家学者的"有为"担当精神,确立了地方治理的典范。在《宋史》中有"郴之桂阳令,治绩尤著"的记载,书院祠记以此为理据,相继产生了:"移郴令,重农劝学。寻调桂阳令,风节慈爱,吏治彰彰""景祐间移郴令,劝农桑,兴学校,以道学倡士,士皆从化"⑤ 等记载,可谓一脉相承,凝聚为关心民生根本问题的导向,可见周敦颐在郴桂为官为政打开了新的视窗,塑造为"士率其教,吏畏其威,民怀其德"的形象,后人将

---

① 程颢、程颐:《二程遗书》,上海古籍出版社 2020 年版,第 22 页。
② 杨柱才:《二程师事周敦颐考论》,《哲学门》2002 年第 1 期。
③⑤ 朱偓、陈昭谋修纂:《嘉庆郴州总志》,嘉庆二十五年刻本。
④ 钱绍文、孙光变、朱炳元、何俊:《桂阳县志》,同治六年刻本。

其确立为"至廉""清尚"的为官教育主题基调。

3. "爱莲"构成纪咏的主题。以"莲"象征高尚的人格理想，在明清时期出现了众多与"爱莲"相关的文化印记，尽管近年来也有学者相继讨论《爱莲说》是否写于郴州的问题。但在《濂溪先生周元公年表》有云："（嘉祐八年）行县至雩都""五月作《爱莲说》"。①《爱莲说》虽然作于虔州雩都，即今天的江西赣州罗岩，但《爱莲说》又何尝因广泛书写而成为流俗？围绕"莲之爱，同予者何人？"郴州文人以此传递历史精神，以同一的思想情感去塑造地方文化的差异性，建构关于"爱莲"的历史。"（濂溪书院）阁前为堂，堂下有池，即先生所凿爱莲池遗址也"②，郴县治东有"爱莲阁"，县南有"濂溪阁"，桂阳、桂东濂溪书院均有"爱莲池"，作为周敦颐"爱莲"的衍生，这些亭台楼阁皆与郴州有着地域关系。亦使得郴州的历史记忆被固定下来，"池开爱莲"，不断创造出新的样式，而"爱莲"作为普遍的文化经典象征，恰恰构成为一个独特的题咏网络体系。

在郴州史志文献中，还有较多题咏"爱莲"的相关记载，作为一种高度普及化的文化符号，嘉靖三十六年（1557）郴州训导曾廷珂来到飞天山，徜徉山水吟诗作文，并未惊叹于漫游天飞山变幻多端的色彩，而是注重借助周敦颐"爱莲"的精神意象提升本地的文化品位，"濂溪独爱莲，续后孰相俦？"作为自己置身于飞天山的现场见证，使得青山绿水间因爱莲的点染成为文人题咏的风雅之地。此外，诸如嘉靖中徐兆先题濂溪书院"琴堂画承频携鹤，花落春生又种莲"。清代曹富焘《爱莲池赋》："景缘天定，濂溪汩汩以流芳。"③文人儒士吟咏"爱莲"等不绝如缕，这些言论不约而同地注目于《爱莲说》，不仅扩

① 《元公周先生濂溪集》，岳麓书社2006年版，第235页。
② 钱绍文、孙光变、朱炳元、何俊：《桂阳县志》，同治六年刻本。
③ 朱偓、陈昭谋修纂：《嘉庆郴州总志》，嘉庆二十五年刻本。

展了"爱莲"的吟咏空间，也突出《爱莲说》源远流长的价值意义。在扩展意义的背后，宋明以来的诸多诗赋或刻于摩崖石刻，或存于史志文献，实现精神价值与人文理想结合，构筑了人与自然融合的最高境界，同时也成就了自然山水之外另一种形式的石刻文本景观。

4."予乐"筑就地域的主题。如果说爱莲等代表了北宋以后对周敦颐的文化记忆，那么在郴州地域引起关注的就是"周程授受"，在这"不同"中所凸显的是郴州于濂溪理学的特点。周思诚《桂阳濂溪祠记》中有："明道先生有'过前川而予心乐'之句，盖明道先生尝从先生游也。"① 经检索，"过前川而予心乐"为程颢所作，"程门四先生"之一的谢良佐在《上蔡语录》有记载："学者须是胸怀摆脱得开，始得有见。明道先生在鄠县作簿时，有诗云：'云淡风轻近午天，傍花随柳过前川。旁人不识予心乐，将谓偷闲学少年。'看他胸怀，直是好与曾点底事一般。"② "予乐"作为周敦颐教导弟子内心自得的阐发，进一步确认了二程曾在郴州求学的事实，一定程度上证明了郴州作为"圣化"之地的意义。正是这样一个纪念性的空间场所，后人将此地命名为"予乐湾"纪念二程在此留下的足迹，可以说从延伸中形成人文地理空间，带来周敦颐"圣化"影响的全新观感。宋明相传，罗洪先在《濂溪书院记》中有言"覆其阜者以为亭，复取'爱莲''予乐'两言以为名，尝若先生往来游息之地未忘也"。清代高佑釲《重修濂溪书院记》追溯："桂枝岭之麓，县西五里，旧有予乐湾，相传程子从先生游此，有'时人不识予心乐'之句，后人因以名其乡，且筑'予乐亭'为祠，是先生所凭依也。"③ 在这个意义上，"予乐"与"周程授受"相互结合在空间中铸造了一个地域的理念，是建构地域文化景观的核心基因。

---

① ③ 钱绍文、孙光变、朱炳元、何俊：《桂阳县志》，同治六年刻本。

② 谢良佐：《上蔡语录》，载于朱杰人、严佐之、刘永翔主编：《朱子全书外编》第三册，华东师范大学出版社 2010 年版，第 7—8 页。

由此看来，在人文历史与地理景观的相互共鸣中，从题咏《爱莲说》到"予乐"，文人儒士借助诗歌等载体表达对周敦颐精神的敬仰或从中找到精神理念的契合，使得濂溪书院的兴建中始终存在一种潜在意识：为表示对周敦颐思想的深层理解，文人儒士作文咏志，使得在历史文化中凸显地域认同成为重要组成。随着文人题写越来越密集，周敦颐及理学始终保持着"其命维新"的气象，形成一种"活态"式发展。

四、传统到现代：濂溪思想文化资源的新建构

在中华优秀传统文化创造性转化和创新性发展的时代，怎样发挥濂溪书院的文化教育功能？在各种交错的时空背景中，如何挖掘周敦颐思想底蕴推动书院的创新？实际上，周敦颐"三仕郴阳"与郴州对周敦颐的历史记忆，这种记忆本身就表征着其作为中华优秀传统文化的重要基因。

1. 多维度融合。在当下语境如何而挖掘濂溪理学的思想资源作为旅游发展的动力？郴州濂溪书院究竟有什么不同？如何在这不同中凸显郴州的特点？（1）从空间维度看，周敦颐与郴州的关系，可以从"三仕郴阳"与"郴州的周敦颐"两个关联的视角展开，周敦颐"三仕郴阳"留下的是《太极图说》的文本，及"慨然有求道之志"的精神气象；而"郴州的周敦颐"则是后世文人所修的濂溪书院、建构的精神意趣以及文化形象。因此，可以这种独特的精神理念参与到构筑地方文化传统：一方面，搭建多元化的实践应用框架，将穿越千年的周敦颐手迹、散落的诸如《太极图说》《通书》版本汇聚一堂，以时间轴的形式展示了周敦颐在郴州的深远影响，特别是以数字技术实际体验"孔颜之乐"的读书快乐，挖掘濂溪理学的独特价值与历史厚重。另一方面，从不同层次开发地域文化的意义。包括以濂溪书院及建筑为核心的物态文化、由"重儒

尚道"展开的讲学、祭祀的心态文化，濂溪书院文课会制度及学规讲规等制度文化，以及"圣化""吏治"行为文化，以天飞山摩崖石刻"濂溪独钟爱，续后孰相俦？"为例，借用摩崖石刻拓片所刻周敦颐经典词句传播周敦颐思想主张，围绕物态、心态、制度、行为等文化形态，各有生发。（2）在时间维度上，"爱莲"是明清时期儒家文士所崇尚的境界，也是优秀传统文化被赋予新意涵的典范例证，在同文同论的日本将文人的精神气象转化为文化意象，幕府御用画家狩野正信所绘《周茂叔爱莲图》被指定为国宝的名画，从"爱莲说"到"爱莲图"，通过"图"的导入，从经典文字到视觉图像，无形之中透露出《爱莲说》在传播域外的深远影响，也拓展了文学意象与艺术图文的观念范围。以此作为话题，开展《爱莲说》书法展、图画《爱莲说》等活动，将《爱莲说》及廉政思想进行多维度信息关联，不仅聚焦更多人参与到周敦颐思想文化的讨论中，而且发挥文本在展示和传播方面的优势，创造传统文化在现代思想发展脉络中自然延伸。（3）从地域价值的维度看，湘南学院周敦颐研究院、爱莲湖濂溪书院、汝城濂溪书院各自在发展领域有着特殊的意味，建构"文化—文旅—文物"的文旅联盟，三者互相引流，资源互补，打造"讲学研究—思想传播—文旅融合"的高地，为周敦颐思想与环流注入新的活力。

2. 沉浸式体验。对周敦颐理学思想不仅要关注顶层的哲学研究，也同样要关注传播普及。（1）沉浸式感受濂溪书院背后的人文价值与精神内涵。一方面，激活传统书院的现代意义。以濂溪书院原状修复为开放主题，广泛搜集有诸多价值的历史文物，包括书院课卷、匾额等，充分展示书院物态文化，发挥文化传承的功能；恢复书院传统春秋二祭，习礼育人、先圣先贤经典讲读，成为对传统文化了解的"入门导读"。在各种文化互动中，从对思想义理的探讨引入多样化的辅助教学，既注重对《太极图说》思想及谱系的推进，也关注创新传承与传播，在传播中充分挖掘更深刻的艺术体验，通过创意传播传统文化价值，不仅可以听"太极游"古琴曲，也可以体验《太极图》模拟拼盘，还可以感受《太极图》石刻传拓，实现各种资源活动的深度互联互动，让传统里的知识与故事走出书本，入脑入心。（2）由历史叙述传递现代价值。以现代研学为发展方向，在郴州的三处濂溪景观内开展夏/冬令营，或2—3天的沉浸式研学活动，在运行过程中融入传统儒学的资源，突出郴州濂溪书院的独特性。（3）设置系列"打卡点"创造性地发挥其文化功能，分层级激活传统文化符号的新意涵，诸如"太极投掷盘""五行相生点""同心书写'濂'""太极图接力"等，提升对社会大众的吸引力，形成"展示—讲学—互动"的方式，激活书院的现代元素。

3. 立体化传播。（1）打造濂溪讲坛传播的立体矩阵，一方面，"经典导读＋主题讲座＋参观互动"的方式，激活"濂溪讲坛"，突破时间与空间的限制，淬炼周敦颐与郴州人文精神，打造网上书院"活课堂"的特色品牌。另一方面，"小视频＋网络直播＋图书出版"的方式，开展专家"会讲"，将主题层层扩散形成文化的积累与碰撞，提升周敦颐思想文化传播的影响力与引导力。（2）在濂溪书院开展"故事情景剧""实景演出"等进行视觉转化，让思想文化可视可观激活与当下社会文化的关联，强力推介郴州濂溪品牌让郴州文旅发展提质出圈。（3）设置"濂溪书院云"实现资源开发与共享，在数字互动的文化时空里，对"爱莲""予乐"的主题内容与形式的创新，注重全景式展现、故事性讲述，形成一批有特色的衍生数字产品，包括数字文化产品、互娱的游乐产品等等。特别是注重搭建好网络虚拟旅游共享平台，从数字动漫、虚拟游览等亲近现代的方式展现，触摸历史的脉搏律动，将文献里的周敦颐与濂溪书院转化为知识的图谱，从而在动态发展中链接郴州的历史与当下，赋予周敦颐思想精神以新的时代意涵，在守正创新中推动中华优秀传统文化的创造性转化。

后　记

　　周敦颐以"精悫深密"的义理开创了"理学""道学"的新形态，不仅在儒学发展史上具有"开山"的意义，而且影响到其后近古时期将近1000年的文明历程，乃至东亚的古朝鲜、日本等诸国都产生了深刻的影响。但《四库全书总目》中说"宋五子中，惟周子著书最少。而诸如辩论，则惟周子之书最多。"周敦颐著作极少，即使《太极图说》《通书》及所有的诗文合在一起，也不足6000字，这种情况与后世儒者的评价形成了极大的反差。如何将这些有限的资料充分利用？特别是作为湖湘理学的开端，其学术特色体现在哪些方面？正是这样一些问题，从2009年开始张京华教授指导我们从《濂溪集》《濂溪志》、石刻以及域外文献资料为切入，可以说是极大的弥补了濂溪文献不足征的情况。当时接手的第一件工作即是整理《濂溪志》。当时加入这个团队时，由张京华老师指导、王晚霞老师牵头的《濂溪志》正在展开，文字录入工作大体成形，负责分校李嵊慈《宋濂溪周元公先生集》。经过点校八种《濂溪志》这个"笨功夫"以后，对我的锻炼就非常大，不仅已熟知了濂溪学的一些情况，也有了一些小小的经验，能够就其中周敦颐与二程、朱熹、张栻等人的关系展开讨论，随后开始尝试申报一些基金等项目，逐渐拓展自己的学术兴趣，开始从朱熹、张栻等理学家对周敦颐的推崇为切入，尝试从不同方面讨论濂溪学相关问题，并一直盘桓于此。

"兴趣是最好的老师"，随着近年先后寻访濂溪石刻遗迹、湘赣等地濂溪书院，以及《濂溪集》《濂溪志》等文献公之于众，我对理学传承的脉络不断有了新的认识，本书成书也是基于这样一个想法来展开，在充分挖掘历史资源的基础上，根据文献形式兼顾其内容特点，描绘理学开创时期的线索，把濂溪思想与理学建构、历史遗迹与典籍记载相互考证，梳理各种存世文献史料，包括新近发现的濂溪文集、《近思录》《伊洛渊源录》《濂洛风雅》等论著，渐从义理思想的研究向更深层次的文献学、图像学融会贯通演进。

岁月不居，从 2022 年转入到湘南学院，特别感谢的是湘南学院带来的友好氛围，告别了各种琐事的纷扰，领略岭南道脉的学术传统与文学思想的独特魅力。感念之余，这也是我个人对濂溪理学研究蹒跚足迹的纪念。

周欣

2024 年 7 月 1 日

图书在版编目(CIP)数据

周敦颐理学思想与文献研究 / 周欣著. -- 上海：
上海三联书店，2024. 10. --（周敦颐理学研究丛书）.
ISBN 978-7-5426-8690-9

Ⅰ. B244.2

中国国家版本馆 CIP 数据核字第 20240BQ038 号

周敦颐理学思想与文献研究

著　　者 / 周　欣

责任编辑 / 张静乔
装帧设计 / 徐　徐
监　　制 / 姚　军
责任校对 / 王凌霄

出版发行 / 上海三联书店

　　　　（200041）中国上海市静安区威海路 755 号 30 楼
邮　　箱 / sdxsanlian@sina.com
联系电话 / 编辑部：021-22895517
　　　　　发行部：021-22895559
印　　刷 / 上海惠敦印务科技有限公司

版　　次 / 2024 年 10 月第 1 版
印　　次 / 2024 年 10 月第 1 次印刷
开　　本 / 710 mm×1000 mm　1/16
字　　数 / 250 千字
印　　张 / 18.75
书　　号 / ISBN 978-7-5426-8690-9/B·924
定　　价 / 88.00 元

敬启读者,如发现本书有印装质量问题,请与印刷厂联系 13917066329